Multi-Speed Europe and

Europeanization of Central and

Eastern European Countries

鞠豪　著

"多速欧洲"
与中东欧国家的
欧洲一体化进程

中国社会科学出版社

图书在版编目（CIP）数据

"多速欧洲"与中东欧国家的欧洲一体化进程 / 鞠豪著. -- 北京：中国社会科学出版社，2025. 3.
ISBN 978-7-5227-4866-5

Ⅰ. D85

中国国家版本馆 CIP 数据核字第 2025KS6197 号

出 版 人	赵剑英
责任编辑	范娟荣
责任校对	刘　娟
责任印制	李寡寡

出　　　版	中国社会科学出版社
社　　　址	北京鼓楼西大街甲 158 号
邮　　　编	100720
网　　　址	http://www.csspw.cn
发 行 部	010 – 84083685
门 市 部	010 – 84029450
经　　　销	新华书店及其他书店

印　　　刷	北京明恒达印务有限公司
装　　　订	廊坊市广阳区广增装订厂
版　　　次	2025 年 3 月第 1 版
印　　　次	2025 年 3 月第 1 次印刷

开　　　本	710 × 1000　1/16
印　　　张	15. 5
插　　　页	2
字　　　数	239 千字
定　　　价	79. 00 元

前　言

　　2017 年 3 月，欧盟委员会主席让—克洛德·容克在《欧洲未来白皮书》中提出了欧盟未来五种可能的发展前景。其中第三个选项"多速欧洲"因与欧盟现状相符而受到了更多的关注。实际上，欧洲一体化进程从未真正以均速的方式进行。欧盟、欧元区和申根区的不同边界也说明差异性的一体化在各个领域中已然存在。但是"多速欧洲"作为整体战略被提出依然引发了部分中东欧国家的强烈不满和对欧盟未来前景的担忧。作为欧洲一体化进程中的"后来者"，中东欧国家与西欧国家对于欧盟治理的模式与欧洲一体化的未来走向有着截然不同的见解。具体到"多速欧洲"的问题上，中东欧国家是否保持了一致的反对立场？它们的立场与自身的欧洲化进程和水平之间有着何种关系？在当下欧盟求变的关键节点，对这一问题的探讨具有十分重要的学术和现实意义。

　　"多速欧洲"并不是一个新兴的概念。早在 20 世纪 70 年代，类似"多速欧洲"的构想已经萌发。在 20 世纪 90 年代，"多速欧洲"作为一个专有名词正式出现在欧洲一体化的相关讨论之中。欧元区和申根区等欧洲一体化的重要实践中也充分体现了"多速欧洲"的理念。但在"多速欧洲"的相关讨论中，一个突出的问题是学理性的探讨较少，也缺乏对其内涵的准确界定。在充分回顾"多速欧洲"的理念沿革、具体实践与学术探索的基础上，我们对"多速欧洲"作出如下定义：所谓"多速欧洲"，是指在欧盟内部发展差异性的基础上拒斥匀速发展，并在不同领域内实现部分成员国先行和成员国非同步发展的新型一体化方式。以这一概念为基础，我们将"多速欧洲"的内涵分为四个主要方面：第一，真正承认欧盟内部的差异性；第二，充分尊重成员国参与未来一体化的自主性；第三，积极倡导一体化方式的混合性与灵活性；第四，努力保持一体化方向的前进性。

在回归欧洲与融入欧洲一体化的进程中，中东欧国家对"多速欧洲"的态度立场经历了复杂的演变。20 世纪 90 年代之前，中东欧国家与西欧国家处于截然不同的政治发展轨道。无论是"多速欧洲"还是欧洲一体化，都与中东欧国家关系不大。东欧剧变后，中东欧国家开始在经济与外交上向欧盟靠拢。回归欧洲与融入欧洲一体化进程成为这些国家的重要目标。此时，关于欧洲一体化本身及其路径方式的探讨才对中东欧国家具有了实质性的意义。但在 20 世纪 90 年代，我们依然很少看到这些国家在"多速欧洲"等相关问题上的表态。直到中东欧国家陆续入盟后，它们才开始在欧盟的内政与外交领域积极发声，也更加关注欧洲一体化的未来发展模式。对于"多速欧洲"的评判由个别国家的政治领导层逐渐扩展到中东欧学界与社会各界。进入 21 世纪第二个十年，大多数中东欧国家已经经历了与欧盟的"蜜月期"以及国际金融危机和欧债危机引发的困难时期。此时，中东欧国家对于欧洲一体化的现状与未来走势有了更加理性和深刻的认识，而欧盟也加快了在欧洲一体化进程中推行"多速欧洲"的步伐。也是在这一时期，中东欧国家对"多速欧洲"的态度立场才真正开始成型。

从政府、政党与社会大众三个层面出发，我们对中东欧国家在"多速欧洲"问题上的态度立场进行了深入分析。在政府层面，我们关注的是各国政府在这一问题上的官方立场与声明。在政党层面，我们关注的是不同政党对"多速欧洲"的具体看法，以及新政党的上台是否导致了政府立场的变化。在社会大众层面，我们关注的是普通民众对"多速欧洲"的支持程度及其背后的真实心态。基于以上三点，我们将中东欧国家对"多速欧洲"的支持程度划分为高、中、低三个组别。其中，爱沙尼亚、拉脱维亚、立陶宛、斯洛文尼亚与斯洛伐克属于较为支持"多速欧洲"的国家，波兰、罗马尼亚与保加利亚则是坚决反对"多速欧洲"的施行，克罗地亚、捷克与匈牙利的情况则介入上述两组之间。

　　为解释中东欧国家对"多速欧洲"的不同态度，我们引入了欧洲化的相关理论。欧洲化与欧洲一体化既有联系又有区别。相比于欧洲化，欧洲一体化的概念更加宏大，也包含更加丰富的内容。欧洲化理论则更加微观与具象。所谓欧洲化，是指欧盟规范逐渐成为成员国国内政治中组织逻辑的持续增量过程。本质上，这一概念既强调欧盟政治与制度作为一个独立变量在国内政治中的作用，也指涉国内政治结构对欧洲一体化的适应过程。

　　借助社会学制度主义的分析框架，我们可以清晰地界定欧洲化的基本内涵。在欧盟模式自上而下的制度化过程中，欧洲化提供了三种不同的基础性要素。首先是规制性要素，特别是正式的法律程序与机构设置。其次是规范性要素，在规范性层面上，制度化的过程即是一种价值观的灌输过程。最后是认知性要素，欧洲化创造了一种新的身份。对于普通民众而言，这一身份代表了全新的归属感与方向感，也必然与他们在地方政治和国内政治中的身份角色相冲突。在长期的制度化过程中，民众对欧盟的认同会相应地提升，自我的身份定位也会朝新的身份聚合。因此在这三个层面，一国欧洲化水平的高低主要体现为：第一，该国的政治经济制度是否与欧盟设立的标准相契合，又是否在此基础上进一步参与欧盟主导的一体化进程？第二，欧盟的价值规范是否在国内发展进程中得到了贯彻和遵守，又是通过何种方法得以贯彻的？第三，社会大众对欧盟的认同程度如何，这种认同的动力又是什么？

　　以规制性、规范性与认知性层面的欧洲化水平为基础，我们构建了全面评估一国欧洲化水平的指标体系，并对 11 个已经入盟的中东欧国家进行了等级划定。最终结果显示，斯洛伐克、斯洛文尼亚与爱沙尼亚的欧洲化水平相对较高，罗马尼亚与保加利亚的欧洲化水平最低，波兰、捷克、匈牙利、克罗地亚、立陶宛与拉脱维亚的欧洲化水平则属于中间水平。

在对中东欧国家的欧洲化水平及其在"多速欧洲"问题上的立场进行分别评估后,我们对两者的相关性展开了进一步的分析。最终结果显示,欧洲化水平和国家对"多速欧洲"立场之间有着较强的相关性。一国的欧洲化水平越高,它对"多速欧洲"的态度就越为支持,该国政府的官方立场与社会大众的主流意见就更有可能一致,政党政治的变化特别是新政党的上台也不会从根本上撼动该国对"多速欧洲"的基本立场。因此,欧洲化的水平差异可以很好地解释中东欧各国对"多速欧洲"的立场差异。但在时间维度上,中东欧国家的欧洲化水平与其对"多速欧洲"立场的相关关系并非恒定不变。欧洲一体化进程的受挫使欧盟决心开启新一轮的改革进程。在国家立场更加清晰稳定而非模糊多变的情况下,中东欧国家的欧洲化水平与其对"多速欧洲"立场的相关性就会更强,也更加显著。纵观欧洲一体化的发展历程,"多速欧洲"曾在欧盟范围内引发过三次广泛的讨论。但在其余的时间,欧盟对该构想的关注与支持力度则会出现明显的下滑。以此类推,中东欧国家的欧洲化水平与其对"多速欧洲"立场的关系也会在时间维度上反映类似的变化。

因为不同的欧洲化水平导致的立场差异,"多速欧洲"难以通过欧盟现有的决策机制上升为欧盟的整体发展战略。新冠疫情暴发与俄乌冲突延宕又中断了欧盟的改革势头。面对两场历史性的危机,欧盟亟须协调成员国立场,保持内部团结一致的姿态。类似"多速欧洲"等力度较大且具有争议性的改革举措也在一定程度上被搁置起来。

"多速欧洲"并未成为欧盟未来发展的整体战略,但这并不意味着"多速欧洲"构想的终结。事实上,在许多具体的领域,带有"多速欧洲"色彩的一体化项目依然在继续前行,如永久结构性防务合作。在欧洲观念的变迁中,多速发展也被视为一体化时代欧洲观念的演进方向之一。考虑到俄乌冲突给欧盟政治带来的重大变化与影响,"多速欧洲"仍可能在后俄乌冲突时代的欧洲一体化进程中发挥重要作用。

目　录

绪　论

2017 年 3 月，欧盟委员会正式发布了《欧洲未来白皮书》
(*White Paper on the Future of Europe*)①。该白皮书虽以纪念《罗马条约》签订 60 周年的名义发布，但其主要意图是回应英国脱欧等重大现实问题带给欧盟的争议与质疑。从这一角度出发，《欧洲未来白皮书》仅对欧盟的历史进程进行了简要的回顾与介绍，而将更多篇幅放在欧洲一体化的主要驱动力与未来前景上。

基于欧盟的发展现状，《欧洲未来白皮书》提出了未来欧洲一体化进程的五种潜在图景：第一，延续欧盟既有的发展路径，即总体维持欧盟现状，各成员国循序渐进，继续深化欧盟统一市场。同时，尽量回避各类争议性议题，将更多注意力放在经济振兴、扩大就业与安置难民等现实问题上。第二，专注于单一市场（nothing but the single market）。按照这一路线，欧盟将主动缩减管理范围，集中精力完善和协调统一市场。分歧与争议较多的安全、防务和难民等问题则交由各国自行解决。未来可能出现的新问题与新挑战也将更多地通过成员国的双边合作，而非多边机制进行应对。第三，允许部分成员国探索更深层次的一体化（those who want more do more），也即本研究的核心主题——"多速欧洲"。按照"多速欧洲"的构想，有意愿的成员国可以在部分特定领域深化合作，进而在安全防务、财政税收与社会

---

① European Commission, "White Paper on the Future of Europe," https：//commission. europa. eu/document/download/b2e60d06 – 37c6 – 4943 – 820f – d82ec197d966_en? filename = white_paper_on_the_future_of_europe_en. pdf.

管理等不同领域内形成"意愿联盟"的"多速欧洲"。第四，减少一体化的政策领域，但要提高一体化的效率与水平（doing less more efficiently）。放弃遥不可及的宏大政策目标，压缩管理事项的数量，将重点放在缩减后的政策领域。利用更强的政策工具保证成员国在这些领域的集体行动力与执行力。第五，全方位、多领域地推进欧洲一体化（doing much more together）。在最理想的状态下，欧盟内部的分歧逐渐消除，成员国决定更大限度地分享权力与资源。各国携手推进所有领域的欧洲一体化，并在政治、外交、贸易及安全等多个领域保持同一声音。[①]

上述五种图景一经提出，就引发了欧洲国家的热烈讨论。在第二次世界大战（以下简称"二战"）之后的数十年间，欧洲一体化由最初的煤钢联营扩展到政治、经济与外交等各个领域，其覆盖范围也从最初的西欧6国扩展到整个欧洲的27国（最多时有28国）。巨大的成功不仅使欧盟在世界多极格局中占据重要一极，更使得欧洲一体化的路径与模式为其他地区和国家所效仿。但进入新世纪的第二个十年后，欧盟与欧洲一体化进程却遭遇了一系列重大冲击。在欧盟内部，欧债危机、难民问题与大规模的恐怖主义袭击接踵而至，不仅暴露出欧盟治理模式与决策机制上的短板，也令成员国之间的矛盾与分歧日益公开化。而英国脱欧更是严重削弱了欧盟的综合实力与政治合法性。在欧盟外部，乌克兰危机的爆发彻底改变了欧洲及其周边地区的安全环境。俄罗斯与美国和北约不断增强在中东欧及周边地区的军事存在，导致欧盟国家面临的安全风险大为上升。而因为北约军费以及对俄制裁等问题上的不同见解，原本十分牢固的美欧同盟也开始出现裂痕。特朗普政府上台后不断强调美国优先与孤立主义原则进一步加剧了欧盟成员国对美欧裂痕日渐扩大的担忧。在内外交困的局面下，欧盟经历了一体化发展的停滞，积压了大量有待改革与深化合作的迫切需求，也让人们对未来欧洲应向何处去有了加倍的期许。此时，欧

---

① 王灏晨、李舒沁：《〈欧洲未来白皮书〉各情景及其可能的影响》，《宏观经济管理》2017年第7期。

盟借助《罗马条约》签订 60 周年的契机提出《欧洲未来白皮书》显然不可能是"无的放矢"。

表面来看，五种图景都有可能出现在未来的欧洲一体化进程中。但实际上，第一种图景近似于"原地踏步"。在诸多问题缠身的背景下，这一方案并不能让欧盟与成员国满意。而所谓"抱团做得更多"的第五种图景描绘的是最为理想的一体化状态。但若无重大的改革出现，这一图景不会成为现实。第二种与第四种图景意在减少一体化的合作领域，以专而精的方式提升一体化的水平与成员国合作的效率。但在某种程度上，将部分权力与职责交还到成员国手中意味着欧洲一体化的倒退，而对安全、难民等现实问题置之不理也不符合欧盟的价值导向。欧盟是在欧洲一体化基础上诞生的超国家组织，其最终使命是打破民族国家的传统界限，实现包括政治、经济、外交、防务、社会、文化在内的全方位一体化与深度融合。这一使命决定了欧盟只会推动欧洲一体化，而不可能使其倒退。在《欧洲未来白皮书》的五种图景中，只有第三种图景是以特定的、具备可操作性的方式推动欧洲一体化进程继续前进，因此最受欧盟的青睐。事实上，欧盟的真实想法早已被成员国所捕捉。《欧洲未来白皮书》发布后，各国的政府、媒体与智库围绕"多速欧洲"展开了热烈的讨论，甚至是争吵。但针对其他四种图景的分析则寥寥无几。因此可以说，由《欧洲未来白皮书》引发的关于欧洲一体化未来的讨论实质上就是欧盟与成员国针对"多速欧洲"设想的讨论。

对于"多速欧洲"的设想，德国与法国等西欧国家都公开表达了支持。在《欧洲未来白皮书》发布之前，时任德国总理安格拉·默克尔就已经表示："我们的确从过去几年的历史中吸取了教训，不是所有国家都一直步调完全一致地参与一体化，我们需要不同速度的欧盟。"[1] 2017 年 3 月，法国、德国、意大利与西班牙四国领导人在法国凡尔赛宫举办了小型峰会。会上，默克尔再次表示，人们需要接受欧洲合作进展速度不一的现实，也要有勇气承认部分国家可以走得

---

[1]　金玲：《欧洲一体化困境及其路径重塑》，《国际问题研究》2017 年第 3 期。

更快。时任法国总统弗朗索瓦·奥朗德也认为，成员国可以按照自己的愿望在部分领域走得更远，这种情况不仅应体现在防务领域，也可以出现在税务、社会福利、文化与青年事务方面。① 而在法国大选后，新上任的法国总统埃马纽埃尔·马克龙同样支持以不同步调推进欧洲一体化进程，并提出集中精力进行欧元区改革，以欧元区的深度一体化带动整个欧盟的改革进程。但对于"多速欧洲"的设想，以中东欧国家为代表的中小成员国则更多抱有犹疑甚至抵制的心态。《欧洲未来白皮书》甫一提出，波兰、匈牙利、捷克、斯洛伐克四国总理就发表了一份联合声明，表达对这一设想的明确反对。罗马尼亚总统克劳斯·约翰尼斯和总理索林·格林代亚努也双双表示，一个双速或多速的欧洲对任何人都没有好处，因此罗马尼亚反对"多速欧洲"。在纪念《罗马条约》签订 60 周年的欧洲特别峰会前夕，波兰执政党法律与公正党主席雅罗斯瓦夫·卡钦斯基再次重申波兰的立场，不会接受峰会可能发表的任何关于"双速欧盟"的宣言。②

为何"多速欧洲"设想会引发欧盟内部的重大争议？西欧与中东欧国家何以形成对"多速欧洲"截然不同的立场？这一问题值得深入研究与思考。从学术探索的角度出发，欧洲一体化理论在长期的发展过程中形成了不同的理论流派。当欧洲一体化遭遇困境时，这些理论流派也会提供相应的解决方案和未来一体化发展的相应路径。在当下欧盟的发展困境中，"多速欧洲"是被欧盟和西欧大国关注程度最高，也是最受其青睐的一体化构想之一。全面审视和阐释中东欧国家对"多速欧洲"的真实态度立场可以帮助我们将欧洲一体化的理论与实践紧密结合起来，更好地认识各种理论流派的分与合，并窥探欧洲一体化理论的未来发展变化与一体化时代欧洲观念的变迁。此外，摆脱单纯对"多速欧洲"理念沿革与实践发展的静态描述，将

---

① "EU Leaders Embrace Multi - speed Europe amid Tensions," BBC News, http：//www. bbc. com/news/world/ - europe - 39192045.

② "Isolated Poland Threatens to Spoil Party at EU Summit over Two - speed Europe," The Guardian, https：//www. theguardian. com/world/2017/mar/23/isolated - poland - threatensto - spoil - party - at - eu - summit - over - two - speed - europe.

其置于中东欧国家欧洲化的历史进程中，有助于我们更好地界定"多速欧洲"的概念与内涵。从现实政治的角度出发，中东欧国家对"多速欧洲"的真实立场关乎欧盟改革的方向与欧洲一体化的未来走势。欧盟是世界格局中的重要一极，也是地区一体化进程的先行者与典范。欧盟的发展变化也会影响我国的外交战略与全球布局。对于"多速欧洲"和欧洲化进程的研究不仅对我国参与地区一体化组织与进程有着重要的借鉴意义，也能够为发展中欧关系、推动"一带一路"建设和中国—中东欧国家合作提供有益的参考。

然而，要真正回答这一问题并非易事。首先，"多速欧洲"的概念并非始于今日。早在 20 世纪 70 年代，类似"多速欧洲"的构想已经萌发。在 20 世纪 90 年代，"多速欧洲"作为一个专有名词正式出现在欧洲一体化的相关讨论之中。虽然"多速欧洲"曾在欧洲数次引发大范围的讨论，但极少有人对"多速欧洲"的概念与内涵进行详尽的阐释，更遑论对"多速欧洲"与其他相近的一体化理念进行明确的区分。政治家、学者与社会大众在对"多速欧洲"进行讨论的过程中也常常将这一概念混用、错用或者泛用。因此，要想了解中东欧国家对"多速欧洲"的真实态度，我们首先要攻克的难点就是回答"多速欧洲"是什么。

其次，在"多速欧洲"的问题上，一个较为直接与普遍的印象是西欧国家与中东欧国家存在明显的分歧，波兰与罗马尼亚等中东欧国家的政府与政治领导人都公开表示了对"多速欧洲"的拒斥。但这一印象仅仅描述了西欧国家与中东欧国家之间的地区差异。中东欧内部的次区域差异、国家间差异乃至国内政治中不同行为体（比如政府、政党与普通民众）的差异则不在其考虑之列。中东欧国家是否在"多速欧洲"问题上保持完全一致的立场？它们的立场背后的原因是相似的还是不同的？国内政党政治的变化与新政党的上台是否导致其立场的变化？一国政府的官方立场与社会大众的真实看法有无不同？显然，这些问题需要利用翔实的数据、文件资料、民调结果以及相应的分析方法进行全面而客观的评估。

最后，我们不仅希望摸清中东欧国家对"多速欧洲"的真实立场，更希望发掘导致中东欧国家秉持该立场的深层次原因。以往的解释框架侧重于国家实力、政治经济发展水平甚至民族主义情绪等因素，但这些因素并不足以完全解释欧盟成员国在"多速欧洲"问题上的分歧。相比之下，欧洲化水平似乎是更好的解释变量。但中东欧国家的欧洲化进程十分漫长而复杂，欧洲化这一概念本身也存在许多争议。要想用欧洲化水平解释中东欧国家对"多速欧洲"的态度立场，我们需要更好地厘清欧洲化的概念、内涵与外延，同时增加这一概念的可操作性，从规制性要素、规范性要素与认知性要素三个方面构建评估一国欧洲化水平的指标体系。这也将是一个研究的难点。

以中东欧国家的欧洲化水平及其对"多速欧洲"立场的关系为核心主题，本研究的基本框架设计如下：

在第一章，我们将首先回顾"多速欧洲"在欧洲一体化过程中的理念沿革、具体实践与产生的学术争鸣。以上述内容为基础，我们将展开对"多速欧洲"的学理性分析。分析的核心问题是"多速欧洲"的概念与内涵，即"多速欧洲"是一种时间型的一体化，还是一种空间型或任务型的一体化？它与各种相近的概念，比如"双速欧洲"、差异性一体化有无区别？概念中的速度一词又应作何解释？在回答这些问题的同时，我们将探讨"多速欧洲"的可能模式，主要包括欧盟与各成员国之间的权力结构与自主程度，划分不同一体化轨道的标准和方法以及可能导致的欧洲一体化路径的变化。

在第二章，我们将在欧洲一体化实践历程的基础上总结欧洲一体化理论的不同流派与发展历程，严格区分欧洲化与欧洲一体化两大概念的内涵与适用范围。同时，对欧洲化研究的理论发展进行评述，总结不同流派对于欧洲化的理解和使用方法，从中挑选出符合本书研究思路与方法的欧洲化定义。在这一定义的基础上，我们将对欧洲化的概念做出进一步界定和说明。换言之，我们力图澄清与欧洲化有关的几个争议，主要包括：第一，欧洲化与欧洲一体化是否通用？第二，欧洲化应被视为一个理论还是问题？第三，单向与双向欧洲化分析框架的适用范围是否相同？在这一部分的最后，我们将借助社会学制度主义的分析框架，从规制性、规范性与认知性层面提炼出一国欧洲化水平的评估标准，实现欧洲化概念的可操作化。

　　从第三章开始，我们将进入实证分析的部分。在这一章，我们将从政府、政党与社会大众三个层面对 11 个已经入盟的中东欧国家在"多速欧洲"问题上的态度立场进行逐一分析。在政府层面，我们关注的是各国政府的官方声明以及政治领导人在参加议会辩论、元首会晤和欧盟峰会等重要场合时的表态。在政党层面，我们关注的是不同政党对"多速欧洲"的具体看法，以及新政党的上台是否会导致政府立场与政策的变化。在社会大众层面，我们关注的是民调数据等资料所反映的普通民众对"多速欧洲"的支持程度与具体见解。

　　在第四章，我们将以罗马尼亚为例详细展示对中东欧国家欧洲化水平的评估过程。在这一过程中，我们尝试回答三个方面的问题。第一，在规制性层面，中东欧国家的政治结构与权力安排出现了何种变化？他们在入盟后参与一体化合作的情况如何？第二，在规范性层面，欧盟的价值规范是否在各国国内发展进程中得到了贯彻和遵守，又是通过何种方法得以贯彻的？第三，在认知性层面，社会大众对欧盟的认同程度如何，这种认同的动力又是什么？

　　在第五章，我们将对中东欧国家欧洲化水平及其对"多速欧洲"的态度立场的相关性进行分析。基于以往的研究成果与本书研究的既定路径，我们围绕上述两大变量设定了若干假设。同时，借助第三、第四章的资料与评估思路，我们对 11 个已经入盟的中东欧国家的欧洲化水平与其对"多速欧洲"的立场进行了系统的描述性分析，并将其划分为相应的等级。利用这些数据，我们对现有的假设进行逐一的验证，并全面总结中东欧国家的欧洲化水平与其对"多速欧洲"立场之间的关系。

　　第六章是关于"多速欧洲"与欧洲一体化未来前景的探讨。在"多速欧洲"难以上升为欧盟整体发展战略的情况下，这一构想在欧洲一体化的未来发展进程中的前景究竟如何？从实践的角度来看，它能否在具体的一体化合作领域继续取得发展和突破？从观念的视角出发，多速而非同质的发展是否符合一体化时代欧洲观念的演进方向？而在俄乌冲突的背景下，欧盟政治与欧洲一体化进程又出现了何种变化？这些将是我们探讨的主题。

最后是结论部分。我们将在综合上述六章内容的基础上作出最终的结论。在回应研究主题的基础上，我们也将说明本书的创新与不足之处，并对未来可能的研究方向进行展望。

第 一 章

"多速欧洲"的理念、实践与内涵

"多速欧洲"的设想并非由《欧洲未来白皮书》首创。在欧洲一体化的历程中，政治精英与学者已经多次提出"多速欧洲"或与之近似的构想。各国政界与学术界也围绕这一问题进行过广泛和深入的讨论。在一体化的具体实践中，申根区与欧元区的创立与发展，以及欧盟在财政、专利与婚姻等多个领域的政策规定，也都暗含"多速欧洲"的发展理念。在一个"多速欧洲"已经事实存在的情况下，反对将"多速欧洲"上升为欧盟整体发展战略的声音依然不绝于耳，反对的原因也多与这一设想本身的理念、内涵与可能的模式直接相关。这充分说明，要想真正理解"多速欧洲"引发的争议以及欧洲国家在这一问题上的不同立场，我们需要回答一个根本性的问题："多速欧洲"是什么，它究竟有何种内涵特征？针对这一问题，我们将首先回顾"多速欧洲"的理念沿革与不同历史时期的不同"多速欧洲"构想，然后介绍欧洲一体化进程中与"多速欧洲"有关的制度安排与具体实践，最后梳理与"多速欧洲"相关的学术成果及其产生的学术争鸣。在上述三部分内容的基础上，我们将尝试提出"多速欧洲"的清晰定义，归纳"多速欧洲"的内涵特征，并对"多速欧洲"与相近的一体化构想与概念进行区分。

第一节 "多速欧洲"的理念沿革

早在 1994 年，德国基督教民主联盟的外交政策发言人卡尔·拉默斯①与该党主席沃尔夫冈·朔伊布勒就已经提出了"多速欧洲"的发展模式。在两人共同撰写的报告中，拉默斯与朔伊布勒呼吁组成一个包括德国、法国、荷兰、比利时与卢森堡在内的核心欧洲（Kerneuropa），以此作为未来欧盟经济与政治一体化的火车头。他们认定，在欧盟内部，经济与政治的一体化已经上路，只要孕育出一个多速发展的欧洲，就能够启动进一步的一体化进程，也就是说在某些领域如货币、关税与社会福利，加速并密集地整合一个欧洲出来。而在核心欧洲内部，一体化可以产生强大的动力，进而作用于包括安全防务、外交政策与内政等非经济的领域，并为整合欧盟中其他一体化进度较为缓慢与吃力的成员国提供助力。②

而如果我们放宽标准，不仅仅局限于"多速欧洲"这一特定词汇，那么与之近似的构想早在 20 世纪 70 年代就已经出现。1973 年11 月，时任德国总理维利·勃兰特在欧洲议会发表演讲时公开表示，"在 20 年的欧洲一体化实践后，我们有理由认定功能性的（functional）一体化比机制性的（constitutional）一体化更易于实现欧洲一体化的最终目标"③。因此在很难完全实现政策协调的合作领域，有差别的一体化应当被允许，甚至被支持。翌年，勃兰特在其演讲的基础上进一步提出了"渐进式一体化"（Abstufung der Integration）的主张。按照这一主张，经济上趋同性更强的德国、法国与荷比卢三国应率先开展更加紧密的经济一体化合作。经济实力较弱的国家应视情况渐次加入到这一合作中。最终历经长期的一体化进程，双方的经济差距将得到有效缩小④。

同年 12 月，欧洲共同体（以下简称"欧共体"）首脑会议正式

---

① Karl Lamers, "Strengthening the Hard Core," in Peter Gowan and Perry Anderson eds. , *The Question of Europe*, London: Verso, 2000, pp. 104 – 116.

② ［德］尤尔根·哈贝马斯等：《旧欧洲·新欧洲·核心欧洲》，邓伯宸译，中央编译出版社 2010 年版，第 11—12 页。

③ Willy Brandt, "Address Given by Willy Brandt to the European Parliament," http: //www. cvce. eu/content/publication/2007/7/13/27b2333f – 7ea1 – 4fc0 – b908 – 756c562ccc6d/publishable_en. pdf.

④ 丁纯等：《"多速欧洲"的政治经济学分析——基于欧盟成员国发展趋同性的实证分析》，《欧洲研究》2017 年第 4 期。

委托时任比利时首相里昂·廷德曼斯负责起草建设欧洲联盟的报告。
廷德曼斯在部分吸取了勃兰特建议的基础上形成了《廷德曼斯报
告》。该报告指出：在政治、经济、外交与社会文化等多个领域，欧
共体有着不同的侧面。如果欧共体试图继续发展并最终打造一个欧洲
联盟，就必须针对其在不同领域的具体问题对症下药，并采取差异化
的手段与政策工具。可以说，这一观点隐晦地否定了过去欧洲一体化
进程中的主流观点，即经济领域的巨大成功将使一体化的理念与模式
自然而然地扩散到其他领域。而在报告的核心部分"经济与社会政
策篇"中，廷德曼斯明确提出，保持所有成员国在每个领域的每个
一体化阶段都同步发展并不现实。基于成员国在经济与金融领域的巨
大差异，这种做法只会让欧共体与欧洲一体化走向崩溃。正确的做法
是在维持欧共体的总体框架与遵循欧洲一体化的基本准则基础上，赋
予有能力的成员国"先行一步的责任"。而被欧共体认定为能力不足
或有其他特殊原因的成员国可以暂缓步伐，但同时也会收到欧共体的
资金与各种援助，以帮助它们后续跟上先行成员国的一体化进度。①
从理念沿革的角度来说，《廷德曼斯报告》的精神与勃兰特的渐进式
一体化一脉相承。与此同时，该报告也针对这一全新的一体化路径提
出了基本的实施原则与具体的制度安排，使之在经济与社会政策领域
更具可操作性。

　　与勃兰特和廷德曼斯几乎同一时期，菜单式一体化（Europe à la
carte）的构想也开始浮出水面。德国政治家拉尔夫·达伦多夫是菜
单式一体化的主要倡导者之一。在其著名的演讲《第三个欧洲》中，
达伦多夫指出，过去的欧洲一体化进程在政治意义上是成功的，但在
机制构建方面却是十分失败的。进入 20 世纪 70 年代，严格的一体化
政策已经走到了尽头，而欧洲货币体系等机制未能覆盖所有的欧共体
成员国也充分印证了这一点。事实上，在海关联盟等部分领域，严格
且同步的一体化是十分必要的，但在更为广阔的合作领域中，菜单式

---

① "European Union: Report by Mr Leo Tindemans, Prime Minister of Belgium, to the European
Council," http://aei.pitt.edu/942/1/political_tindemans_report.pdf.

的一体化应该成为主导。因此在欧共体的未来发展中，应提出一个基于欧洲核心利益的一体化项目清单。同时，允许成员国拥有选择合作领域的自由，选择不参与的国家不仅不受该领域条约的限制，也不强制其在规定时间内加入。① 表面来看，达伦多夫的理念与勃兰特和廷德曼斯并无二致，都是承认并允许欧洲一体化进程中的差异性。但勃兰特与廷德曼斯的构想更接近于后来的"多速欧洲"，而达伦多夫的观点则类似于任务型的差异一体化。关于这一点，我们将在本章第四部分进行更为详尽的阐释。

如果说"多速欧洲"的设想是在 20 世纪 70 年代进入到欧洲政治家的视野，那么 20 世纪 90 年代就是"多速欧洲"论战的又一个集中爆发期。德国总理高级幕僚迈克尔·梅特斯等人首先提出了"同心圆欧洲"的设想，即由一体化程度较高的若干成员国组成核心部分，继续深入推进政治经济等多领域的一体化，而没有意愿参与深度一体化的成员国则可加入较为松散的"外围欧洲"②。虽然没有指明哪些成员国应当成为核心，哪些会沦为外围，但"同心圆欧洲"的构想事实上将欧盟划分成了两个阵营，这自然招致了部分成员国的不满。为平息争议，梅特斯等人又在"同心圆欧洲"的基础上提出了"奥林匹克五环"的模式。这一模式未对成员国进行不同等级的划分，而是强调成员国在欧盟框架内基于共同关心议题缔结次级联盟，共同推进不同领域的一体化与其他形式的合作。③ 但本质上，"奥林匹克五环"模式与"同心圆欧洲"仍然代表了同一种一体化路径。

无独有偶，法国总理爱德华·巴拉迪尔在"同心圆欧洲"之后也提出了"三环欧洲"的构想。他认为，不应该由一体化速度相对

---

① Ralf Dahrendorf, "A Third Europe?" Jean Monnet Lecture, European University Institute, November 26, 1979, http://aei.pitt.edu/11346/2/11346.pdf.

② Michael Mertes and Norbert J. Prill, "Der verhängnisvolle Irrtum eines Entweder – Oder. Eine Vision für Europa," Frankfurter Allgemeine Zeitung, July 19, 1989.

③ Michael Mertes and Norbert J. Prill, "Es wächst zusammen, was zusammengehören will. 'Maastricht Zwei' muss die Europäische Union flexibel machen," Frankfurter Allgemeine Zeitung, December 9, 1994.

落后的国家决定欧盟前进的步伐。为实现真正的政治经济一体化，应由德法等少数成员国组成最为核心的欧洲内环，它们将在货币金融与军事安全等领域①建立结构更为完善、合作更为高效的组织机制。其他相对较弱的成员国组成第二环，而欧盟之外的其他欧洲国家则构成第三环②。紧随巴拉迪尔之后，《朔伊布勒报告》也公开发表。一时间，各种一体化的构想纷纷涌现，也重新点燃了人们探讨"多速欧洲"的热情。1995 年 12 月，德法两国的政治领导人在德国小镇巴登举行会晤并共同致信其他成员国，建议在《马斯特里赫特条约》中加入一条总条款，即在欧盟统一机构中应允许那些有意愿和有能力的国家发展进一步的合作，犹豫不决的和试图放慢一体化进程的成员国不应阻止愿意加快一体化进程的成员国的行动。这标志着作为欧洲联合发动机的法德两国在"多速欧洲"问题上达成了共识。之后，法德两国还将"多速欧洲"的原则应用到共同外交和安全等领域，并提出了建设性弃权的主张。1996 年 2 月，两国外长在关于对外政策的共同文件中指出，任何欧盟成员国没有义务违背其意愿派军队参加欧盟共同的军事行动，但也不能够阻止其他成员国采取行动，并通过欧盟预算分担其费用。③受德法的影响，欧盟委员会也在《对 1996 年政府间会议的主张》这一文件中明确提出，应当确立灵活的原则，以保证欧盟的前进步伐不被行动迟缓的成员国所阻拦。虽然欧盟与德法两国都表达了对"多速欧洲"的浓厚兴趣，但英国、爱尔兰与丹麦等成员国仍然反对这一构想。其中，一直对深度的欧洲一体化持疑虑的英国反对态度特别坚决。它与德法也围绕 1996 年的欧盟 15 国政府间会议展开了激烈的博弈。

围绕"多速欧洲"的第三场论战爆发于新世纪之初。2000 年 5 月，德国前外长、副总理约施卡·马丁·菲舍尔在德国柏林洪堡大学

---

① 彼时，这些领域都被认为是欧洲一体化原有路径难以攻克的难点。

② Reginald Dale, "Thinking Ahead: A 'Hard Core' for Europe Makes Sense," *The New York Times*, September 9, 1994, https://www.nytmes.com/1994/09/09/business/worldbusiness/IHT-thinking-ahead-a-hard-core-for-europe-makes-sense.html.

③ 冯仲平：《欧盟修改〈马约〉的目的及面临的困难》，《现代国际关系》1996 年第 6 期。

的演讲中再次提出将"多速欧洲"作为解决欧盟东扩和深入一体化
中面临问题的良方。菲舍尔倡导一部分国家组成先锋集团以实施更加
紧密的一体化，而欧盟应在各个领域，尤其是政治领域加强多速的一
体化合作。考虑到可能产生的争议，菲舍尔并没有指定哪些国家组成
先锋集团，并且强调先锋集团向全部成员国开放。在欧洲一体化的机
制上，菲舍尔大胆倡议建立欧洲联邦，设立直选总统和议会，并赋予
其切实的行政权和立法权。菲舍尔的演讲又一次点燃了人们探讨
"多速欧洲"的热情，并为即将到来的全欧范围大讨论奠定了基础。
2003 年 5 月，由德国哲学巨擘尤尔根·哈贝马斯一手策划与协调，
法国思想家雅克·德里达、意大利知名作家翁贝托·艾柯、柏林艺术
科学院主席阿道夫·穆希格、西班牙哲学家费尔南多·萨瓦特尔等人
以及《共和报》《新苏黎世报》《南德意志报》等报刊共同参与的一
场公共讨论在欧洲的知识圈与思想界引发了广泛关注。这场公共讨论
本意是探讨伊拉克战争后欧洲在跨大西洋联盟与整个世界中的地位。
但在伊拉克战争前后，欧洲内部因为对战争的不同态度而处于明显的
分裂之中，新老欧洲的说法也正甚嚣尘上，因此讨论的内容也扩展到
欧洲未来的发展道路以及欧盟及其面临的东扩问题。在讨论的开篇文
章《2 月 15 日，欧洲人民的团结日：以核心欧洲为起点，缔结共同
外交政策》中，哈贝马斯与德里达公开提出，在欧洲统一进程已呈
现停滞状态的局面下，有必要先建立一个核心欧洲——以德法两国为
轴心，加上荷兰、比利时、卢森堡三国以及意大利——扮演"火车
头"的角色，带动一列共同外交与安全政策的"列车"。同时，两人
强调，核心欧洲的构想不应被误解为一个排他的小欧洲，而是要发展
一股抗衡美国强权的反制力量。因此，以双速或多速发展统一欧洲纵
然会产生疑虑，但也不惜为此一搏。① 巴巴拉·斯皮内利提出，要想
真正建立核心欧洲，就必须重新审视欧盟现有的决策机制，将其转化
为一个简单、但能够将言语化作行动的机制。欧盟需要在各国无法全

---

① ［德］尤尔根·哈贝马斯等：《旧欧洲·新欧洲·核心欧洲》，邓伯宸译，中央编译出版社
2010 年版，第 26—27 页。

体一致的情况下仍然能够作出决议。为此，欧盟需要向部分成员国热衷的自由否决权发起挑战①。当然，在这场公共讨论中，反对与质疑哈贝马斯的声音也同样存在。约阿希姆·斯塔贝提就直言，"哈贝马斯太看得起欧洲了"。他指出，哈贝马斯要求欧洲人民必须建立自己的国家认同，并把这种认同扩大到欧洲的范围，但现实却并非如此，欧洲依然是由彼此都为疆界争论不休的民族国家所著称。哈贝马斯将改变这一现状的筹码押在"前卫"核心欧洲的火车头上，并以此带出"双速欧洲"的策略，但核心欧洲原则上存在着退化为法国与德国双驾马车的风险。眼前焦头烂额的德法两国也无力领导一个乐意让出经济高地的欧盟。阿尔多·凯尔则以一种斯堪的纳维亚的视角俯瞰核心欧洲。他认为，对于北欧国家来说，欧盟绝非什么神奇的配方，而是一种"必要之恶"。核心欧洲与欧洲共同外交政策的注意力是往上看的，考虑的对象是大国。相对地，北欧国家却是朝下看，是要将欧盟民主化。事实上，斯塔贝提与凯尔等人的观点不仅代表了他们的个人想法，也从一个侧面反映出他们所属的国家在对待"多速欧洲"问题上的真实心态。

纵观半个多世纪的欧洲一体化进程，"多速欧洲"设想的提出与相关讨论有如下三个重要特征：首先，它们多发生于欧洲一体化遭受挫折，难以更进一步的时段。20世纪60年代末70年代初，欧共体开始了货币一体化的初步尝试，并将缩小成员国的汇率波动幅度作为该阶段的重要目标。按照计划，各成员国要保证相互之间的汇率波动幅度大大低于其货币与美元之间的汇率波动幅度，即实行"蛇形浮动"的汇率制度。然而，受到中东战争、全球石油危机与布雷顿森林体系瓦解等因素的影响，这一计划开展得并不顺利，成员国之间的汇率波动幅度也越来越大。由此，英国、法国和意大利等国相继退出协议。"蛇形浮动"的货币体系退化为德国与卢森堡、比利时、荷兰组成的"马克区"。当然，欧洲一体化进程在20世纪70年代遭遇的

---

① ［德］尤尔根·哈贝马斯等：《旧欧洲·新欧洲·核心欧洲》，邓伯宸译，中央编译出版社2010年版，第72—73页。

挫折远不止于此。在《廷德曼斯报告》的开篇，作者就提到了一体化的观念正在受到冲击，欧共体的制度结构也处于摇摆之中。面对滞胀型的全球经济危机，欧共体与其成员国并未制定共同的应对计划，也没有采取有效的集体行动①。此外，在经济一体化发展到一定阶段后，许多人对政治一体化有了更多的憧憬。但已有的制度体系并不适用于政治、外交及其他领域的合作，亟须建立真正的"欧洲联盟"以开启一体化的新篇章。在这样的背景下，"多速欧洲"等许多关于欧洲一体化未来的构想才应运而生。20世纪90年代的情况与70年代类似。苏联解体与冷战结束彻底改变了欧洲地区的安全格局。剧变后的中东欧国家不仅仿照西欧国家建立起全新的政治经济体系，也将"回归欧洲"与加入欧盟作为其主要的外交目标，这使得欧盟有机会从西欧国家俱乐部转变为真正覆盖全欧的政治经济联盟。在这样的背景下，欧盟与欧洲一体化将如何发展重新成为政治精英与社会大众关注的焦点。《马斯特里赫特条约》虽然制定了建立欧洲经济与货币联盟和政治联盟的近期与中期目标，却并没有给予即将成立的欧盟实现目标所需的组织机制②。欧盟三大支柱中的外交防务政策与内务司法合作仍然停留在较为松散的政府间合作的层次。欧盟与成员国在南斯拉夫内战与中东欧国家入盟等问题上也没有形成合力，反而变得犹豫与迟疑。针对这一问题，欧盟决心对《马斯特里赫特条约》进行修改，修改的内容涉及改革欧盟机构与制度、提高决策效率与加强政治联盟等多项内容。在起草修改草案并向社会征求意见的过程中，各国的政要与名人纷纷发表了各自的改革主张，从而促成了一场关于欧洲一体化进程未来发展的大辩论，关于"多速欧洲"的讨论也自然位列其中。2003年的"多速欧洲"论战主要由美国与英国发动伊拉克战争引发。作为美国的重要盟友，法国、德国与比利时等欧盟成员国坚决反对美国攻打伊拉克，不仅公开质疑"伊拉克拥有大规模杀伤性武器"的说辞，更在联合国安理会等场合展开积极的外交努力。

---

① "European Union: Report by Mr Leo Tindemans, Prime Minister of Belgium, to the European Council," http://aei.pitt.edu/942/1/political_tindemans_report.pdf.

② 戴炳然:《评欧盟〈阿姆斯特丹条约〉》,《欧洲》1998年第1期。

这些国家的民众也纷纷走上街头，发动了自二战以来最大规模的反战游行。而除南斯拉夫与波黑之外的中东欧国家则公开支持美国对伊强硬的立场，其中波兰更向海湾地区派遣了 200 人的突击队，直接为美英联军提供支援。一边是坚决反战的德法等国，一边是主动与美国站队的中东欧国家。双方公开的立场分歧也被时任美国国防部部长唐纳德·拉姆斯菲尔德称为新欧洲与老欧洲之间的分裂。考虑到部分中东欧国家即将加入欧盟，如何弥合新老欧洲之间的分歧，使欧盟以一种声音在世界舞台中发挥更大的作用成为欧洲一体化进程中的新课题。2003 年的"多速欧洲"论战既是对这一问题的回应，也是对这一问题的延伸。[①]

其次，它们多出现在欧盟成员国发生变化的时段。20 世纪 70 年代初，欧共体正处于首次扩员的关键时期。经过复杂而漫长的谈判，英国、丹麦与爱尔兰于 1973 年正式加入了欧共体。上述三国的加入为欧洲一体化进程注入了新的动力。但与此同时，欧共体内部的多样性与差异性进一步增加，支持政府间主义的力量也大有抬头之势。在新老成员国相互磨合的过程中，英国日渐成为欧共体政策协调的主要障碍之一。欧共体经济合作的缓慢发展使英国对继续深入一体化持消极态度。法国则坚持以政府间主义作为指导欧洲一体化的主要思想。唯有联邦德国将"超国家主义"作为欧洲一体化的发展方向。英法德是欧共体中实力最为强大的三个国家，他们对于欧洲一体化未来的不同看法引发了人们对于欧共体发展前景的担忧，也促使欧洲的政治家提出全新的合作理念与制度方案。20 世纪 90 年代，欧盟正处于第四次扩员的过程中。奥地利、瑞典与芬兰三国的加入不仅扩大了欧盟的覆盖范围，也使其内部的差异性进一步扩大。与此同时，以波兰、捷克与斯洛伐克为首的中东欧国家纷纷递交了签署《联系国协定》与加入欧盟的申请。在二战后的数十年里，中东欧国家都属于社会主义阵营与华约集团，其政治体制迥异于西欧国家，社会经济发展水平

---

① 2017 年"多速欧洲"再次成为讨论热点在本章开头部分已经进行了详尽阐述，在此不再赘述。

也相对落后。相对于此前的数次扩员进程，接纳中东欧国家带来的挑战显然要大得多。是否要让这些国家加入欧盟？如果允许，应当设立什么样的入盟标准？它们加入后欧盟又将以何种方式前行？这些问题构成了人们探讨"多速欧洲"的现实背景。事实上，在围绕"多速欧洲"的讨论中，许多政治家的政策主张并非针对当时的欧盟，而是着眼于中东欧国家加入后的未来景象。对于中东欧国家入盟问题的关注一直延续到了 2003 年的"多速欧洲"论战。2003 年 4 月，波兰、匈牙利、捷克与爱沙尼亚等 8 个完成入盟谈判的中东欧国家正式签署了入盟协议，其加入欧盟已成定局。在这样的背景下，更多来自中东欧国家的政要与学者加入到"多速欧洲"的论战中，向欧洲民众展示了他们及其所属国家对于"多速欧洲"的真实态度。受此影响，拥护"多速欧洲"的人们也开始对其构想进行修正，以弥合中东欧国家与西欧国家在这一问题上的巨大认知差异，并充分考虑在一个幅员更为广阔的欧盟推行"多速欧洲"的可行性。进入 21 世纪第二个十年，欧洲一体化遭遇了一系列挫折。欧盟的扩员进程也在 2013 年克罗地亚加入后陷入停滞。但在 2016 年 6 月，英国举行全民公投，正式决定脱欧。这意味着欧盟即将迎来其发展历程中的首次"减员"。英国退出使得欧盟的实力大为受损，也弱化了欧盟在国际舞台上的地位和影响。但长期以来，英国也是反对深入一体化与推行"多速欧洲"的主要力量，它的退出在一定程度上为欧盟的深入发展打开了一扇机会之窗，那些曾被英国带头阻挠的动议有望重新提上议事日程。也是在这一契机之下，欧盟重提"多速欧洲"的设想，催生了欧洲社会对这一议题的又一次热议。

最后，除 2003 年外，关于"多速欧洲"的讨论都是由欧洲的政界精英率先发起，学者与社会各界人士随后参与其中，最终形成更大范围内的公共辩论。这些政界精英大多亲身经历与参与过欧洲一体化的历史发展进程，对于一体化的阻力与困难有着及时和敏锐的把握，也拥有更多的动力与兴趣思考一体化的未来。因此在欧盟与欧洲一体化的重大发展节点，他们往往能够率先提出新的理念与解决方案。但受其职业特性的影响，政界精英抛出的"多速欧洲"构想多是描绘欧盟在双速或多速状况下发展的潜在景象，又或是达成这一景象的制度性安排。极少有政治家对"多速欧洲"的概念与内涵进行详尽的阐释，更遑论将"多速欧洲"与其他相近的一体化理念进行明确的区分。最为重要的是，提出"多速欧洲"构想的政治家大多来自德法两国，他们常常自觉或不自觉地将本国划归到欧洲一体化的第一梯队或者多速发展中的快车道。这使得本就对"多速欧洲"心存疑虑的其他国家更加不满，导致相关的讨论大多以强烈的反对和质疑收场，"多速欧洲"也因此长期未被明确设定为欧盟未来发展的可选方向。

第二节　"多速欧洲"的制度安排与政治实践

虽然"多速欧洲"饱受争议，但在许多具体领域，"多速欧洲"的理念早已付诸实践，甚至催生出许多欧洲一体化进程中的重要成果。其中，申根区与欧元区是两个最为典型的案例。

申根区：早在20世纪80年代，欧盟前身欧共体就已经开始尝试一体化的边境管理模式。1985年6月，联邦德国、法国、比利时、荷兰与卢森堡五个国家在卢森堡小镇申根签署了相互开放边境的协定，《申根协定》由此得名。该协定的主要内容包括：协定签字国相互开放边境，不再对协定国公民进行边境检查；外国人一旦获准进入任何一个协定国，即可在所有协定国领土上自由通行；在协定国之间设立警察合作与司法互助制度，建立申根信息系统，共享各类非法活动和人员的档案库。

1990年6月，西班牙、葡萄牙、意大利与希腊四国加入了《申根协定》。同月，上述九国签署了旨在落实《申根协定》的多项公约，从而对各国领土内部开放后在警务、海关和司法等方面的合作做了具体的规定。因为签字国准备不充分等多种原因，原定于1992年开始实施的申根计划一再推迟。直到1994年12月，《申根协定》执委会在波恩召开会议，把1995年3月26日定为《申根协定》不可逆转的最后生效日期，由此在 1995 年，《申根协定》才正式生效。最初的五个签字国与西班牙、葡萄牙率先开放边境，实行人员自由流动，从而形成了最早的申根区。同年，奥地利签署《申根协定》，使协定国增至十个。1996 年年底，丹麦、芬兰、瑞典、冰岛与挪威五国共同签署了《申根协定》。而在 1997 年签署的《阿姆斯特丹条约》中，欧盟提出逐步建立一个自由、安全与公正的区域的新目标，不仅将《马赫特里斯特条约》中与人员自由流动相关的民事司法合作纳入第一支柱，而且通过添加专门的附加议定书，把当时已有 13 个成员国签署加入的《申根协定》相关事务纳入欧盟事务。1998 年 4 月，《申根协定》开始在意大利与奥地利生效。2001 年 3 月，《申根协定》开始在北欧五国生效。①到 2004 年第一批中东欧国家正式入盟时，已有 15 个欧洲国家正式加入了申根区，其中 13 个为欧盟成员国。

在中东欧国家入盟几成定局的情况下，欧盟也逐渐加快了改革的步伐。在 2001 年的《尼斯条约》中，欧盟将有效多数表决机制引入到边境管理和移民政策中。2003 年，欧盟首次提出邻国政策的概念，并于次年推出了正式的《邻国政策战略文件》。2004 年，欧盟成立了欧盟边防局，以专门应对日益繁重的边境管理工作。2006 年，欧盟理事会明确了整合式边境管理战略的具体内容与细节。同年 12 月，欧盟在司法和内政部长会议上通过了申根区扩大的时间表，同意在未来一年多时间里逐步取消新老成员国之间的内部边境控制。2007 年 12 月，波兰、捷克与匈牙利等首批加入欧盟的中东欧国家也正式成为申根区的成员国。截至目前，申根区包括了 29 个成员国，区域面积达到 400 多万平方千米，域内人口超过 4 亿。据统计，每天有大约 170 万人固定往返于两个申根国家之间。而每年过境申根区的总人数超过 13 亿。②

---

① 关于申根区的发展历程，参见王坚《欧盟完全手册》，中央编译出版社 2010 年版，第 115—117 页。

② "Briefing European Parliamentary Research Service," http://www.europarl.europa.eu/RegData/etudes/ATAG/2016/579074/EPRS_ATA（2016）579074_EN.pdf.

　　大量新成员国的加入给申根国家的边境管理工作带来了新的挑战。一方面，新成员国的加入导致申根区人口增长与疆域大幅扩展。人口的增长意味着人员流动更加频繁，疆域的扩展则代表着外部边界的不断扩大。对比过去的外部边界线，新的边界线不仅漫长曲折，还拥有更加复杂的周边形势。管理这样一条边界线既要妥善应对沿线的领土争议和少数民族跨境等问题，也要正确处理若干性质特殊的领地，例如加里宁格勒这样被申根国家包围的他国飞地。这在无形之中增加了欧盟管控外部边界的难度。另一方面，欧盟的外部边界与申根区的外部边界并不完全吻合。欧盟虽未取消罗马尼亚和保加利亚与申根区之间的边境检查，却给予它们公民进出申根区的优惠政策。因此上述国家的边境管理也具有一定的特殊性。如何协调它们与申根国家在边境管理中的权责也是欧盟面对的重要挑战。

　　第一，外部边境国家的变化。申根制度的核心理念是弱化内部边界并打造共同的外部边界。因此根据地理位置的不同，申根国家天然地分为外部边境国家与内部中心国家。而外部边境国家成为管控边境的主要责任国。在新成员国加入之前，德国与奥地利等国都曾是申根区的外部边境国家，它们的边境管理队伍与警卫力量为管控申根区边境发挥过重要作用。但在新成员国加入后，申根区的外部边界出现了巨大的变化。德奥等国由外部边境国家转为内部中心国家，他们虽然拥有管控申根边境的能力与经验，却不再承担外部边境管理的工作，其主要任务是在本国与其他申根国的边境进行常规的巡逻。相应地，中东欧国家则成为申根区外部边境特别是东部与东南部边境的主要管理者。相比于德奥等国，中东欧国家的政治经济发展水平较低，边境基础设施建设落后，且处于政治经济转型的动荡期，非法移民与有组织犯罪问题十分突出。部分国家腐败严重，行贿受贿成为边境管理中的普遍现象，这在很大程度上削弱了中东欧国家管控边境的能力。新老成员国承担的边境管理任务并不均衡，新成员国的管理能力和经验与自身承担的责任不相匹配，这对于欧盟在边境管理工作中的资源整合与组织协调都提出了更高的要求。

　　第二，外部邻国的变化。在欧盟看来，随着新成员国的不断加入，与欧盟和申根区接壤的是一些发展更为滞后的国家。这些国家或是政治经济转型与民主化进程并不成功（例如白俄罗斯和乌克兰），或是处于战后的动荡与重建过程中（例如西巴尔干国家），或是与欧洲国家分属不同的文化圈（例如土耳其）。面对这些国家，欧盟不仅计划与之开展有效的边境管理合作，更希望它们能够保持稳定发展的态势，以避免大量的非法移民与难民涌入申根国家。过去，波兰、捷克与匈牙利等中东欧国家也曾是申根区的外部邻国。在苏联解体后的动荡与转型中，许多中东欧国家或其他地区的民众经由波兰等国进入西欧，给申根区的边境管理与社会治理带来了极大的压力。为解决这一问题，欧盟将中东欧国家的入盟与其国内改革进程紧密结合起来，以此推动中东欧国家的平稳转型与快速发展，从而减少非法移民的涌入。在评估中东欧国家的转型状况时，欧盟也着重强调它们的司法与内务状况需要达到欧盟的标准，包括边境管理机制也应遵循申根规范。而为了能够提早加入欧盟，中东欧国家也在积极证明自身的边境管理能力。多数中东欧国家都采用了安全国的原则，负责接收由西欧国家遣返的非法移民，并将部分移民遣返回母国。但是面对新的外部邻国，欧盟过去的策略很难奏效。除西巴尔干国家外，其他国家并没有"回归欧洲"的战略诉求，也缺乏加入欧盟的现实动力，因此欧盟无法以入盟承诺约束这些国家，并对其进行有效的奖惩。在已经完成大规模的东扩后，欧盟需要寻找一种新的合作模式，以增强外部邻国在边境管理上的合作意愿与能力，同时推动这些国家的稳定发展，保障欧盟和申根区的安全。

　　面对这些挑战，欧盟与申根国家开始探索新的边境管理模式，不断强化制度改革与理念创新，并实施了多项提升边境管理水平的重大措施。其中最重要的是建立了一体化的边境管理模式。对于欧盟来说，欧洲一体化的发展方向是在有效融合的基础上打破民族国家的界限，建立政治、经济、军事和外交的全方位共同体。① 因此，实现外

---

① 鞠豪、苗婷婷：《罗马尼亚的欧洲化水平评估——基于规范性和认知性要素的分析》，《俄罗斯东欧中亚研究》2018 年第 4 期。

部边境管理的一体化也是欧盟的重要发展目标。欧盟边防局是打造一体化边境管理的主要平台。根据欧盟理事会的相关条例，欧盟边防局的主要职责有四：一是在边境管理问题上促使各成员国协调合作；二是协助成员国训练边境警卫队；三是风险评估；四是为成员国组织的共同遣返行动提供必要的支持。[①] 虽然欧盟边防局的定位仅仅是协调机构，但通过这一机构，欧盟得以正确评估各成员国的边境管理能力与不同地域空间的管理需求，由此合理分配各国的管理资源与职责范围。资源的整合与职责的分工帮助新老成员国迅速完成了边境管理的交接工作，也有助于外部边境国家与内部中心国家在边境管理中保持协调一致，推动各国在信息、技术和人力方面的共享合作。在充分顾及多元性的同时，欧盟也在积极追求边境管理的统一性。通过智能化边境管理系统的普及和对各国边境管理人员的大规模培训，欧盟边防局正在将欧盟式的管理理念推广到各成员国，并逐步建立统一的管理标准。欧盟边防局还依托欧盟的资源建立了完备的边防情报网络，可以及时追踪邻国的政治军事动态，正确评估欧盟和申根区的安全风险，从而提前制定预案，做好应对措施，这大大提升了欧盟边境管理的水平。在欧盟边防局的相关实践外，欧盟也在积极试探边境管理权力的最终界限。进入 21 世纪后，欧盟不仅多次修改共同移民与避难政策的相关计划，而且把更多边境管理与移民领域的决策权收归到欧盟层面。2011 年，欧盟授权欧盟边防局组建边境巡逻队，在申根区外部边境进行巡逻。此后，欧盟又成立了权限与职责范围更大的边境与海岸警卫局。新的边境与海岸警卫局被认为是欧盟边防局 2.0，它配备有长期的警卫部队，可以在紧急情况下不经成员国同意行使干涉权。这一机构的成立标志着欧盟在探索一体化边境管理模式的过程中迈出了坚实的一步。

第三，推出全新的邻国政策。在第一批中东欧国家正式入盟的同年，欧盟邻国政策正式出台。这一政策一度被认为是欧盟扩员计划的一部分。但事实上，欧盟在吸纳一众中东欧国家后已经出现了明显的

---

① 刘一：《难民危机背景下的欧盟外部边境管控问题》，《德国研究》2016 年第 3 期。

扩张疲劳，而欧盟的新邻国则远未达到入盟的标准和条件。因此，欧盟邻国政策是欧盟在其外部邻国缺乏一体化前景的背景下寻求的一种新型合作模式。保障边境安全与加强边境管理正是欧盟邻国政策的重要内容之一。在邻国政策的框架内，欧盟与多个邻国签署了边境管理协定与打击非法移民和跨境犯罪活动的合作协议，不仅从法律层面明确了双方边境范围与通行原则等问题，也将各国独立的边境管理工作与欧盟一体化的管理模式有效对接。在合作方式上，欧盟不仅与外部邻国开展了有效的双边合作，还积极推动欧盟成员国与外部邻国、外部邻国之间进行多种形式的边境安全合作。为了打造坚固的外围防线，欧盟向外部邻国提供了大量的边防援助，包括资金、人员、物资等。仅 2014—2020 年，欧盟在邻国政策上的投入就超过 150 亿欧元。大量的资金援助不仅提高了外部邻国的边境管理能力，而且大大增强了各国边防合作与信息交流的意愿，从而减少了各类突发问题给欧盟带来的边防压力。针对外部邻国的政治动荡，欧盟多次与这些国家联合举行边境巡逻与边防演习。在各国出现突发事件时，欧盟也会直接派出援助人员，帮助各国加强边境管理，稳定边防局势。

第四，帮扶新成员国加强边境管理工作。因为新成员国缺乏在申根制度下管理边境的能力与经验，欧盟采取以老带新的办法，将原申根国家的先进管理模式推广到新成员国，并邀请前者的管理团体向新成员国传授经验。考虑到新成员国各自的地理位置与边境状况，欧盟为新成员国设立了不同的学习样本。早在 2001 年的"边境管理成功标准"会议上，芬兰的边境管理模式就被确立为欧洲边境管理的典范。而爱沙尼亚、拉脱维亚两国与芬兰一样与俄罗斯接壤，并且都有着相似的边境地理情况①，所以欧盟不断鼓励爱沙尼亚与拉脱维亚两国学习芬兰的边境管理经验，并推动三国在边境安全防控中的交流与合作。提升边防团队的管理水平与职业素养也是欧盟改善新成员国边境管理的重要举措。在很长一段时间里，欧盟一直组织相关领域的专

---

① 周烨、唐超：《欧盟边境安全风险防控模式的借鉴》，《广西警察学院学报》2018 年第 4 期。

家对新成员国的边检人员与边防警察进行培训，培训的内容十分广泛，包括欧盟的法律法规，过境人员与物品检查的程序，以及其他与边防相关的技能，比如外语、电子技术与武器车辆的使用。在基础性的培训之外，欧盟也针对新成员国的边境管理特点开展对边防人员的专门培训。因为中东欧国家是毒品北方路线①与难民巴尔干路线的必经之地，其管理的申根边界又多为陆地边界，所以欧盟着重对中东欧国家的陆上边防警察进行任务主导型培训，以提升其机动能力与快速反应能力，有效应对非法移民和有组织犯罪。此外，考虑到新成员国的边境管理与其发展状况的相关性，欧盟也在继续推动这些国家的国内改革进程，帮助它们保持社会稳定，消除政治腐败，杜绝边境管理工作中的行贿受贿现象，同时通过有效的机构改革，打造简捷、联动的边境管理机制。

无论从成立的过程与方式、合作原则还是最终结果来看，申根区的政治实践都充分体现了"多速欧洲"的发展理念。

首先，从成立的过程与方式来看，申根区最初并不是欧盟或欧共体框架内的合作机制。在 20 世纪 80 年代，欧共体虽有志于推动内部人员的自由流动，但许多成员国并不愿意将边境管理的权限交到欧共体手中。一个涵盖所有成员国的开放边境计划难以在欧共体层面获得通过。因此，德法等国决定绕过欧共体的法律体系与决策机制，利用传统方式签署政府间条约，在人员流动与边境管理领域实现更深层次的一体化。最终，这一方法实现了"破局"，直接推动了《申根协定》的缔结与申根区的成立。而在申根模式取得成功后，欧盟才通过正式的法律将其纳入自身的管辖范围中。这种"由外而内"的合作方式与传统的一体化路径有着显著的区别。它充分说明一体化的进程既不需要所有成员国完全同步，也不要求所有的合作都在欧盟的监督与翼护之下。由部分成员国在欧盟框架外开展合作的方式同样可以取得成功。这也契合"多速欧洲"的发展理念，即以多种不同的方

---

① 所谓北方路线，是指经由阿富汗、中亚国家、俄罗斯和土耳其等国，最终抵达欧洲的毒品运输路线。

式推进欧洲一体化进程。

其次,从合作原则来看,充分尊重成员国的差异性诉求是申根模式的核心原则。对于有意愿进一步深化合作的国家来说,它们可以采取先行一步的方式来实现与其他欧盟成员国的不同步速。而在 1997 年签署的《阿姆斯特丹条约》中,欧盟不仅将《申根协定》及其相关事务纳入到欧盟事务中,还正式引入了"强化合作"(enhanced cooperation)这一新程序,规定部分成员国可以在欧盟框架下,无须其他成员国的共同参与即可实现更加紧密的合作。同样地,对于不愿融入深度一体化的成员国,申根模式也充分尊重其意愿并保留其"选择性退出"(opt - out)的权利。在 1997 年《申根协定》被纳入欧盟条约时,英国和爱尔兰就通过与欧盟协商并援引"选择性退出"条款获得了差异化的安排,即不参加协定的部分条款,并保留参加其他条款的权利。这一做法使得上述两国维持了对边境与人员流动的控制权,同时也避免了因个别成员国的反对导致《申根协定》无法被纳入到欧盟条约的体系之中。从这一角度出发,"选择性退出"既是对成员国的尊重与保护,也是以多速的方式推动欧洲一体化向前发展的重要原则。

最后,从最终结果来看,申根模式消除了民族国家的界限,真正实现了人员的自由流动,也成为欧盟推广欧洲一体化的一张闪亮的"名片"。更为重要的是,申根模式在欧洲一体化进程中开创了"多速欧洲"的先例。用前欧盟委员会主席若泽·曼努埃尔·巴罗佐的话来说,《申根协定》在"旧大陆"上真正缔造了一个"新欧洲"。一边是没有内部边界只有外部边界的申根区,一边是边境管理权限仍然掌握在民族国家手中的"旧大陆"。申根模式以事实说明了欧洲大陆上本就存在着发展水平与速度不平衡的现象,以此为基础推进双速或者多速的一体化进程同样是可行的。在当下的欧洲,既有德法等深度融入申根模式的欧盟成员国,也有爱尔兰等虽已达标却无意加入申根区的国家,更有瑞士、挪威等不是欧盟成员国却加入了申根区的国家。这种差异化的结果正是"多速欧洲"的最佳体现。

欧元区：与申根区一样，欧元区在欧盟内部发挥着重要的作用，也代表了欧盟在不同领域内的不同边界。经济一体化是欧盟最早开启一体化的领域，也是欧盟发展壮大的重要基础。早在欧共体时期，欧洲各国就已经开始了以关税同盟、共同农业政策与共同外贸政策为支撑的经济一体化进程。关税同盟是欧洲经济一体化的起点。根据《罗马条约》，欧共体成员国应逐步取消内部关税壁垒和贸易限额，废除各方面的歧视待遇，以实现商品的自由流通并统一对外关税率。1968 年 7 月，欧共体关税同盟在《罗马条约》规定期限之前宣告成立。同年，欧共体开始实行统一的农产品价格。次年，欧共体完全取消了农产品内部关税，并于 1971 年起对农产品实施货币补贴制度。在工业品和农产品实现自由流通后，欧共体从 1973 年开始正式实行共同外贸政策。至此，经济一体化的三大支柱基本确立，成为日后欧洲统一大市场启动的基础。

进入欧盟时代后，推动经济一体化依然是欧盟的重要发展目标。在《马斯特里赫特条约》中，一项非常重要的内容就是"通过建立一个没有内部边界的区域，加强经济和社会发展的协调一致，建立起最终包括单一货币在内的经济和货币联盟，以促进成员国经济和社会的可持续发展"。而在《马斯特里赫特条约》生效后，欧盟经济与货币联盟的建设进程也大幅加快。1994 年 1 月，经济与货币联盟如期进入第二阶段，欧洲货币局成立。1995 年 12 月，欧盟正式将货币联盟内的单一货币命名为欧元。而在 1997 年的阿姆斯特丹峰会上，欧盟宣布欧元将从 1999 年 1 月起正式成为欧元区的法定货币，并将于 2002 年 1 月进入流通领域，而成员国的原有货币将在半年之后正式退出流通领域。1998 年 5 月，欧盟布鲁塞尔峰会宣布德国、比利时、奥地利、荷兰与法国等 11 个国家为第一批欧元区成员。此后，11 个国家共同决定将欧元取代各国原有货币的时间提前到 2002 年 3 月。因此在 2002 年 3 月，各国原有货币停止流通，欧元正式成为上述 11 国的唯一法定货币。欧元区也由此正式形成。在欧元区成立后，先后有多个欧盟成员国加入欧元区，2023 年加入的克罗地亚是最近一个加入欧元区的国家。截至目前，欧元区一共有 20 个成员国，覆盖

280 万平方千米的土地与 3.4 亿人口，生产总值超过 13 万亿美元。①
此外，还有 9 个国家和地区使用欧元作为当地的单一货币。

　　与申根区一样，欧元区的发展过程也展现了一个多速发展的欧
洲。虽然 1993 年生效的《马斯特里赫特条约》规定了欧盟各成员国
以及后续加入的国家均有加入欧元区的权利与义务②，但事实上，欧
盟从未真正要求成员国履行这一义务，许多新加入欧盟的国家也并未
要求行使这一权利。对于这些国家来说，加入欧盟与加入欧元区是两
个相互联系却又相对独立的进程。而因为一体化领域的不同，中东欧
国家加入申根区与欧元区的过程也不尽相同。对于加入申根区，几乎
所有新入盟的国家都抱有很高的热情。即便是申请数次遭拒的罗马尼
亚与保加利亚，也在积极寻求加入的新时机。但对于加入欧元区，许
多国家则持犹疑和观望的态度。特别是中东欧国家中经济实力最强的
波兰与捷克等国，它们在这一问题上的立场相对消极。在这些国家看
来，货币问题与民族认同密切相关，是涉及国家主权的重大问题。在
深度一体化的前景尚不明朗的局面下，它们不愿将更多的主权，特别
是国家的经济管理权限移交给欧盟。同时，这些国家的经济发展水平
相对较高，拥有高效的金融机构，能够应对 2008 年国际金融危机的
冲击也证明了它们的成功。而在几乎同一时间，欧元区爆发了严重的
欧债危机，欧洲中央银行（简称"欧洲央行"）被迫推出紧急救助机
制，向希腊等国持续输血，这样的做法引发了成员国之间的激烈争
执。在这一局面下，波兰、捷克等国不愿因加入欧元区而破坏持续稳
定的金融政策，也担心加入欧元区会给本国的经济发展带来负面影
响。③ 事实上，相比于加入申根区，加入欧元区需要满足更多的要
求，其过程也要更加曲折。按照《马斯特里赫特条约》的趋同标准，
如要加入欧元区，必须满足以下五个基本条件：第一，必须达到物价

---

　　①　"Eurostat," https：//ec. europa. eu/eurostat/tgm/table. do? tab = table&language = en&pcode =
tps00001&tableSelection = 1&footnotes = yes&labeling = labels&plugin = 1, and European Central Bank：ht-
tps：//www. ecb. europa. eu/stats/policy_and_exchange_rates/key_ecb_interest_rates/html/index. en. html.

　　②　按照这一条约，只有英国与丹麦两个国家可以不加入欧元区。

　　③　姜珈：《中东欧国家加入欧元区前景分析》，《欧亚经济》2018 年第 4 期。

稳定标准，即候选国在加入前一年通货膨胀率应维持在欧盟通胀率最低的 3 个国家平均指数上下 1.5% 的波动范围内；第二，必须达到利率稳定标准，即公债的名义长期利率（10 年期）平均值应维持在欧盟通胀率最低的 3 个国家长期利率平均值上下 2% 的浮动范围内；第三，必须达到汇率稳定标准，即成员国必须先参加欧洲汇率机制两年以上，并在两年内成员国货币兑欧元的中心汇率不得贬值，且市场汇率维持在中心汇率 15% 的范围内；第四，政府财政赤字不能超过 GDP 的 3%；第五，公共债务不能超过 GDP 的 60%。① 相比于加入申根区，这些要求对国家发展的影响更为深远，也更难以达成。比如，在首批中东欧国家入盟的三年后，这些国家都已经成为申根国家，但只有斯洛文尼亚一个国家加入欧元区，立陶宛则因通胀率超标而成为第一个被否决加入欧元区的国家。此后，斯洛伐克、爱沙尼亚、拉脱维亚、立陶宛与克罗地亚等国分别于 2009 年、2011 年、2014 年、2015 年和 2023 年加入了欧元区，但罗马尼亚与保加利亚两国要求加入欧元区的呼声依然屡屡遭到拒绝。在当下的欧盟，依然有丹麦、波兰、捷克等 7 个欧盟成员国游离在欧元区之外。

除欧元区与非欧元区的明显界限外，欧元区内部事实上也存在着多速发展的状况。首先，在自身的发展历程中，欧元区形成了独特的债权关系与生产消费体系。德国与法国等大国的国内生产总值区内占比以及调和通胀率权重决定着欧元区的加总水平②，它们对于欧元区的决策也起着主导作用，而中小国家面临着更多通货膨胀、失业率与劳动力成本的问题，却因为经济影响力较小而被迫接受一个不利的分配格局。在推进经济一体化的过程中，欧元区也自然地分化出核心国家与边缘国家。其次，欧元区的趋同标准存在着外紧内松的问题。趋同标准的设立是为了保证成员国在经济领域的同质性，减少新成员国加入给欧元区带来的冲击。在接纳新成员国的过程中，欧盟也严格遵循了这一标准，但趋同标准只适用于申请加入的国家。而在欧元区内

---

① 刘军梅：《中东欧国家入围 EA：进程与困境》，《俄罗斯研究》2008 年第 1 期。

② 原磊、邹宗森：《价格趋异、竞争力分化与外部失衡——欧元区一体化的机制障碍与现实困境》，《中国社会科学院研究生院学报》2018 年第 2 期。

部，以希腊为代表的南欧国家均存在多项不达标的情况，它们国内的经济问题也远比新加入甚至尚未加入欧元区的欧盟国家严重。但因为欧元区内部缺乏有效的约束与惩罚机制，欧盟无法对其进行追责，也很难依靠货币政策改变这些国家的财政乃至经济发展状况，从而导致欧元区内部形成双速乃至多速发展的局面。

在申根区与欧元区之外，欧盟的许多制度安排也同样体现了"多速欧洲"的发展理念。比如在建立"蛇形浮动"汇率体系的过程中，欧共体就明确表示不会强制要求所有成员国都加入其中，而已经加入该体系的国家也可以随时退出。又如，欧盟的部分成员国利用强化合作的程序在婚姻诉讼、科技专利与安全防务等领域缔结合作关系，从而在特定领域实现了更深层次的一体化，也以事实确立了欧盟在这些领域的内部边界与多速发展的现状。但相比于申根区与欧元区，这些制度安排或是过于具体，无法在更大范围内发挥其指导意义与强制性的法律效力，或是缺乏与之紧密结合的政治实践，尚未推出真正引发世人关注的一体化成果。因此就体现欧盟的多速发展而言，申根区与欧元区仍是两个最为典型的案例。

第三节　围绕"多速欧洲"的学术探索

如前所述，关于"多速欧洲"的讨论通常是由政界精英率先发起，社会各界人士随后跟进，最终形成整个欧洲范围内的大辩论。因此，关于"多速欧洲"的学术研究往往是在辩论的过程中甚至辩论结束后才大量出现。虽然具有一定的滞后性，但这些研究针对"多速欧洲"这一概念进行了更具深度与学理性的阐释，也对其基本原则与理念进行了补充说明，从而为下一次的"多速欧洲"辩论打下了坚实的基础。

20世纪70年代，勃兰特、廷德曼斯与达伦多夫等人纷纷提出了各自的一体化构想。这不仅点燃了人们探讨欧洲未来发展的热情，也引发了学者对于"多速欧洲"等相关问题的关注。20世纪80年代初，专门针对"多速欧洲"的学术研究已经出现。埃伯哈德·格拉比兹和伯恩德·朗格海因对欧共体内部的多速发展问题进行了分析。他们指出，欧共体的经济一体化虽然取得了巨大的成功，但也在事实上造就了欧共体内部的中心与边缘独立。考虑到欧共体未来的扩员进程（新加入的国家将更多是边缘国家），双方的对立有可能进一步加剧。"多速欧洲"可能会解决这一问题，但其与欧共体现有的合作原则与一体化理念存在冲突。[1] 克劳斯迪特·埃勒曼从欧共体现有法律的视角探讨了"多速欧洲"的可行性。他认为，推行"多速欧洲"必然要求欧共体改变现有合作方式、决策机制与财政分配办法。但欧共体的法律体系并未提供做出这些改变的灵活性。考虑到修改现有法律体系的高门槛与高成本，"多速欧洲"可能永远无法上升为欧盟的整体发展战略。但在具体的领域内，欧盟依然可以采用"多速欧洲"的办法来解决一体化的固有问题。现有的法律体系也为"多速欧洲"与差异化的发展结果预留了足够的空间。[2] 在格拉比兹、朗格海因与埃勒曼之外，海伦·华莱士和亚当·雷德利等人也在其研究成果中对"多速欧洲"问题进行了探讨。

随着各种关于一体化的构想纷纷涌现，学者们开始将这些构想进行总结归纳，并将其与"多速欧洲"进行明确区分。亚历山大·斯塔布指出，不断出现的新名词使人们常常混淆"多速欧洲"与其他近似的一体化构想，也不利于学者开展更进一步的学术研究。有鉴于此，他对英法德三种语言中近 70 个关于一体化构想的词汇进行了汇总，并将其划分为时间型一体化、空间型一体化与任务型一体化三大门类。对于"多速欧洲"，斯塔布明确将其列为时间型一体化，即部分国家根据其意愿与能力先行，其他国家迎头赶上的一体化路径。此外，他对于"多速欧洲"的内涵、外延、所属理论流派以及相关的

① Eberhard Grabitz and Bernd Langeheine, "Legal Problems Related to a Proposed Two - Tier System of Integration within the European Community," *Common Market Law Review*, Vol. 18, No. 33, 1981.

② Claus - Dieter Ehlermann, "How Flexible Is Community Law? An Unusual Approach to the Concept of 'Two Speeds'," *Michigan Law Review*, Vol. 82, No. 5/6, 1984.

学术争鸣都进行了详细的介绍。① 凯瑟琳·霍尔金格等同样认为在欧洲一体化的未来路径上存在着各种新奇的构想，但这些构想缺乏有效的理论支撑，也没有经过数据与实证分析的检验，因此有必要对这些构想进行学理性的阐释与科学的区分。在斯塔布提出的三大门类基础上，霍尔金格确立了区分各类一体化构想的六大准则：第一，是暂时的还是永久性的一体化方式？第二，产生的是地域性的还是功能性的一体化差异？第三，导致的是横向差异还是纵向差异？第四，是仅在欧盟的制度框架内还是可以在欧盟的框架外开展合作？第五，是遵循欧盟的决策机制还是政府间合作的原则？第六，是仅覆盖欧盟的成员国还是也包括欧洲的其他国家？根据以上六大准则，霍尔金格对"多速欧洲"及其相近的一体化构想进行了明确的界定与区分。②

随着研究的深入，学者们不再满足于宽泛地谈论"多速欧洲"作为一个整体发展战略的重要意义，而是聚焦于"多速欧洲"在不同领域的具体应用状况与可行性。特别是在 2008 年国际金融危机后，欧盟与欧洲一体化遭遇了一系列重大挫折。欧盟的现实困境促使学者们更多从实用主义的角度审视"多速欧洲"，进而探究其解决现实问题的能力与效力。维特·诺沃特尼认为，一轮又一轮的扩员进程导致欧盟内部的差异性不断增加。现有的经济困难与财政危机则使这种差异性转化为成员国之间的公开分歧。在这一局面下，更多的权力从欧盟转移到民族国家的手中，对欧洲一体化的发展构成了重大的挑战。有鉴于此，人们应当改变对"多速欧洲"的固有偏见，不再将其视为对欧盟现有制度的威胁和对一体化理念的背弃。"多速欧洲"代表了欧盟适应成员国不同利益偏好与战略选择的能力，理应在一个差异性更加明显的欧盟中扮演更大的作用。③ 雅克·马齐尔与塞巴斯蒂

---

① Alexander C - G. Stubb, "A Categorization of Differentiated Integration," *Journal of Common Market Studies*, Vol. 34, No. 2, 1996.

② Katharina Holzinger and Frank Schimmelfennig, "Differentiated Integration in the European Union: Many Concepts, Sparse Theory, Few Data," *Journal of European Public Policy*, Vol. 19, No. 2, 2012.

③ Vit Novotny, "The Harmless Spectre of A Multi - speed Europe," *European View*, Vol. 11, No. 1, 2012.

安·瓦尔迪坎托斯以欧元区改革为例,对"多速欧洲"的可行性进行了深入探讨。针对2008年国际金融危机后欧元区面临的困境,他们提出了三种可能的改革方案:第一,在欧元区内部实现多速发展,建立三种不同的欧元(a eurozone with three euros);第二,剔除个别国家,由其他成员国组成一个合作更加紧密与更具深度的欧元区;第三,重新回到欧洲货币体系的时代。通过存量—流量一致模型(stock – flow consistent approach),他们对上述改革方案进行了比较。最终的结论表明,三种改革方案各有利弊。无论是在欧元区内部实现多速发展,还是强化欧盟内部的多速发展态势都难以维持一个长期稳定的宏观经济效果。[1] 但相比于保持现状,这些方法显然更能有效地解决欧元区的困境。康斯坦丁诺斯·亚尼里斯将"多速欧洲"看作对抗欧盟政治碎片化的一种手段。他认为,不断扩大的政治碎片化使做出统一决定与继续推进一体化进程都变得更加困难,而"多速欧洲"则是对这一状况的一种有效缓冲(buffer)。[2] 为证明"多速欧洲"的可行性,亚尼里斯同样以欧元区为研究案例。在分析欧元区现有困境的基础上,他提出成立两个平行欧元区的建议。经济发展水平更高、财政状况更为稳定的国家被划分为一组,其他国家则归为另一组。两个平行的欧元区拥有各自的经济治理模式,负责实施独立的财政与货币政策。一个欧元区致力于更长远的一体化目标,比如实现完全的财政一体化;另一个欧元区则侧重于解决现实问题,比如南欧国家的财政危机和东南欧国家的难民问题。

相比于欧洲,国内学界对于"多速欧洲"的研究要滞后一些。但进入20世纪90年代,也已经有学者开始关注"多速欧洲"问题。怀新撰写了名为《"欧洲船队"能同时驶达彼岸吗?——关于"多速欧洲"的争论》的文章,对由巴拉迪尔"三环欧洲"思想和《朔伊

---

[1] Jacques Mazier and Sebastian Valdecantos, "A Multi – speed Europe: Is It Viable? A Stock – flow Consistent Approach," *European Journal of Economics and Economic Policies: Intervention*, Vol. 12, No. 1, 2015.

[2] Constantinos Yanniris, "Diversified Economic Governance in a Multi – speed Europe: A Buffer Against Political Fragmentation?" *Journal of Contemporary European Research*, Vol. 13, No. 4, 2017.

布勒报告》引发的"多速欧洲"大辩论进行了详细的介绍。他认为，这场辩论是德法两国共同挑起的。其挑起辩论的原因既有短期国内政治的需要，也含有唤起欧洲公众对未来欧洲联合模式探索的意图。在这场辩论后，德法与英国对欧盟发展方向主导权的争夺也正式拉开序幕。① 冯仲平以欧盟 15 国政府间会议为主要线索，对欧盟修改《马斯特里赫特条约》的目的与面临的困难进行了深入分析，并以此为基础专门论述了当时被热议的"多速欧洲"问题。冯仲平指出，"多速欧洲"的含义尚未有明确的界定，但其内涵包括了同一方向、不同速度、保持开放与强调欧盟整体建设四个基本的意思。这使其有别于"按其所好"的菜单式一体化，也与核心欧洲有着明显的不同。回归到当时的时代背景，德法两国已就"多速欧洲"达成共识，而即将面临东扩的欧盟也不可能使一个拥有 27 个或者更多成员国的联盟保持同一速度前进。因此"多速欧洲"是欧盟解决其扩大和深化这一尖锐矛盾的唯一选择，也必将对欧洲一体化建设产生极其深远的影响。② 戴炳然在对《阿姆斯特丹条约》进行评述的过程中同样谈到了"多速欧洲"。他认为，寻找欧洲一体化发展的新模式是欧盟在拟定《阿姆斯特丹条约》过程中的一项重要目标。但因为种种原因，该条约回避了差异欧洲、"多速欧洲"、核心欧洲等不同的选择，而是引申了《马斯特里赫特条约》在社会政策上的处理办法，允许部分成员国借用欧盟的机构、制度与程序，在它们之间推行比条约规定更加紧密的合作。这一机制事实上回应了"多速欧洲"的诉求，使欧洲一体化在进程与组合上具有了某种"灵活性"，从而避免因强求一致而带来的矛盾与弊端。面对欧盟成员国数量激增和发展差距拉开的前景，这种灵活性虽是无可奈何的"最后手段"，却也是势在必行的选择。③

---

① 怀新:《"欧洲船队"能同时驶达彼岸吗?——关于"多速欧洲"的争论》,《国际展望》1994 年第 21 期。

② 冯仲平:《欧盟修改〈马约〉的目的及面临的困难》,《现代国际关系》1996 年第 6 期。

③ 戴炳然:《评欧盟〈阿姆斯特丹条约〉》,《欧洲》1998 年第 1 期;戴炳然:《深化与扩大的挑战——再评〈阿姆斯特丹条约〉》,《欧洲》1998 年第 5 期。

　　此后一段时间内，国内学界对于"多速欧洲"的研究一直处于相对平淡的状态。直到英国脱欧公投与《欧洲未来白皮书》发布后，"多速欧洲"才重回国内学者的视野，并催生出一系列的研究成果。王展鹏回溯了英国"多速欧洲"政策实践的发展。作为疑欧主义传统最为深厚的国家之一，英国在"多速欧洲"问题上也呈现出矛盾心态，并实际扮演了事实上的积极实践者和出于自身被边缘化的担忧而成为反对者的双重角色。在英国脱欧公投后，德法两国将迅速启动条约修改进程，推进一体化的发展，其他成员国也不必再顾忌英国的立场，从而为推进"多速欧洲"与深化一体化合作创造了有利条件。但英国脱欧带给欧盟的冲击与不确定性也远超预期，其与欧盟固有危机的相互叠加共振会成为一体化继续前进的阻碍。未来，"多速欧洲"或将在欧盟寻求解决危机出路的过程中扮演重要的角色，但其表现形式很可能不是核心国家加速一体化的单一模式，而是在欧盟条约与机构改革、关键政策、次区域合作、成员国与欧盟关系等领域呈现多种形态的差异化发展局面。[1] 龙静回顾了"多速欧洲"理念在欧盟发展历史中引发的数次辩论及其主要特征，并对欧洲一体化进程中事实存在的多速现象进行了总结。她认为，"多速欧洲"的再次激活与欧盟当前所处的时代背景密不可分。纵览这些背景性因素，欧盟正处于启动改革的有利历史时期，财政金融、安全防务与社会政策或将是欧盟推进"多速欧洲"战略的重点领域，而成员国的反对态度、欧盟复杂的立法机制等则将对"多速欧洲"的发展构成挑战。[2] 丁纯等人运用政治经济学的分析方法揭示了欧盟在《欧洲未来白皮书》中重提"多速欧洲"的重要动因，即成员国在经济上的不断趋异。借助 28 个成员国 2008—2016 年的宏观经济数据，他们从实证层面检验了欧盟内部在经济发展上逐渐趋异的事实。经济的趋异放大了英国脱欧、难民危机与社会分化等一系列问题的负面影响，使得欧洲一体化进程出现了认同危机。在这样的背景下，重提"多速欧洲"更多

---

① 王展鹏：《英国脱欧公投与"多速欧洲"的前景》，《欧洲研究》2016 年第 4 期。
② 龙静：《"多速欧洲"的发展及其对中欧关系的影响》，《和平与发展》2017 年第 4 期。

是代表了欧盟对自身发展现状的默认和无奈。"多速欧洲"既有可能成为推进渐进式一体化的良方，也有可能导致欧洲实质上的分裂。[①]郑春荣从右翼民粹主义兴起的背景出发，着重探讨了欧洲一体化的未来方向与"多速欧洲"的可行性。他认为，近年来欧洲一体化进程遭遇了一系列前所未有的挑战。它们的叠加甚至可能使欧盟的存续出现问题。在这样的背景下，欧盟内部的疑欧乃至反欧情绪日益高涨，右翼民粹主义力量因此不断坐大。"多速欧洲"的设想虽然能使一些想要在某些政策领域推进一体化的国家，摆脱个别国家的羁绊和阻挠率先前行，但也会给欧盟带来更加复杂、不透明以及与民众疏离等问题。考虑到疑欧和反欧势力有朝一日可能会再次兴风作浪，欧盟与其成员国需要审慎地推进"多速欧洲"战略。蜿蜒前行或将是欧洲一体化未来的主要场景。[②]陆巍从防务一体化的角度对永久结构性合作框架这一安全防务领域的"多速欧洲"实践进行了评析。他认为，永久结构性合作框架的制度规定与核心内容都带有明显的多速色彩，其目标在于依托"多速欧洲"理念，摆脱机制层面对防务一体化的掣肘，强化参与成员国责任意识，深化成员国相互合作，促进欧盟战略自主。而这也与"多速欧洲"的设想相符。欧盟激活永久结构性合作框架真正开启了"多速欧洲"理念在防务一体化领域的具体尝试，但欧盟防务一体化仍然面临准入条件不严、运行效率过低、双核步调不一致以及美国北约等外部力量掣肘等多种挑战，真正贯彻永久结构性合作框架必将困难重重。[③]

纵观国内外的相关研究成果，一个突出的印象是，围绕"多速欧洲"的学术探索仍然处于起步阶段，专门针对"多速欧洲"的文献数量相对较少。考虑到当前欧洲一体化所处的阶段与欧盟发展面临的现实困难，"多速欧洲"这一话题兼具重大的理论价值与现实意

---

① 丁纯等：《"多速欧洲"的政治经济学分析——基于欧盟成员国发展趋同性的实证分析》，《欧洲研究》2017 年第 4 期。

② 郑春荣：《右翼民粹主义影响下的欧洲一体化会走向何方？》，《当代世界》2017 年第 6 期。

③ 陆巍：《防务一体化的"多速欧洲"实践——永久结构性合作框架评析》，《德国研究》2018 年第 4 期。

义，理应受到更多的关注与重视。另一个突出的印象是，对"多速欧洲"的学理性探讨较少，也缺乏对其内涵的准确界定。"多速欧洲"究竟是一种时间型的、空间型的还是任务型的一体化？这一概念中的速度或速率应如何理解？这些问题既关乎"多速欧洲"的可行性，也涉及欧洲化进程未来的实施策略。但是对于这些理论性问题，极少有学者给出明确的答案。由于"多速欧洲"概念不明确，一部分学者倾向于用这一词汇来描述欧洲一体化进程的差异性结果，另一部分学者则将"多速欧洲"定义为一种欧盟未来发展的战略选择。随着欧盟内部危机的不断发酵，"多速欧洲"的第二种语义受到了更多学者的认同。但实际上，"多速欧洲"是基于欧盟多速发展现状的一种灵活性与精细化的一体化模式。其两种语义不可偏废，也不应割裂使用。对"多速欧洲"第二语义的过多关注使学者们陷入到欧盟繁琐的法律条文、复杂的决策机制与成员国难以捉摸的立场中，其研究结论近似于应用对策，无法彼此印证，也难以形成有效的学术沟通。有鉴于此，我们将在下一部分展开对"多速欧洲"的学理性分析并尝试回答如下几个问题："多速欧洲"是一种时间型的一体化，还是一种空间型或任务型的一体化？它与各种相近的概念，比如差异性一体化有无区别？概念中的速度一词又应作何解释？当然，在回答这些问题的过程中，我们也会涉及"多速欧洲"的可能模式，包括欧盟与各成员国之间的权力结构与自主程度，划分不同一体化轨道的标准方法以及欧盟治理机制中可能出现的变化等内容。

第四节　"多速欧洲"的概念与内涵

在上面三个部分，我们分别总结回顾了"多速欧洲"的理念沿革、具体实践与学术探索。概言之，在"多速欧洲"因《欧洲未来白皮书》而被热议之前，一个多速发展的欧洲早已事实存在，针对"多速欧洲"的学术研究与公共讨论也时常出现在我们的视野中。然而，一个有趣的现象是，提出或倡导"多速欧洲"的政治家们并不关心其学理性内涵。他们提出的"多速欧洲"不是真正具有科学意义的政治学概念，更像是"多速欧洲"的模式、原则与具体路径的集合体。在学术探索中，欧洲一体化领域的专家学者们也更多关注"多速欧洲"的第二语义，很少有人对"多速欧洲"进行清晰而明确的界定，也未能达成对这一概念的基本共识。拥有最高解释权的欧盟似乎也不愿对这一问题进行深入讨论。《欧洲未来白皮书》充分畅想了"多速欧洲"模式下欧盟与欧洲一体化的未来图景，却没有告诉我们"多速欧洲"究竟是什么。这一现象引发了一个十分严重的问题，即"多速欧洲"与其他近似的欧洲一体化设想常常被混淆。在相关的研究与讨论中，政治家与学者们常常将"多速欧洲"与核心欧洲和差异性一体化等概念混用，也有人会用双速欧洲等词汇指代"多速欧洲"。这种混乱的局面一方面增加了我们研究"多速欧洲"的难度，另一方面也削弱了研究或讨论结果的客观性与科学性。

有鉴于此，在充分总结过往研究的基础上，我们尝试对"多速欧洲"这一概念进行明确的界定。所谓"多速欧洲"，是指在欧盟内部发展差异性的基础上拒斥匀速发展，并在不同领域内实现部分成员国先行和成员国非同步发展的新型一体化方式。从应然意义出发，"多速欧洲"意味着欧洲一体化不能以同步发展的方式前行，而应实现一体化策略的灵活化与合作方式的多样化。从实然意义出发，"多速欧洲"代表了对欧盟内部发展差异性的承认，以及在此基础上允许部分国家先行一步，其他国家随后赶上的一体化策略。以这一概念为基础，我们将"多速欧洲"的内涵分为四个主要方面：其一，真正承认欧盟内部发展的差异性。其二，充分尊重成员国参与未来一体化的自主性。其三，积极倡导一体化方式的混合性与灵活性。其四，努力保持一体化方向的前进性。在一定程度上，上述四个内涵也代表了"多速欧洲"有别于其他一体化构想的重要特点。

第一，欧盟内部发展的差异性。"多速欧洲"构想本质上是对欧洲一体化进程中新问题与新挑战的一种回应，其数次被重提或热议也都是在欧盟发展面临困境、成员国陷入分歧之时。因此，"多速欧洲"与核心欧洲和差异性一体化等构想有着相同的隐喻，即欧洲一体化进程遭遇了严重的挑战，而这一挑战主要归因于欧盟内部的差异性，特别是成员国之间的差异性。在欧洲一体化的进程中，差异性本身不可避免，也有着各种各样的原因。在入盟之前，欧洲各国的政治经济水平有高有低，其开启欧洲一体化进程的起点不尽相同。在入盟的过程中，欧盟既曾学习借鉴部分国家的发展经验，并将其引入到自身的治理模式中，也常常针对成员国的特殊情况"量体裁衣"，并适当放宽对个别国家的改革要求。这些做法都将成员国原有的异质性保留了下来，在入盟后，欧盟成员国普遍获得了更为广阔的发展空间。但生产要素在统一大市场内的优化配置与欧盟内部的产业链分工使一部分成员国比另一部分成员国获利更多，导致欧盟内部的政治经济发展逐渐趋异，后发国家难以缩小与先进国家的发展差距。政治经济的趋异也塑造了差异化的一体化观念。政治经济发展水平较高的成员国认为，欧盟的发展策略与其他成员国的拖累使欧洲一体化处于不上不下的尴尬境地（hard shoulder）。政治经济发展相对落后的国家则抱怨，它们为缔造欧盟与欧洲统一大市场作出了应有的贡献，却没有获得相应的报酬，一体化的机制与分配模式理应更加平等。在成员国加入欧盟后，欧盟对其约束和奖惩的手段变得十分有限，无法避免成员国分歧的公开化与实质化。

一体化实践与一体化观念的差异共同导致了欧盟内部的僵局，这是当前欧洲一体化进程的基本现状，也是"多速欧洲"概念的基本假设。如果接受这一假设，欧盟就必须改变过去同步发展的一体化策略。在漫长的欧洲一体化进程中，欧盟一直试图维持匀速前进的状态。虽然成员国的发展水平有高有低，但欧盟依然努力将各成员国保持在一体化的同步轨道。在关乎一体化进程的重大问题上，欧盟也长期坚持一致同意的决策原则，力求保持组织内部的整体统一。但在成员国差异日趋明显的背景下，保持相同的前进方向已经十分艰难，保持相同的前进速度则几无可能。在承认并接受内部发展差异性的基础上，欧盟应当扭转过去的统一教条（unity dogma）与同步发展的一体化策略，尝试以部分成员国在部分领域先行的方式开启新一阶段的一体化进程。当然，需要说明的是，"多速欧洲"概念承认欧盟发展的差异性与成员国之间的差距,但并不将其视为绝对的和固化的。相反,借助有效的一体化路径与合作方式,成员国之间的差异和差距可以被逐渐削弱。这是"多速欧洲"有别于其他一体化构想的重要特点。关于这一点,我们将在后面的部分进行更加深入的阐释。

第二,成员国参与未来一体化的自主性。诺沃特尼曾对"多速欧洲"进行相对宽泛的定义。他认为,"多速欧洲"就是欧盟成员国可以选择参与部分欧盟政策与合作机制,而不参与其他政策与合作机制。[①] 这一定义失于精准,却点明了"多速欧洲"的一个重要内涵,即充分尊重成员国的自主性。如前所述,"多速欧洲"允许部分成员国先行一步。但哪些成员国应该先行,哪些成员国又应该随后赶上?这是"多速欧洲"理念需要回答的一个基本问题。在欧洲一体化的进程中,一直存在着两种主要的关系张力:一种是欧盟成员国之间的关系张力。一部分政治经济发展水平与欧洲化程度更高的成员国渴望深化现有的一体化进程,以享受更多的一体化红利;政治经济发展水平与欧洲化程度相对较低的国家则认为,相比于"做大蛋糕",欧盟更应该"分好蛋糕",给予它们追赶先发与先进成员国的机会。另一种是欧盟与成员国的关系张力,或者说超国家实体与民族国家的关系张力。因为在权力问题上的先天矛盾,民族国家并不愿意向欧盟主动让渡权力。而深化欧洲一体化进程不仅意味着参与更多的合作,也要求成员国向欧盟让渡更多权力。这是同为治理主体的民族国家所不愿见到的。此外,因为政治发展轨迹与历史文化传统等因素,各民族国家内部也有着不同的国家认同与民族主义情绪,从而塑造了它们对于权力让渡范围与程度的不同看法。基于上述两种关系张力,明确哪些国家应该先行一直是一个十分敏感的话题。核心欧洲等一体化构想也因为对这一问题的处理不当而受到了广泛的批评。

对于这一问题,"多速欧洲"的回答是充分尊重成员国的意愿。在未来的欧洲一体化进程中,欧盟成员国可以自主选择加入或不加入

---

① Vit Novotny, "The Harmless Spectre of A Multi-speed Europe," *European View*, Vol. 11, No. 1, 2012, p. 22.

某一具体领域的合作。加入合作的国家在这一领域内形成先行集团，但该集团必须保持充分的开放性与非排他性。首先，已经加入的成员国可以根据合作情况与自身发展形势自由退出。其次，选择不参与的国家不仅不受该领域条约的限制，也不被强制在规定时间内加入。是否加入这一领域的合作并不会限制或阻碍成员国参与其他领域的欧洲一体化进程。最后，选择不加入的成员国如改变意愿，可在满足特定的标准与程序后加入到合作中来。在暗含"多速欧洲"发展理念的欧元区与申根区建设中，这一理念已经得到充分的体现。根据趋同标准等要求，欧盟为成员国加入申根区与欧元区设立了明确的标准。成员国可以分阶段、分步骤地达成各个标准，并在完成特定的时间表后加入申根区与欧元区。已经加入的国家也可随时退出合作机制。目前，尚未有国家真正退出欧元区和申根区，但法国与希腊等国都曾发出单方面退出申根区与欧元区的警告。① 无论成员国的退出是否有利于合作本身，允许其自由进退都彰显了"多速欧洲"基于意愿进行合作的内涵。

第三，一体化方式的混合性与灵活性。如前所述，在欧洲一体化的历程中，存在着多种不同的一体化构想。按照斯塔布的归类，这些构想可以大体划分为时间型一体化、空间型一体化与任务型一体化三大门类。考虑到"多速欧洲"允许部分成员国先行的理念，斯塔布将"多速欧洲"定义为时间型的一体化，即不同成员国根据不同的时间表达成相同目标的一体化方式。这一定义淡化了"多速欧洲"可能引发的争议，也将其与许多近似的一体化构想明确区分开来。但这一定义无法回避一种基于潜在事实的担忧——在前进速度不同的情况下，欧盟成员国的发展差距可能被进一步拉大，先行集团与后发集团会随之固化，"多速欧洲"也就沦为与核心欧洲无异的一体化构想。

从这一角度出发，依赖时间型的一体化策略并不足以保证实现

① 在这一部分的例证中，我们并没有提到英国脱欧。这是因为英国以公投的方式退出欧盟代表了其对欧洲一体化本身的否定与坚决的去一体化的倾向。这与"多速欧洲"的内涵——成员国在不加入或退出特定领域合作后仍能参与其他领域的一体化进程有着明显的区别。

"多速欧洲"的发展模式。事实上,"多速欧洲"也不应被简单地定义为时间型的一体化。在当下的欧洲一体化进程中,差异化的发展早已是不争的事实。欧盟与欧元区、申根区乃至永久性防务合作的不同边界一方面说明了成员国之间的一体化程度存在差异,另一方面暗示了成员国自身在不同领域的一体化水平也有明显区别。在充分尊重成员国自主性的前提下,各成员国必然会根据各自的喜好与利益诉求选择性地参与不同领域的一体化合作。它们可能会在某些领域成为先行国家,却在另一些领域持审慎或者观望的立场。经过长期的发展,最终会形成不同国家在不同领域保持不同发展速度的态势。换言之,"多速欧洲"是混合了时间型一体化、空间型一体化与任务型一体化的一体化方式。在"多速欧洲"的未来图景中,既存在不同国家的多速,也存在不同领域的多速,还存在单一国家在不同领域的多速。具体到单一领域,先行集团与后发国家的界限十分明显。但整体来看,因为成员国在不同领域的一体化水平差异,很难存在一个稳定的、并在所有领域都领先其他国家的核心集团。先行国家与后发国家的界限变得并不分明。否则,先行集团的固化不仅不符合后发国家的利益,也会遭遇先行集团内部部分成员国的反对。从这一角度出发,对先行集团集体偏好的重塑很好地避免了"多速欧洲"的异变,也在一定程度上消除了人们对"多速欧洲"未来前景的担忧。

第四,一体化方向的前进性。"多速欧洲"旨在维持一体化现有机制与成果的基础上,以部分成员国先行的方式推动欧洲一体化进程继续发展。其理想形态是在接受欧盟内部差异性的基础上,各成员国依然保持大体一致的前进方向,分批次、分领域、分阶段地达成相同的一体化目标,最终扭转成员国日渐趋异的态势。在"多速欧洲"构想中,一个隐藏的逻辑是,以未来一体化进程的自主权换取成员国对欧盟现有机制的维护和对欧洲一体化继续前进的认可。这也是"多速欧洲"常常被形容为"退两步进三步"的原因。这一表述一方面说明,"多速欧洲"从来不是欧洲一体化的"初心",而更多是基于现实的无奈选择;另一方面也说明,"多速欧洲"依然维持了一体化方向上的前进性。相比于"多速欧洲",无论是菜单式一体化、核心欧洲还是差异性一体化，都将一体化的目标限定在更少的领域内，也更多地主张以政府间主义的方法开展合作。它们同样基于欧盟内部的差异性设定了欧洲一体化的未来模式，却回避了如何消除或消减发展的差异性这一重要的问题。从这一角度出发，"多速欧洲"显然更具进取心，也能够更好地维护一体化的现有成果。

对于"多速欧洲"在一体化方向上的前进性，政界与学界存有很多争议。争议的焦点不在于前进性本身，而在于这种前进性是否能够实现。在"多速欧洲"描绘的未来一体化图景中，后发国家会在部分国家先行后迎头赶上。然而，在欧盟内部发展差异化的背景下，拥有更多自主选择权的后发成员国是否还有意愿和能力迎头赶上？如果后发成员国不愿或不能追赶先行集团，那么"多速欧洲"要么退化为成员国基于个体喜好自行其是的"点菜式"欧洲，要么异变为先行集团与后发成员国分头行动的核心欧洲。对于这个重要的问题，"多速欧洲"的回答是先行集团与深度的一体化合作本身会对后发成员国产生巨大的吸引力，从而为其追赶先行集团累积足够的动力。事实上，这一回答与托马斯·格林对于《申根协定》的分析类似。格林将《申根协定》解释为在条约框架之外建立的一个克服陷入僵局的制度。[1] 第一，这一制度给出了有限选择，要么选择接受申根，要么完全拒绝无护照旅行；第二，申根意味着更加严格的外部边境管控，给非申根国提高了管理成本；第三，《申根协定》的严格规定剥夺了非申根国"搭便车"的机会。同样地，部分国家在个别领域的先行也会产生与申根区类似的效果。后发成员国虽然拥有选择是否加入的自由，但拒绝加入则意味着这些国家无法享受到深度一体化带来的好处。而先行集团缔结的条约不仅隐性地规避后发国家"搭便车"的可能，也在该领域内构筑了一条新的边界。无论是管理新的边界，还是进行边界内外的交流，后发成员国都需要承担更高的成本。随着各领域合作的不断深入与加入先行集团的国家增多，这一

---

[1] Thomas Gehring, "Die Politik des koordinierten Alleingangs: Schengen und die Abschaffung der Personenkontrollen an den Binnengrenzen der Europaischen Union," *Zeitschrift für internationale Beziehungen*, Vol. 5, No. 1, 1998, pp. 43 – 78.

成本也会越来越高。由此，潜在收益与需要承担的负外部性之间的巨大差距会重塑后发国家在特定领域内的一体化意愿，进而产生追赶先行集团或融入深度一体化的强大动力。而这正是"多速欧洲"前进性内涵的最好体现。

第 二 章

欧洲一体化的实践与欧洲化的内涵

欧洲化（Europeanization）与欧洲一体化（European Integration）是欧洲研究中的两个高频词汇，同时也是极易被混淆的两个概念。从学术的视角来看，它们既有联系又有区别。相比于欧洲化，欧洲一体化的概念更加宏大，也包含了更加丰富的内容。广义的欧洲一体化泛指欧洲各国为实现和平、消除战争、发展经济或其他目的而提出的欧洲联合思想以及围绕这些思想进行的实践活动。狭义的欧洲一体化则指代二战结束以来欧洲国家从经济联合开始，逐步打造全方位的一体化合作以及通过让渡国家主权，建立欧洲经济共同体、欧共体与欧盟等超国家机构的历史过程。欧洲化则特指成员国适应欧盟（欧共体）的制度与治理模式以及欧盟的规范与文化塑造影响成员国国内发展的同步过程。从这一角度来说，欧洲一体化是欧洲化的基础与前提，欧洲化则是欧洲一体化的结果，也是其进一步发展的动力。[①]

但与此同时，欧洲化与欧洲一体化之间也存在很大区别。欧洲一体化主要关注主权国家与超国家实体之间的互动关系，其分析视角与研究对象侧重于欧盟层面，欧洲化则侧重于国家层面，更加关注成员国国内政治制度与社会生活的变化。欧洲一体化有多种不同的理论流派。联邦主义、功能主义、政府间主义、制度主义与建构主义等理论分别对欧洲一体化进行了不同的阐释。欧洲化理论则更加微观与具

---

① 吴志成、王霞：《欧洲化：研究背景、界定及其与欧洲一体化的关系》，《教学与研究》2007 年第 6 期。

象。该理论受到建构主义一体化理论的影响，但在本体论与认识论上依然隶属于制度主义或者说新制度主义。如前所述，我们在这一部分的研究目标是试图对欧洲化的概念与内涵进行明确而清晰的界定，进而提出评估成员国欧洲化水平的完整体系，以更好地分析中东欧国家的欧洲化水平对其在"多速欧洲"问题上态度立场的影响。考虑到欧洲化与欧洲一体化的复杂关系，只有在厘清欧洲一体化的实践历程与理论沿革的基础上才能完成上述目标。

为此，我们将这一章节的内容划分为四个部分，并简要回顾与总结欧洲一体化的实践历程。考虑到欧洲化理论兴起的一个重要原因就是新进成员国的异质性问题，我们将欧共体与欧盟的扩员进程单列出来并进行详细分析。因此，本章第一部分欧洲一体化的历史实践特指欧洲一体化的领域拓展与合作深化的过程。第二部分欧洲一体化的扩大进程即欧共体与欧盟的扩员进程。在第三部分，我们将对欧洲一体化的理论流变进行介绍与点评。在上述三个部分的基础上，我们将在最后提出具有可操作性且与本研究契合的欧洲化的概念、内涵与评估体系。

第一节　欧洲一体化的历史实践

真正具有实质意义的欧洲一体化进程开端于二战之后。但在过往的发展历程中，许多欧洲国家也曾在部分领域进行过欧洲联合的探索。兴起于 13 世纪的汉萨欧盟即是一个典型的案例。"汉萨"一词在德语中原意指同业公会或行会，后来用以指代在国外的德国商人团体。1289 年，德国的科隆、吕贝克、汉堡和不来梅四个城市的商人将设在伦敦和布鲁日的汉萨团体同吕贝克、汉堡等城市的汉萨团体合并为单一的合作团体。此后，"汉萨同盟"就在上述四个城市的领导下不断发展壮大，最终成为涵盖近 200 个城市的超国家商业联盟。后来随着民族国家的崛起与重商主义的盛行，汉萨同盟逐渐式微，最终于 1669 年正式解体。近代以来，类似规模的商业联盟不曾出现，但出于各自的需要，部分国家也在经济与其他领域内进行了一定程度的联合。以卢森堡为例，第一次世界大战（简称"一战"）之前，卢森堡和德国关系密切，卢森堡作为当时世界第六大产铁国，其钢铁生产所需煤炭由德国供应，所产生铁和半成品则由德国进一步加工。因此卢森堡与德国建立了单独的关税同盟。但在第一次世界大战中，德国撕毁了保证卢森堡中立的诺言，侵占并严重摧毁了卢森堡。1918年卢森堡恢复独立后，随即废除了与德国的关税同盟，转而与比利时缔结了经济联盟。1922年，这一联盟正式付诸实施并成为比卢两国钢铁产业的重要推动力。[①]

　　早期的欧洲联合实践虽然有很多闪光点，却未能转化为实质性的欧洲一体化进程。欧洲国家之间复杂的历史纠葛是阻碍联合的重要因素之一。近代法国与德国的恩怨情仇可谓众所周知。自三十年战争以来，法国就与德意志境内诸邦进行过多场战争。而为了保持自身的霸主地位，法国力求保持德意志境内四分五裂的状态，这也使得普鲁士等国将法国视为德意志统一进程中的一大障碍。普鲁士厉兵秣马，最终在1870—1871年的普法战争中击败了法国，夺取了阿尔萨斯与洛林地区，实现了德意志的统一。而在法国方面，阿尔萨斯与洛林的丢失被视为一种民族的耻辱，国内各阶层也都矢志复仇德国，夺回本属于法国的领土。直到德国在第一次世界大战中惨败，法国才获得了复仇的机会。在战后的巴黎和会上，法国力主严惩德国，不仅要夺回阿尔萨斯和洛林，还要对德国进行全方位的制裁。在法国的影响下，最终形成的《凡尔赛和约》十分严苛，以至于一战联军总司令斐迪南·福煦也认为《凡尔赛和约》带来的不是和平，而只是20年的休战期。丧失了13%的国土以及所有殖民地的德国自然成为了新的复仇者。在极端民族主义情绪的蛊惑下，德国成为法西斯主义的大本营，并在希特勒的领导下发动了第二次世界大战。

　　类似的历史纠葛不仅存在于德法这样的大国之间，也发生在许多小国身上。以荷兰与比利时为例。作为尼德兰的一部分，荷兰与比利

---

　　① 朱健安：《比荷卢三国在欧共体形成中的地位与作用》，《西欧研究》1992年第2期。

时两个国家曾经历过多次分合。16 世纪尼德兰革命后，北尼德兰地区脱离西班牙的统治，成立了荷兰共和国，而比利时仍在西班牙治下。在 18 世纪末的法国大革命与拿破仑对外战争时期，整个尼德兰地区都被并入法国。在拿破仑战败后，比利时被重新划归荷兰，组成了新的尼德兰王国。但是由于比利时对于荷兰高压政策的不满和双方的宗教冲突，比利时爆发了大规模的反荷革命并最终成为一个独立的国家。在长期的历史纠葛中，荷兰与比利时两国也累积了各种领土争端与经济矛盾。比利时的第一大港安特卫普港靠斯海尔德河与北海相通，但该河的入海口两岸均为荷兰领土，其第二大港根特港也需要通过太尔讷曾一根特运河与北海相接，而这条运河的北段也处于荷兰境内。这样的状况大大制约了比利时的港口与贸易发展。因此在一战结束后的巴黎和会上，比利时就利用战胜国的地位提出了扩张的要求，要求荷兰割让南林堡和位于斯海尔德河口的泽兰一佛兰德。这一提议虽因荷兰的强烈反对而作罢，但严重影响了两国的关系。此后，为解决长期存在的斯海尔德河航行权争端，比利时提出与荷兰共同控制这一河流，并合作开发新的运河。但因为涉及荷兰的领土主权，该提案被荷兰议会否决。[①] 在一个狂热民族主义与帝国主义盛行的时代，类似的纠葛只能将欧洲国家推向敌对与战争，即使拥有联合的良好愿望与计划，也难以转化为成功的实践。

第二次世界大战的发生彻底改变了欧洲的地缘政治格局与社会文化氛围。在一战后，欧洲国家丢失了经济上的霸权，但仍然在政治与军事上保有对美国及其他国家的优势。经过二战的摧残，欧洲国家已经全方位落后于美苏，其世界霸权无可争议地衰落了。在美苏两强争霸的格局中，西欧国家成为美国领导的北约的一部分，东欧国家则成为苏联领导的社会主义阵营的一分子。欧洲不再是世界文明的中心，而是两大阵营对峙的前沿地带。在这样的背景下，无论是激进的民族主义、极端的法西斯主义还是进取的帝国主义扩张政策都不再适用于欧洲国家。面对元气大伤、贫弱交加的局面，欧洲各国第一次真正认

---

① 朱健安：《比荷卢三国在欧共体形成中的地位与作用》，《西欧研究》1992 年第 2 期。

识到，以一种强权主宰的方式一统欧洲的做法已经遭到历史的唾弃，只有实现各国的真正联合才能帮助欧洲从战后严重的政治经济危机中解脱出来，进而实现长久的和平与发展。

另一个推动欧洲联合的有利因素是海外殖民地的丢失。过去，欧洲国家拥有大量的海外殖民地，其势力范围遍布全球。在号称最后一块大陆的非洲，欧洲国家就占领了 2000 多万平方千米的土地，仅有埃塞俄比亚与利比里亚两个国家得以保持政治上的独立。对于欧洲国家来说，海外殖民地既意味着充足的原材料供应，也代表了广阔的产品输出市场，欧洲国家无须通过联合即可实现经济的自给自足或者快速发展。一战后，欧洲各国的殖民体系开始衰落，它们已很难通过战争手段获取新的殖民地，但以英法为代表的欧洲国家仍然掌握着大量的殖民地，以及国际联盟委任管理的地区。直到二战之后，由于世界霸权的旁落与国家实力的下降，欧洲国家无法再对海外殖民地保持严格的控制，同时民族独立思想的传播使得民族解放运动在各大洲此起彼伏，欧洲的殖民体系才真正解体。面对海外殖民地的丢失与即将丢失，欧洲国家开始思索新的经济发展模式。走欧洲联合的道路成为欧洲国家，特别是一些自然资源匮乏、市场规模狭小、严重依赖外贸的小国的必然选择。

因此，在战后很短的时间内，欧洲联合就成为各国广泛支持的方案。1948 年 5 月，20 多个国家的代表云集荷兰海牙，参加欧洲大会。次年 5 月，英国、法国与意大利等十个国家的代表在伦敦签署《欧洲委员会规章》，正式建立欧洲委员会。荷兰、比利时与卢森堡等小国更是先于其他欧洲国家，开始探索一体化的欧洲联合之路。在盟军登陆，国家行将解放的 1945 年，荷比卢三国的流亡政府就签订协议，商定战后建立关税同盟。1946 年 5 月，三国开始着手进行相关谈判。1947 年 10 月，三国正式签订了成立关税同盟的协定。次年，这一协定正式生效，由此荷比卢三国在欧洲范围内率先实现了经济联合。[1]

---

[1] "Union Benelux," http：//www.benelux.int/fr/benelux - unie/le - benelux - en - quelques - traits/.

　　但是，要想实现更大范围的联合，则需要更多欧陆大国特别是德国与法国的支持与推动。考虑到双方过去的恩怨情仇，如何促使它们真正和解进而实现联合是一个棘手的问题。在以何种途径推动德法走向联合的问题上，被称为"欧洲之父"的法国人让·莫内提出了最切合实际的方案。他认为，煤炭与钢铁是两种最为主要的战争资源，也是各国十分重要的经济产业。将德法两国的煤炭钢铁资源与工业置于一个超国家机构的管控下，就能够把战争的原料转化为和解与经济发展的重要工具，进而实现真正的欧洲联合。[①] 让·莫内的设想得到了时任法国外长罗贝尔·舒曼的大力支持。联邦德国首任总理康拉德·阿登纳为走出二战战败的阴影与缓解外部的压力对这一设想做出了积极回应。在各方反复商讨之后，以实现欧洲煤钢联营为目标的"舒曼计划"于1950年5月正式公布。次年4月，法国、联邦德国、荷兰、比利时、卢森堡与意大利签署了《巴黎条约》，同意共同建立欧洲煤钢共同体。虽然这一共同体带有明显的战争防御性质，也掺杂很多的政治因素，但其内容是以经济联合与互助为导向的。欧洲煤钢共同体被视为欧洲一体化进程的真正开端。

　　从欧洲煤钢联营到欧洲共同体，再到欧洲联盟，欧洲一体化进程数十年的发展可以被分为如下四个阶段[②]：

　　从欧洲煤钢联营到欧洲共同体正式成立是第一阶段。欧洲煤钢联营取得了巨大成功，有力推动了欧洲国家的经济恢复与快速发展。随着冷战的铁幕徐徐落下，美苏之间的核竞争与军备竞赛愈演愈烈，欧洲国家希望将联合的领域扩大到包括原子能在内的其他领域。1957年3月，欧洲煤钢共同体的六个创始国在罗马签订了《欧洲原子能共同体条约》《欧洲经济共同体条约》。其中原子能共同体的主要目标是建立核能源的联营机制，并对核燃料的使用进行统一监管；而经济共同体的主要内容是建立关税同盟，同时打造共同农业政策与共同

[①]　韩永利、丁丹：《论经济合作对欧盟边境制度的促进》，《武汉大学学报》（人文科学版）2015年第2期。

[②]　参见王坚《欧盟完全手册》，中央编译出版社2010年版，第3—6页。

外贸政策。[①] 1965 年，上述六国在布鲁塞尔签订了《合并条约》，欧洲煤钢共同体、欧洲原子能共同体以及欧洲经济共同体正式合并为欧洲共同体。

欧洲共同体的壮大与发展是第二阶段。在这一阶段，欧共体组织架构与运行机制的巩固与完善是欧洲一体化进程的主要内容。20 世纪 70 年代的石油危机在使得西欧国家遭受严重经济危机的同时，增强了各国融入欧洲一体化进程的决心。到 20 世纪 80 年代，欧共体已经由最早的六个国家扩员到 12 个国家，并建立了关税同盟，统一了农业政策与外贸政策，创立了欧洲货币体系，建立了共同体总预算与政治合作制度。在很大程度上，欧共体已经成为欧洲各国政治与经济利益的代言人。与此同时，欧洲一体化进程也遭遇了更多的挫折与挑战，特别是围绕共同体的预算危机与支出性结构矛盾等问题，欧共体与成员国、成员国与成员国之间产生了一系列的分歧。面对这些问题，欧洲各国决心扩展并深化现有的欧洲一体化进程。1986 年 2 月，欧共体的 12 个成员国签署《欧洲单一法案》，决定建立取消内部边界的欧洲统一大市场，并将原来以经济领域为主的共同体扩展为一个政治经济联盟。随着这一方案的签署，欧共体正式开始向欧盟过渡。

欧盟的成立与初步发展是第三阶段。1991 年，欧共体 12 个成员国的代表在荷兰马斯特里赫特签署了以建立欧洲经济货币联盟与欧洲政治联盟为目标的《马斯特里赫特条约》。在经济领域，《马斯特里赫特条约》提出了分阶段打造货币联盟的方案，并规定了先期实现单一货币的国家所需达到的标准。在政治领域，《马斯特里赫特条约》引入了政治、外交、内政等政府间合作的多项内容。在原有政治合作机制的基础上，《马斯特里赫特条约》大力推动了共同外交与安全政策，并将其确立为欧盟的三大支柱之一。[②] 1993 年 11 月，该条约正式生效，欧盟也随之宣告成立。1992 年 12 月，布鲁塞尔被定为欧盟的正式首都。1993 年年初，欧盟统一大市场开始启动。1995 年 12 月，欧盟单一货币

---

① 参见王坚《欧盟完全手册》，中央编译出版社 2010 年版，第 4 页。

② 《外媒：〈马约〉确立欧盟三大支柱》，https://news.haiwainet.cn/n/2022/0209/c3541083 - 32338012.html? nojump =1。

的名字被定义为欧元。1997 年 10 月，欧盟各国签署《阿姆斯特丹条约》，对已有的《马斯特里赫特条约》与《罗马条约》进行修订与增补。1999 年年初，欧元正式启动，并于 2002 年在 12 个先期达标的成员国内流通。

进入到新世纪，欧洲一体化进程迈向新的发展阶段是第四阶段。随着一体化程度与各国政治经济发展水平的提升，欧盟开始反思与改革过去的制度体系与运行机制。在 2000 年的尼斯峰会上，欧盟对共同安全与外交政策中的决策机制进行了修改。同时，欧盟首次提出了制定宪法的问题。2004 年 6 月，欧盟在布鲁塞尔峰会上通过了《欧盟宪法条约》草案的最终文本。但次年，法国与荷兰先后在全民公投中否决了这一条约。在制宪进程遭遇挫折后，欧盟各国领导人在 2007 年签署了取代《欧盟宪法条约》的《里斯本条约》。虽然也出现了爱尔兰公投反对等情况，但经所有成员国批准后，《里斯本条约》于 2009 年正式生效。这一条约虽然不再使用宪法的称谓，却是事实上的欧盟宪法。对于当下乃至未来的欧洲一体化进程，《里斯本条约》都具有重大的指导意义。

第二节　欧洲一体化的扩大进程

在数十年的发展历程中，欧盟或欧共体经历的不仅是组织架构的完善与运行机制的成熟，也实现了疆域与人口的大幅扩展。从 1973 年欧共体第一次扩大开始算起，欧盟或欧共体已经完成了七次扩员：第一次，英国、爱尔兰与丹麦加入欧共体；第二次，希腊加入欧共体；第三次，西班牙与葡萄牙加入欧共体；第四次，瑞典、芬兰与奥地利加入欧盟；第五次，波兰、匈牙利与捷克等十国加入欧盟；第六次，罗马尼亚与保加利亚加入欧盟；第七次，克罗地亚加入欧盟。除塞浦路斯和马耳他外，后三次扩员进程中的国家皆为中东欧国家，它们在历史发展轨迹与政治经济水平上具有一定的相似性，与西欧国家存在较大的差异。因此在相关的研究中，这三次扩员也常常被统称为欧盟的东扩进程或者中东欧国家的入盟进程。

法国、德国、意大利、荷兰、比利时与卢森堡是欧共体的六个初始成员国。而在这六国之外，英国也对欧洲经济联合的行动表达了支持，它曾一度有机会成为欧共体的初始成员国。但是，英国一方面担心欧洲一体化进程会带来过多的约束与责任，另一方面害怕与欧洲大陆的紧密关系会破坏其光荣孤立的传统，进而影响到它和美国以及英联邦国家的特殊关系。因此在 20 世纪 50 年代，英国政府先后两次拒绝加入欧洲煤钢共同体和关税同盟。但随着欧共体的发展壮大，英国看到了欧洲一体化进程的光明前景，而国际局势的变化也使得英国无法在美国与欧洲大陆之间左右逢源。由此在 20 世纪 60 年代，英国逐渐改变了对于欧共体的态度。无独有偶，爱尔兰与丹麦等国也看到了加入欧共体带来的巨大经济利益。1961 年 8 月，英国、丹麦、爱尔兰与挪威四国正式提交了加入欧共体的申请，由此开启了欧共体的第一次扩大进程。在欧共体与上述四国的谈判中，英国面临的阻力最大，其谈判过程也最为漫长曲折。直到 1973 年 1 月，以英美特殊关系、英联邦问题与农业政策为主要议题的谈判才正式结束。而挪威则在 1972 年的全民公投中否决了加入欧共体的动议。最终，英国、爱尔兰与丹麦三国加入了欧共体。欧洲一体化进程中的第一次扩员得以完成。

此后，希腊、葡萄牙与西班牙分别于 1975 年 6 月、1977 年 3 月和 7 月提出了加入欧共体的申请。针对这三个国家，欧盟采取了整体考虑但个别吸收的原则。虽然希腊的经济发展水平相对落后，但由于双方的经济联系十分密切，其谈判过程较为顺利。1981 年 1 月，希腊正式加入欧共体，成为第二次扩大进程中唯一的国家。西班牙和葡萄牙则因为农产品和劳动力等问题耽搁了谈判的进度。但在历经波折后，西、葡两国也完成了谈判并于 1986 年加入了欧共体。[1]

随着苏联解体、冷战结束和欧洲一体化的不断发展，许多欧洲国家在外交上作出重大调整，采取了谋求加入欧共体，并以此为依托，积极参与欧洲和国际事务，扩大国际影响的外交方针。1989 年 7 月，

---

① 钱运春：《欧盟的五次扩大》，《人民日报》2002 年 11 月 14 日。

中欧的奥地利率先提出了加入欧共体的申请。1990 年 8 月,北欧诸国开始与欧共体接触,讨论欧洲经济区的问题。[①] 1991 年 7 月与 1992 年 3 月,瑞典、芬兰和挪威也都分别提出了申请。这四个国家的经济发展水平较高,也与欧共体有着密切的经济联系,因此谈判十分顺利。但遗憾的是,挪威又一次在全民公投中否决了加入欧共体的动议。最后只有瑞典、芬兰与奥地利三国成为欧盟的正式成员国。[②]

相比于之后吸纳一众中东欧国家,欧共体或欧盟早期的数次扩员有着明显的不同。首先,在早期的扩员进程中,欧共体与欧盟并未设立明确的扩员标准。因为遵循了整体考虑、个别吸收的原则,欧共体或欧盟针对各申请国的国情与发展状况开展了不同内容的谈判,导致其扩员的标准并不统一。其次,在早期的扩员进程中,欧共体与欧盟正处于快速发展时期,其欧洲一体化的实践也尚在探索阶段。因此在吸纳新成员国的过程中,欧共体或欧盟不仅不需要核查与评估这些国家的准入资格,也要积极学习与借鉴这些国家的发展模式与经验。例如,在英国加入欧共体的过程中,欧共体就充分吸纳与学习了英国在农业结构改革领域的丰富经验,并借助英国的加入推动共同体的共同农业政策。在粮食价格与农业补贴等多个问题上,欧共体都接受了英国的改革要求,为共同农业政策打下了明显的英国烙印。最后,在早期的扩员进程中,欧共体或欧盟正处于经济一体化的阶段,尚未实现由经济共同体向政治经济联盟的过渡。它们与申请国的谈判与博弈也更多地发生在经济领域,较少涉及政治、外交与安全问题。正如约瑟夫·弗兰克尔在英国加入欧共体后所描述的,所谓英国的共同体成员国资格主要是指英国和欧共体在经济层面采取较为一致的措施,在外交和防务层面都远远没有达到"成员国"所指涉的合作协商关系[③]。

但从另一层面来说,无论是经济发展水平较高的英国、申请时刚刚建立民主制度的西、葡,还是经济相对落后的希腊,它们都属于北

---

① 杨义萍:《浅析北欧国家加入欧共体问题》,《现代国际关系》1993 年第 7 期。

② 三国申请加入时,欧盟尚未成立;三国正式加入时,欧盟已经正式运作。

③ Joseph Frankel, *British Foreign Policy 1935 – 1973*, London: Oxford University Press, 1975, pp. 233 – 244.

大西洋联盟的一分子，也与欧共体或欧盟成员国有着密切的经济联系。因此它们在融入欧洲一体化的过程中历经了较少的"磨难"，给欧共体或欧盟带来的冲击与挑战也远低于后来入盟的中东欧国家。在剧变之后的中东欧，大规模的国家转型宣告一个新时代的来临。回归欧洲、融入欧洲一体化进程成为中东欧国家的主要政治和外交目标。在转型初期的动荡中，多数中东欧国家无暇拟定清晰完整的回归欧洲战略，就已经表达了加入欧盟（欧共体）的强烈愿望。面对中东欧国家的入盟呼声，欧盟与西欧国家并未在第一时间做出积极的回应。究其原因，是20世纪90年代初期欧盟尚处于从经济共同体到超国家政治实体的探索阶段。其成员国数量只有12个，组织架构和运行机制也并不完善，各成员国对于《马斯特里赫特条约》和共同外交与安全政策的看法存有明显的区别。对于欧盟来说，吸纳一众中东欧国家意味着成员国数量将至少增加一倍，人口与疆域也会大幅扩大。这显然会对其组织能力和治理模式构成挑战。导致欧盟对东扩存有疑虑的另一个原因则是中东欧国家与西欧国家之间的巨大差异。这种差异部分来源于冷战时期双方意识形态的对立和政治经济体制的不同，但更多的则植根于东西欧国家的历史与文化特性。在历史的长河中，巴尔干地区的保加利亚、塞尔维亚和阿尔巴尼亚等国按希腊仪式接受了东正教。他们使用基里尔字母，成为拜占庭文明的一部分。罗马尼亚虽然接受了东正教，却使用拉丁字母。在奥斯曼帝国入侵巴尔干之后，阿尔巴尼亚人和部分波黑的斯拉夫人被迫放弃基督教，皈依伊斯兰教，成为伊斯兰文明的一部分。[1] 因此从文化属性上来看，这些国家与西欧国家有着很大的不同。中欧的波兰、匈牙利与捷克等国在文化和宗教上与西欧国家相近。它们早在公元8—10世纪就接受了基督教并使用拉丁文字，从而成为西欧文明的一部分。但在近代历史上，这些国家都处于大国的控制之下。捷克长期由奥地利的哈布斯堡王朝统治，并成为后来奥匈帝国的一部分。斯洛伐克先是接受了匈牙利王国的统治，后又跟随匈牙利加入了奥地利帝国与奥匈帝国。直到第一

---

① 朱晓中：《"回归欧洲"：历史与现实》，《东欧中亚研究》2001年第1期。

次世界大战之后，捷克与斯洛伐克才组成了捷克斯洛伐克并重获独立。而波兰在 18 世纪中叶仍然是独立的国家，但此后遭遇了普鲁士、奥地利与俄罗斯帝国的三次瓜分。到 1795 年，波兰的领土已经被三国完全吞并。也是在一战之后，波兰才重新成为一个独立的民族国家。长期被大国奴役改变了这些国家的政治发展轨迹，它们虽然在文化上与西欧接近，却难以复制西欧式的现代化道路，其政治经济制度与发展水平都要落后于西欧国家。此外，爱沙尼亚、拉脱维亚与波黑等国或是缺乏或是完全没有独立建国的经验。因为缺乏对民族国家的有效建构，它们在转型时代的国家治理能力与社会凝聚力也受到质疑。考虑到中东欧地区如此鲜明的异质性与内部多样性，欧盟自然无意快速地实现东扩。面对中东欧国家的入盟要求，欧盟也尽量以拖为主，以至于支持波兰重返欧洲的波兰总统莱赫·瓦文萨感叹波兰成为了欧洲的孤儿，而维谢格拉德集团的代表也抱怨欧盟至少应该让经历转型痛苦的东欧各国看到希望。①

随着时间的推移，欧盟的态度逐渐发生变化。一方面，地缘政治安全是促成这种变化的重要动因。苏联解体减少了欧盟直面军事威胁的可能性，也在中东欧地区留下了巨大的"权力真空"。在缺乏外部约束的情况下，中东欧国家的各种历史遗留问题，例如边界纠纷、文化与宗教冲突和跨界民族问题都在短期内迅速爆发。由此产生的南斯拉夫内战和其他小规模冲突不仅严重阻碍了中东欧国家的转型与发展，也对整个欧洲的和平与安全造成了冲击。因此从地缘政治安全的角度出发，欧盟需要增强自身对中东欧地区的影响力与控制力。

另一方面，中东欧国家的转型取得了令人瞩目的成绩。在经历休克疗法的阵痛期后，多数中东欧国家实现了经济的快速恢复与发展，仿照西欧国家建立的民主制度也日趋完善与巩固。这些成绩使得欧盟相信通过一系列的政治经济改革，中东欧国家可以在发展水平上逐渐接近西欧国家，也能够接受和认同欧盟的价值观念与治理模式。因此面对中东欧国家日益高涨的入盟呼声，欧盟的最优选项是将入盟作为

① 郭洁：《东欧的政治变迁——从剧变到转型》，《国际政治研究》2010 年第 1 期。

激励因素，诱使中东欧国家加快改革与转型的步伐，使其在满足入盟必备的各项条件和标准后，逐步达成与欧盟的均质化发展。

由此，欧盟正式开启了东扩进程。1991—1996 年，欧盟先后与波兰和匈牙利（1991），捷克、斯洛伐克①、罗马尼亚和保加利亚（1993），爱沙尼亚、拉脱维亚和立陶宛（1995）和斯洛文尼亚（1996）签署了《联系国协定》②，对双方未来的政治经济关系进行了明确，并为中东欧国家后续的入盟进程做好准备。在 1993 年的哥本哈根会议上，欧盟提出了中东欧国家入盟的基本标准：第一，拥有捍卫民主的机构，尊重法治、人权和保护少数民族；第二，拥有行之有效的市场经济，以及应对欧盟内部竞争压力和市场力量的能力；第三，履行成员国职责的能力，包括恪守政治、经济和货币联盟的宗旨。③ 其中，后两项内容主要是对新成员国治理能力与履行义务的要求，而第一项则代表了欧盟的价值立场。1994 年，欧盟明确规定，除波罗的海诸国之外，排除所有苏联加盟共和国加入欧洲联盟的可能性。这一规定表明了欧盟新一轮扩员的重点是中东欧国家。1995 年，欧盟在马德里峰会上进一步强调，在满足哥本哈根标准的同时，候选国必须通过调整其司法与行政体系来更好地将欧盟法律转化为本国法律，并加以实施，以此作为入盟前建立互信的先决条件。在 1997 年的《阿姆斯特丹条约》中，欧盟同样明确强调了自身的基础原则，并将恪守这些原则定为加入欧盟的先决条件。根据哥本哈根标准，欧盟在 1997 年对申请入盟的中东欧国家进行了全面评估。最终评估结果促使欧盟决定启动东扩，并先与波兰、捷克、匈牙利等六个国家开展入盟谈判。此后，其他中东欧国家也陆续加入进来，从而开启了各自的入盟进程。对于中东欧国家而言，入盟进程的开启不仅意味着与

---

① 捷克斯洛伐克在 1991 年与欧盟签署了《联系国协定》。但 1992 年年底，捷克斯洛伐克宣告解体，新成立的两个国家捷克与斯洛伐克于 1993 年与欧盟签署了新的《联系国协定》。

② 参见欧洲理事会网站（https：//www. consilium. europa. eu/en/documents - publications/treaties - agreements/）。

③ "Conditions for Membership：European Neighbourhood Policy and Enlargement Negotiations，" https：//ec. europa. eu/neighbourhood - enlargement/policy/conditions - membership_en.

欧盟的谈判博弈拉开帷幕，也代表了新一轮国内政治经济改革的开始。考虑到中东欧国家薄弱的政治经济基础和独特的社会文化属性，顺利完成改革并达到欧盟设立的标准显然并非易事。中东欧各国的入盟轨迹也印证了这一点。一部分转型更为成功、欧洲化水平更高的国家得以率先入盟；另一部分国家则因未能达到入盟的标准而推迟了正式入盟的时间，或者仍处于冗长的入盟谈判中。

波兰、匈牙利、爱沙尼亚、拉脱维亚、立陶宛、捷克、斯洛伐克与斯洛文尼亚8个国家成为第一批加入欧盟的中东欧国家。在完成各章节入盟谈判、批准入盟条约草案、签署入盟条约与全民公投等程序后，这些国家与马耳他和塞浦路斯于2004年5月正式成为欧盟的一员。罗马尼亚和保加利亚因为种种原因未能赶上2004年的欧盟扩大进程。直到2007年1月，两国才正式加入欧盟。克罗地亚是最近一个加入欧盟的成员国，其入盟谈判也被称为是欧盟东扩过程中最为复杂和艰难的谈判之一。[①] 直到2011年，双方的谈判才最终结束。2013年7月，克罗地亚正式成为欧盟成员国，从而结束了漫长的入盟进程。

在克罗地亚加入后，欧盟的扩员进程已经处于事实上的停滞状态。塞尔维亚等西巴尔干国家或是陷入到漫长的入盟谈判中，或是迟迟难以开启入盟谈判。更为重要的是，在过去的十年间，欧洲一体化进程屡屡受挫，成员国之间的分歧与差异性有增无减。在这样的局面下，欧盟一直将内部改革与重塑欧洲一体化的发展方向作为工作重点，并不愿意进一步扩大联盟内部的差异性。纵然西巴尔干国家积极奔走呼吁，但欧盟依然对接纳这些国家持谨慎与犹疑的态度。直到俄乌冲突爆发后，欧盟才在扩员问题上做出了实质性举动。在不到一年的时间内，乌克兰、摩尔多瓦与波黑先后成为了欧盟的候选国。[②] 北马其顿与阿尔巴尼亚也得以开启推迟了近两年的入盟谈判。然而，在

---

① 胡勇：《"欧洲梦"与"欧洲化"：克罗地亚加入欧盟及其影响》，《国际论坛》2015年第6期。

② "European Neighbourhood Policy And Enlargement Negotiations," https：//enlargement. ec. europa. eu/enlargement – policy_en.

俄乌冲突的特殊背景下，推动乌克兰等国的入盟进程是一项极具象征意义的举措，其政治影响远远大于社会经济等实际考量。乌克兰虽然已经进入了入盟的"快车道"，仍需经过一系列的政治程序才有可能成为欧盟的正式成员。在可预见的未来，乌克兰的情况将与西巴尔干国家类似。其入盟进程会十分波折漫长，且没有明确的时间表。

相比于欧共体时代的早期扩员，欧盟的东扩进程规模更为宏大，影响也更为深远。总体而言，中东欧国家回归欧洲，融入欧洲一体化进程是欧盟与中东欧国家的双赢。对于欧盟而言，将整个欧洲纳入统一的政治经济模式塑造了和平与安全的环境。把入盟与改革相挂钩的做法使得中东欧国家步入了良性发展的轨道，也维持了这一地区的稳定局面。在欧盟推动下，中东欧国家开始尝试解决边界争议与民族矛盾等长期存在的问题，从而大大减少了地区冲突的可能性。在经济上，欧盟不仅成为世界上最大的区域经济体，也获得了更为广阔的市场。统一的欧洲市场的形成使各国的资源与生产要素可以在全欧范围内更加自由地流动，以此为基础，欧盟能够更合理地配置生产资源，完善产业分工并优化贸易结构。在外交上，中东欧国家的入盟对周边国家产生了巨大的示范效应。以输出价值规范和制度规则为核心内容的规范性外交大行其道。在国际社会中，欧盟倡导的全球治理模式和以国际协议与合作为基础的多边规则体系也更具吸引力与影响力。此外，中东欧国家在加入欧盟后继续融入欧洲一体化进程，加入申根区与欧元区等欧盟框架内的合作也给欧洲一体化带来了新的助力。以欧元区为例，中东欧国家积极向欧元区靠拢的做法不仅提升了欧元的流通性与国际认可度，也使得欧元区的影响力由西欧扩展到东欧，并深入巴尔干腹地与波罗的海沿岸。更为重要的是，中东欧国家的加入有力推动了欧元区乃至整个欧盟内部的经济一体化程度。在加入欧元区后，这些国家原有的经济主权，特别是使用汇率工具与其他经济政策工具的权力逐步转移给欧盟，其金融市场规则与股票交易体系也更好地融入一体化的进程。随着欧盟内部的经济与货币政策趋于统一，欧盟可以在一个更大的范围内准确评估货币供给与利率水平并管控各国债务。这不仅有助于保障欧元的稳定，降低欧元区内的汇率风险，也使得欧盟能够更好地解决全欧的金融安全问题。在中东欧六国加入欧元区后，超过半数的欧盟成员国成为欧元区的成员国，欧元区在欧盟内部的地位进一步上升。在欧盟发展遭遇困境的今天，欧元区也获得了更多的关注与资源倾斜。而在"多速欧洲"等多种破解欧盟现有困境的方案中，欧元区的改革与发展都是重中之重。

对于中东欧国家来说，入盟进程也带来了巨大的发展红利。在政治上，回归欧洲为中东欧国家提供了稳定的发展环境，也为政治经济改革的深化注入了新的动力。由此建立的社会共识以及文化上的归属感与安全感成为国家转型的有效助力。在经济上，中东欧国家不仅获得了欧盟的经济援助和西欧国家的直接投资，也拥有了更为广阔的市场。通过融入高附加值、高科技含量的产业体系，中东欧国家的经济得以迅速发展。在外交上，回归欧洲提升了中东欧国家的国际影响力。通过自下而上的传输路径，中东欧各国可以将本国的利益与偏好投射到欧盟层面，进而影响欧盟的外交决策与执行，使其更加符合自身的战略诉求。借助这一途径，许多过去受制于国力而难以实现的战略目标可以转化为欧盟的外交决策予以实现，这大大强化了中东欧国家的外交实力。

遗憾的是，漫长的入盟进程未能消弭中东欧国家与西欧国家之间的巨大差异，特别是双方在价值观与社会文化上的分歧。一方面，政治与社会文化拥有自身演进的规律，其发展变化往往滞后于制度变革，也需要更长的时间。因此在欧盟快速东扩的过程中，实现价值与文化趋同的难度要远远大于打造统一的政治经济体制。另一方面，欧盟因为地缘安全等因素放宽了对部分国家的入盟要求，使得这些国家在改革尚未完成或入盟标准没有达成的情况下加入了欧盟。而在入盟后，欧洲化就变为一种内在的社会化进程。国家的推动力逐渐减弱，政治精英与社会大众的注意力也重回国内，转向各自关心的具体问题。许多国家不仅没有完成应有的改革，反而以一种消极或软怀疑（Soft Euroscepticism）的态度对待后续的欧洲一体化进程。而因为缺乏有效的奖惩手段，欧盟对成员国国内政治进程的影响十分有限。在这一局面下，东西欧国家之间的巨大差异包括文化与价值理念上的分歧都保留了下来。在欧盟处于政治经济发展的上升期时，这一差异的危害尚不明显。但当欧盟的发展遭遇困境时，双方的差异与分歧就会演化为公开的争执，进而阻碍欧盟的健康发展。在这个意义上，所谓的欧盟"东扩"远未完成。对欧盟来说，如何消化中东欧国家回归带来的冲击仍然是自身发展进程中的重要议题。这一议题也为欧洲一体化理论的继续丰富与发展提供了新的动力。欧洲化的概念与理论即是在探讨与解决中东欧国家异质性的过程中建立和发展起来的。

第三节 欧洲一体化的理论流变

实践决定认识。作为人类全面超越主权国家体系的重大实践，欧洲一体化自然催生了大量的理论研究与探讨。在欧洲一体化的历程中，先后形成了联邦主义、功能主义、政府间主义和制度主义等相互对立又互为补充的理论流派。其中，一部分理论流派总结归纳了欧洲一体化的成功实践，并尝试回答欧盟何以能突破成员国主权这一根本性问题。另一部分理论则试图对欧洲一体化的路径与模式进行反思，以回应一体化进程中出现的新问题与新挑战。明晰这些理论可以帮助我们更好地理解与认识欧洲一体化与欧洲化两个概念的区别，从而为我们提炼欧洲化的内涵与评估标准打下坚实的理论基础。

欧洲一体化理论是在欧洲一体化的过程中建立和发展起来的，但欧洲联合的理念早已存在于历史的长河中。在民族国家尚未出现的中世纪，基督教已经成为联系整个欧洲的精神纽带。在基督文明向欧洲各国扩散的过程中，其道德标准、价值体系和行为模式也随之被习得并不断承袭，从而推动欧洲成为一个拥有集体认同和情感归属的精神共同体。作为一种普世信仰，基督教强调上帝权威，轻视世俗政权，这也使其能够超越国家与种族的界限，构建一种统一的欧洲观念。得益于此，基督教的教宗才能数次以捍卫基督文明的名义联合欧洲各国，共同抵御外部世界的威胁。

中世纪以降，民族国家成为欧洲的主流政治组织形式。欧洲联合也由此约等于多个主权国家之间的联合。1306 年，法国人皮埃尔·杜波伊斯在《论圣地的收复》一书中最早提出了主权国家联合的构想。他认为欧洲应当组成一个基督教主权国家联合体，由九名法官组成的欧洲议会行使最高权力。议会负责解决国家间的纠纷，有权对违反联盟原则的国家进行军事打击或经济制裁，或对危及欧洲和平的个人及其家属处以流放。① 虽然杜波伊斯深受帝国与基督教传统思维的影响，也十分强调法国在这一联合体中的特殊地位，但他的设想已经带有现代欧洲联合的影子，成为后来各种欧洲联合理论的思想源泉。

在杜波伊斯之后，多位思想家和政治家也提出了欧洲联合的概念以及相应的实施方案。其中，伊曼努尔·康德的联邦主义方案是影响最大、受到关注最多的方案之一。在《世界公民观点之下的普遍历史观念》《永久和平论》等著作中，康德从人的自然本性出发，用社会契约论的观点论证了建立一个"自由国家的联邦"是实现欧洲永久和平的必由之路。② 相比于欧洲联合的其他设想，康德的联邦主义方案是从哲学思辨的角度出发，推导出欧洲联合之路的必然性，其理论范围更加广泛，逻辑更加缜密，具有世界主义历史发展观的高度。在康德前后，圣皮埃尔、让—雅克·卢梭等人也曾谈及欧洲联合的设想。不同于康德，他们的关注点更加具体，或是讨论欧洲联合的方案设计与相关细则，或是探索实现联合的先决条件。

工业革命的浪潮推动了多数欧洲国家的快速发展，也使得欧洲成为世界舞台的中心。受到社会达尔文主义与帝国主义思想的影响，欧洲各大国忙于争夺殖民地势力范围，常常为了争霸而大打出手。在这样的局面下，欧洲联合的设想自然无从谈起。但历经一战的浩劫后，打造一个和平的欧洲成为各国人民的共同愿望。欧洲联合也由此重回人们的视野。在一众欧洲联合的方案中，理查德·库登霍夫—卡勒吉领导的泛欧运动无疑最具代表性和影响力。库登霍夫—卡勒吉主张建立能确保欧洲和平和欧洲文化并同时提高欧洲生活水平的"泛欧洲"

---

① 潘娜娜：《文化认同与十五十六世纪欧洲"统一"观念》，《海南大学学报》（人文社会科学版）2007 年第 4 期。

② 韩慧莉：《近代欧洲观念与欧洲一体化》，《浙江学刊》2004 年第 6 期。

体系，以抵御新的世界大战、普遍的贫困化和布尔什维克对欧洲的威胁。① 这种以国家联合自助、组建政治经济联盟实现和平目标的方式受到茨威格、托马斯·曼与阿尔伯特·爱因斯坦等知名人士的支持，是两次世界大战之间欧洲联合的主流方案。深受泛欧运动影响的法国总理阿里斯蒂德·白里安甚至于 1930 年提交了《关于建立欧洲联邦同盟的备忘录》，试图通过德法和解打造真正的欧洲联盟。② 遗憾的是，世界性经济危机的到来唤醒了欧洲各国的民族主义激情，纳粹的兴起更成为欧洲联合难以逾越的障碍。最终，白里安计划也只是停留在文件之中，未能付诸实践。

　　综上所述，早期的欧洲联合思想大多存在于思想家的想象和论著之中，因此带有强烈的乌托邦色彩。但许多思想，特别是近世以来的联邦主义思想对战后的欧洲一体化进程有着重要的启示意义。"欧洲之父"让·莫内就深信，解决欧洲问题"唯一的办法就是成立欧洲联邦"，由他主导设计的欧洲煤钢联营建有高级机构、共同议会和共同体法院，本身也具有主权国家的架构。在后续的欧洲一体化历程中，欧盟一直在超国家主义与政府间主义之间左右摇摆，但其打造欧洲联邦的根本性目标却始终没有改变。在一定程度上，这也代表了早期的欧洲联合思想与欧洲一体化理论的历史联结。

　　联邦主义是欧洲一体化梦想的起点。但该理论无法对欧洲一体化的动力做出足够的解释。联邦主义的核心思想是在地区层面复刻国家制度，各民族国家在承认相互之间共性的基础上开展合作，通过签订协议的方式在欧洲范围内建立起基本的宪法—政治框架③。然而，仅仅强调成员国的共性不足以说明这些国家为何愿意让渡部分主权，并将其交予超国家的政治实体。其政治设计也侧重于顶层设计与基本的制度框架，而没有顾及欧洲一体化的具体路径与欧盟的日常治理模

---

① 胡凯：《〈昨日世界〉与茨威格的欧洲观念》，《北京大学学报》（哲学社会科学版）2017 年第 5 期。

② 叶林、侯毅：《白里安计划与舒曼计划比较研究》，《科教文汇》（上旬刊）2007 年第 1 期。

③ 李泽生：《欧洲化概念和欧洲一体化理论》，《苏州科技学院学报》（社会科学版）2013 年第 1 期。

式。因此，联邦主义理论与二战后欧洲一体化实践的契合度明显不足。在这一点上，功能主义与政府间主义要更进一步。前者更好地描绘了欧洲一体化的日常"生长"过程，后者则有效地解释了欧洲一体化的"突破"性进展①。具体来说，功能主义主张在国家间建立相互依存的"网状结构"来解决各国经济、社会问题，通过受益者产生由国家到共同体的"忠诚转移"来实现一体化②。欧洲功能主义理论的创始人戴维·米特兰尼认为，功能性需要对主权国家的立场与行为有着重大影响。在国际社会中，功能而非观念才是引发忠诚这一行为的主要原因。一旦忠诚被功能所俘虏，提供功能的各种跨国活动将产生环环相扣的作用，并共同构筑起国际共同体的"骨架"③。在这种合作模式中，国际共同体处于主导地位，主权国家的作用十分微弱。

米特兰尼的功能主义被认为是最为严格的功能主义，其政治构想也没有特定针对欧洲国家，而是要在全世界范围内打造一个真正的国际共同体。因此，后来的学者大多对米特兰尼的观点进行了一定的微调，以使功能主义理论能够更好地描绘与解释欧洲一体化的实际历程。在功能主义无法解释一体化逐渐从经贸合作扩展到其他领域等外溢现象时，厄恩斯特·哈斯又在米特兰尼思想的基础上提出了新功能主义理论。他将一体化定义为"说服来自不同国家的政治行为体将其忠诚、期望和政治活动转向一个新的中心的过程"，并尝试对外溢现象做出解释。哈斯认为，一体化是从一个部门到其他部门的功能扩张与任务扩张的过程，但主要动因却不是经济与社会方面的功能性需求，而是各种政治力量出于各自利益的共同推动④。在一定程度上，

---

① 田德文：《欧洲一体化：回顾理论流变过程　探析理论实践关系》，《中国社会科学报》2020 年 12 月 1 日。

② 田德文：《欧洲一体化：回顾理论流变过程　探析理论实践关系》，《中国社会科学报》2020 年 12 月 1 日。

③ Brent F. Nelsen and Alexander Stubb eds. , *The European Union: Readings on the Theory and Practice of European Integration*, Colorado: Lynne Rienner Publishers, 1994.

④ 田德文：《欧洲一体化：回顾理论流变过程　探析理论实践关系》，《中国社会科学报》2020 年 12 月 1 日。

新功能主义对于成员国认知与行为的解释既符合一体化的合作实践，也与欧共体倡导的价值理念暗合。因此在欧洲一体化高速发展的年代，新功能主义也成为欧洲一体化理论的主要流派之一。

而在天平的另一端，政府间主义一直与功能主义遥遥相对。政府间主义将国家利益视为推进一体化的原动力，拒斥功能主义的"忠诚转移"假定，也对新功能主义提出的外溢理论持怀疑态度。而最严格的政府间主义对国家和政府的预设与现实主义一致，即将国家视为一个单元行为体，而忽略其内部的政治互动与社会力量，在对外交往中，安全是国家压倒性的偏好与目标①。但与严格的功能主义一样，严格的政府间主义也很难直接解释欧洲一体化的实践。由其对国家的基本假定推演，国家间或政府间可以产生同盟式的合作关系，但无法孕育出一体化的成果。对国家和政府主导作用的强调意味着严格的政府间主义并未跳脱出联邦与邦联之争的传统窠臼。由此，许多学者推出了改良版本的政府间主义，包括自由政府间主义与民族国家的欧洲拯救说等。但总体来说，这些理论都坚持民族国家在一体化进程中起主导作用，并对功能主义与新功能主义理论持批评态度。而当欧洲一体化遭遇困境时，政府间主义也往往能赢得比功能主义和新功能主义更多的支持。

进入 20 世纪 80 年代，由功能主义和政府间主义主导的欧洲一体化理论出现了明显的变化。一方面，欧洲一体化的巨大成功使其独立于其他的地区一体化进程，成为政治学与国际关系领域的"显学"。学者们不再满足于用普遍性的国际关系理论来解释欧洲一体化，比较政治学的理论与方法在欧洲一体化研究中受到了更多关注。与此同时，欧洲学者对欧盟研究的特色开始凸显，他们不再过多依赖美国社会科学研究，展现出更加清晰可辨的欧洲理论视角。② 另一方面，随着欧洲一体化的不断深化，解释一体化的诞生与发展已经不再是一个首要的问题。欧共体与欧盟这一政治系统的事实存在使得学者们将注

---

①　李泽生：《欧洲化概念和欧洲一体化理论》，《苏州科技学院学报》（社会科学版）2013 年第 1 期。

②　赵晨：《欧盟政治研究：政治理论史的视角》，《国际政治研究》2016 年第 6 期。

意力转移到超国家实体内的政治进程与多层级的治理模式。此外，欧洲一体化的扩员进程也开始加速。加入一体化的国家越来越多，加入国家的异质性越来越强。这促使学者们更多站在欧共体与欧盟的视角，探索消除成员国异质性、推动成员国融合与趋同的有效方法。在这一背景下，制度主义或者说新制度主义逐渐成为欧洲一体化理论中的主要流派。

新制度主义内部存在理性选择制度主义、社会学制度主义与历史制度主义等多个分支。这些分支分别从不同的角度对欧洲一体化进行了理论阐释。基于行为体的"理性人"假定，理性选择制度主义深入探讨了欧盟的制度与其内部多种行为体之间的互动关系。比如，弗里兹·沙普夫针对欧盟的决策机制提出了"联合决策"陷阱的理论。该理论认为，欧盟成员国政府必须一致支持新立法或是条约修正案，会被迫实施它不想实施的政策，最终导致欧盟的许多政策不能有效运作[①]。不同于理性选择制度主义，社会学制度主义认定制度与文化之间并不存在天然的界限，强调观念与文化不仅仅是与情感相连的态度或价值，更是为行动提供模板的规范或象征[②]。在欧洲一体化的研究中，社会学制度主义关注的焦点是欧盟的制度和欧洲一体化进程对于成员国身份与行为的塑造。历史制度主义则侧重于制度本身的历史性考察。相关研究聚焦于欧洲一体化的早期制度设计与路径选择对后续一体化进程的塑造，以及制度演进过程中制度报酬的变化对行为体态度和制度固化趋势的影响。制度主义或者说新制度主义从不同的侧面回答了"欧盟是一个怎样的政治实体以及该实体如何运作"这一重大问题，也迎合了欧洲一体化实践的需求。但该理论过于强调欧盟制度结构的作用，忽视了成员国的政策选择。理性选择制度主义和历史制度主义无法准确解释欧盟制度如何塑造成员国的行为。社会学制度主义解释了欧盟制度如何塑造成员国的身份与行为，但低估了政治生

---

① 赵晨：《欧盟政治研究：政治理论史的视角》，《国际政治研究》2016 年第 6 期。

② Ann Swidler, "Culture in Action: Symbols and Strategies," *American Sociological Review*, Vol. 51, No. 2, 1986, p. 282.

活中竞争的作用①。因此在阐释欧洲一体化的过程中，许多学者依然在寻求新的理论突破。

建构主义理论在一定程度上弥补了制度主义理论的不足。从本体论来看，建构主义理论与制度主义理论有着本质的区分。该理论强调，人类关系的结构主要是由共有观念而不是由物质力量决定的，行为体的身份和利益也不是天然固有的，而是由各种共同观念建构的。具体到一体化研究领域，建构主义学者关注观念对于一体化进程的重要意义，指出拥有共享观念和集体认同的强大共同体会促进一体化发展并提供密集互动。② 如前所述，哈贝马斯、德里达和艾柯等不同领域的学者曾对欧洲观念与认同问题进行公开的讨论。其中，哈贝马斯与德里达共同撰文，提出尊重欧洲的历史与政治文化传统，并以这些传统为基础，推动建立一个大家都能接受的欧洲观念。③ 而这一观念应暗含许多属于欧洲的特质，包括政治上的世俗主义、平息资本主义"创造性破坏"风暴的共识、重视科技进步的悖论与陷阱、整体伦理重于个人特权、深知国家力量的潜在暴力性、承认国家统治主权的有限性，以及以自省的态度面对去殖民化所衍生出来的边缘弱势等④。在许多学者的共同推动下，欧盟研究学界出现了建构主义的转向，并催生出许多关于欧盟规范与社会化的理论研究。

在建构主义与制度主义，特别是社会学制度主义的交流整合中，欧洲化理论初具雏形，开始出现在相关研究者的视野中。从欧洲一体化的历程来看，欧洲化理论是对欧盟制度演变及其扩员进程的一种回应。从理论流派来看，欧洲化理论依然属于制度主义理论，强调欧盟的政治与制度对成员国行为的塑造作用及其对成员国国内政治经济发

---

① 贺之杲、巩潇泫：《经济收益、规范认同与欧洲差异性一体化路径》，《世界经济与政治》2021 年第 2 期。

② Dirk Leuffen, Berthold Rittberger and Frank Schimmelfennig, *Differentiated Integration: Explaining Variation in the European Union*, London: Palgrave Macmillan, 2012, p. 90.

③ 文章虽然是两人共同署名，但主要内容都出自哈贝马斯之手。因此后文中我们也主要针对哈贝马斯的论述进行探讨。

④ ［德］尤尔根·哈贝马斯等：《旧欧洲·新欧洲·核心欧洲》，邓伯宸译，中央编译出版社2010 年版，第 23—33 页。

展的重要影响。但受建构主义的影响，欧洲化理论也十分重视规范、观念与文化模式等非正式制度的作用。在超国家实体与主权国家的关系上，欧洲化理论既强调欧盟在欧洲一体化进程中的主导地位，也充分尊重主权国家的能动性与利益表达的自由。因此其立场介于功能主义与政府间主义之间。当然，作为更加微观与具象的理论，欧洲化理论需要回答一些十分具体的问题，比如成员国欧洲化的内容是什么，需要达成什么目标，不同成员国之间的欧洲化水平又如何评定？为此，在下一部分，我们将尝试对欧洲化理论进行深度剖析，一方面对欧洲化的概念与内涵进行更加精准的界定，另一方面，努力实现这一概念的可操作化并提出评估一国欧洲化水平的标准与原则，从而为后续探讨中东欧国家欧洲化水平与其对"多速欧洲"态度立场的关系打下重要的基础。

第四节　欧洲化的概念、内涵与评估体系

欧洲化并不是一个新兴的概念。早在欧共体成立之前，已经有人探讨欧洲融合的理念。但从学术意义上看，彼时的欧洲化研究更多隶属于国际关系领域。[①] 直到欧盟东扩进程开启，欧洲化研究才转入政治学的范畴，其主要内容是通过对成员国或候选国国内变化的观察探究其国内政治与欧盟政治的契合度，并对主权国家的适应能力与欧盟的治理机制进行反思。由此，欧洲化研究成为政治研究中的热点问题。[②]

然而，相关研究的流行并没有增加这一概念的科学性。学者在使

[①]　Constantin Schifirnet, "The Europeanization of the Romanian Society and the Tendential Modernity," *Journal of Comparative Research in Anthropology and Sociology*, Vol. 2, No. 1, 2011, p. 213.

[②]　由于研究视角不同，学者们对欧洲化研究的梳理也不尽相同，但总体而言，学者们都认可欧洲化研究经历了三个大的发展阶段。关于欧盟研究的综述，参见赵晨《欧盟政治研究：政治理论史的视角》，《国际政治研究》2016 年第 6 期。关于欧洲化与欧洲一体化进程的梳理，参见吴志成、王霞《欧洲化：研究背景、界定及其与欧洲一体化的关系》，《教学与研究》2007 年第 6 期。

用欧洲化概念时具有很大的自发性。按照鲁本·王的归纳，对欧洲化的理解和使用存在以下五种流派：1）国家适应，即上文提到的主权国家对欧盟治理模式和价值规范的适应。2）国家投射，即主权国家将自身偏好与利益投射到欧盟层面，进而转化为欧盟的决策与意志。3）认同重构，即欧盟或欧洲身份的建构。4）现代化，即成员国在文明意义上的集成式发展。5）政策模仿，即具体政策领域的趋同，或者选择的共享。[①] 在一众欧洲化定义中，我们采用的是罗伯特·拉德里克的定义：所谓欧洲化，是指欧盟规范逐渐成为成员国国内政治中组织逻辑的持续增量过程。[②] 本质上，这一概念既强调欧盟政治与制度作为一个独立变量在国内政治中的作用，也指涉国内政治结构对欧洲一体化的适应过程。因此在政治实践中，欧洲化包含互补的两个方面：一方面，依赖，即潜在的、受胁迫的社会化过程；另一方面，学习，即主动接受教育的过程。当然，两个过程都具有一个共同特质，即接受外部所提供的规则。

在这一定义的基础上，我们尝试对欧洲化的概念做出进一步的界定和说明。首先，越来越多的学者开始认可双向欧洲化的研究框架。在某种意义上，这一研究框架是国家投射与国家适应理论结合的产物。有别于以往对投射和适应的静态观察，双向欧洲化理论将两个过程视为紧密联系和互动的整体，并以此思考整个欧盟的问题。对于这一研究框架，我们持认可态度。但我们关注的重点是中东欧国家的欧洲化水平及其如何影响这些国家在"多速欧洲"问题上的立场。而欧盟成员国的利益与偏好如何"上传"，欧盟又如何将这种投射转化为政策产出以更加侧重欧盟的自身变革，不在我们考察之列。因此在本研究中，我们使用的是单向的欧洲化研究框架，即自上而下的"下载"模式。

其次，在欧洲化是一个理论还是问题的争论上，我们倾向于后者，即欧洲化并不是一个用来解释现象的完备理论，相反，它是有待

---

① 张骥：《欧洲化的双向运动：一个新的研究框架》，《欧洲研究》2011 年第 6 期。

② Constantin Schifirnet, "The Europeanization of the Romanian Society and the Tendential Modernity," *Journal of Comparative Research in Anthropology and Sociology*, Vol. 2, No. 1, 2011, p. 213.

研究的问题，或者说一系列研究问题的集合。不同视角会对欧洲化有着不同的理解，我们需要广泛借助政治学和社会学的理论来回答它带来的后本体论疑问。从方法论的意义上，这些问题既涉及如何诠释影响，如何分析角色与变化的关系，也包括超国家的治理模式如何内化为国内政治的范式。① 所以在欧洲化研究中，我们的主要任务并不是创造一个特定的欧洲化理论，而是如何实现欧洲化概念的操作化（operationalization），它是否有一个或一系列真实存在的参照标准，又如何结合特定的研究对象进行有效评估。"在一个相关研究滞后于真实世界发展的领域"②，只有这样才能真正地解决问题，或者说开始解决问题。因此接下来，我们将借助社会学制度主义的解释框架提出欧洲化的核心内容，而后提出一国欧洲化水平的评价标准。

本质上，欧洲化是一个制度化的过程。因此在研究欧洲化问题时，我们必然会接受一系列关于制度的假定和诠释。在政治学研究中，不同的制度主义流派对于制度有着不同的理解。早期的制度主义学者关注的是正式的政治结构和立法系统，强调对政治系统的形态描述；历史制度主义的制度范畴则包括正式或非正式的程序、惯例、规范及习俗；理性制度主义学者将制度界定为程序和规则，但他们对制度的理解带有强烈的"经济人"色彩。影响制度创立与维持的要素是交易成本、收益、预期及在此基础上的各方博弈。而按照社会学制度主义的理论，制度是一种社会结构。构成这一社会结构的既有各种正式与非正式的程序规则、组织方式和建构行为的技术，也包括支持、解释和抵制上述规则的信仰、范式和知识。③ 因此制度与文化之间并不存在天然的界限。在制度或组织内部，文化不仅仅是与情感相

① Claudio M. Radaelli, "Europeanisation: Solution or Problem?" *European Integration online Papers*, Vol. 8, No. 16, 2004, pp. 15 – 16.

② 贺刚：《身份进化与欧洲化进程——克罗地亚和塞尔维亚两国入盟进程比较研究》，《欧洲研究》2015 年第 1 期。

③ Hall and Taylor, "Political Science and the Three New Institutionalisms," *Political Studies*, 1996, pp. 936 – 957.

连的态度或价值，更是为行动提供模板的规范或象征。①

上文已述，欧洲化与其说是一种理论，不如说是一种分析框架。在分析方法上，它常常在理性选择制度主义和社会学制度主义观点之间摇摆，间或参照了历史制度主义的研究路径，这也是欧洲化研究碎片化和拼图化的原因之一。在本书中，我们采用的是社会学制度主义的分析框架，原因有二：第一，本书的研究兴趣是欧盟的中东欧成员国在特定时间点上的欧洲化水平。宽泛地来说，我们关注的是组织内的单个行为体在静态节点下的制度化水平。历史制度主义带有强烈的整体主义色彩。在分析制度时，它强调的是"结构主义"，并把政治结果看成是对系统需求的反映，尽管历史制度主义也关注个体制度化的差异结果，但它对于制度发展过程的分析更强调路径依赖和意外后果。② 而理性制度主义强调个体行为者的行为偏好和在满足偏好过程中的策略与计算。在这一分析框架下，制度对于个体的影响是通过程序性设定、成本限定等引导行为的计算。因此理性选择制度主义可以很好地解释个体参与制度化的动力，却不足以描述个体制度化的水平。第二，当前欧盟的突出问题是新老成员国之间的重大分歧。尽管在政治体制和经济发展模式上已差别甚微，但双方对于欧债危机、难民问题和"多速欧洲"等问题都有着不同看法。这种分歧部分来自利益上的冲突，但更多的是文化和价值理念上的差异。从一种问题意识出发，欧洲化研究应该关注的是新老成员国在文化与价值规范上存有何种程度的差异，而欧洲化进程是否消弭了这一差异，并创造了为双方所认同的共有身份。换言之，我们关注的是基于承诺递增和客观化的制度化过程。在这一问题的探讨上，注重价值规范和文化知识要素的社会学制度主义框架显然更加适用。

从社会学制度主义的视角出发，我们将制度视为一种持久的、多维度（multifaceted）的社会结构。社会结构能够影响个体的行为不是

---

① Ann Swidler, "Culture in Action: Symbols and Strategies," *American Sociological Review*, Vol. 51, No. 2, 1986, p. 282.

② ［美］彼得·豪尔、罗斯玛丽·泰勒：《政治科学与三个新制度主义》，《经济社会体制比较》2003 年第 5 期。

因为它规定了某人该做什么，而是因为它决定（或者在一定程度上影响）了个体在特定情景下对自我角色和偏好的想象，以及在一个系统中大多数人会采纳的行动模式。正如 W. 理查德·斯科特所说，"一种稳定的制度不管它是正式还是非正式的，不会只有监督和奖惩权力的支持，这种权力必然伴随着让人畏惧和内疚，或者清白无愧、高尚、廉正、坚定的情感"①。由此出发，制度化既不是一种对已有制度的路径依赖，也不是建立在收益与预期稳定化基础上的反复行动，而是"使行为者从有意识的屈从到潜意识的遵守，制度的执行从权威性的施压到真正具有理所当然的合法性的复杂过程"②。而在制度与制度化概念中，三个核心的要素是规制性要素、规范性要素和认知性要素。规制性要素包括分散的、以非正式机制运行的社会习俗，以及高度正式化的，通过设置和安排警察和法院等专业部门实施的法律规章。规范性要素是制度中带有说明性、评价性和义务性的部分。它既包括价值因素，即个体偏好与行动的观念性基础和用以评价现存结构或行为的各类标准，也包括规范因素，即行动和评价应以如何完成的合法方式成为大多数人接受的社会性手段。认知性要素则代表了制度与文化相互交融的部分。它是一种外在于个体行动者，却影响行动者对行动与制度主观理解的符号系统，或者说文化框架。③

　　借助社会学制度主义框架，我们可以清晰界定欧洲化的基本内涵。在欧盟模式自上而下的制度化过程中，欧洲化提供了三种不同的基础性要素。首先是规制性要素，特别是正式的法律程序与机构设置。通过哥本哈根标准和《阿姆斯特丹条约》，欧盟设立了一系列入盟条件，包括各项欧盟规则和广泛的政治经济改革目标，如市场经济建设、司法系统改革和行政部门改革等。为了实现入盟的目

---

① ［美］W. 理查德·斯科特：《制度与组织——思想观念与物质利益》，中国人民大学出版社 2010 年版，第 63 页。

② Andrew W. Hoffman, *From Heresy to Dogma: An Institutional History of Corporate Environmentalism*, San Francisco: New Lexington Press, 1997, p. 36.

③ 参见［美］W. 理查德·斯科特《制度与组织——思想观念与物质利益》，中国人民大学出版社 2010 年版，第 60—67 页。

标，各国必须满足各项条件并完成入盟的全部谈判。因此在入盟进程中，我们可以观察到这些国家在政治结构与权力安排上的变化。其次是规范性要素。在规范性层面上，制度化的过程即是一种价值观的灌输过程。欧洲化并不是简单意义上的同质化，也不是西欧国家同化中东欧国家，其真正发展方向是在有效融合的基础上打破民族国家的界限，建立政治、经济、军事和外交的全方位共同体。显然，这一发展方向本身就暗含着强烈的价值取向。而欧盟设立的一系列"门槛"更是代表了欧盟试图推行或者兜售的价值规范。通过宣传教育、思想灌输和经验实践等形式的政治社会化，欧盟的价值规范会逐渐成为新成员国及其社会各阶层的道德范本与行动逻辑。最后是认知性要素，欧洲化创造了一种新的身份。对于普通民众而言，这一身份代表了全新的归属感与方向感，也必然与他们在地方政治和国内政治中的身份角色相冲突。按照身份理论的观点，在变化的社会结构中必然存在一个积极性和反思性的自我，这是个体理性的体现，也是多种文化框架作用的产物。欧盟无法直接通过政治决策或权威力量赋予民众新的身份，但它可以借助政策输入与价值传播提供学习分析新角色的机会与有效的身份互动。在长期的制度化过程中，民众对欧盟的认同会相应地提升，自我的身份定位也会朝新的身份聚合。而这正是欧洲化在认知性层面的主要内容。

因此在这三个层面，一国欧洲化水平的高低主要体现为：第一，该国的政治经济制度是否与欧盟设立的标准相契合，又是否在此基础上进一步参与欧盟主导的一体化进程？第二，欧盟的价值规范是否在国内发展进程中得到了贯彻和遵守，又是通过何种方法得以贯彻的？第三，社会大众对欧盟的认同程度如何，这种认同的动力又是什么？

在规制性层面，早在1993年的哥本哈根会议上，欧盟就制定了基本的入盟标准：第一，拥有捍卫民主的机构，尊重法治、人权和保护少数民族；第二，拥有行之有效的市场经济，以及应对欧盟内部竞争压力和市场力量的能力；第三，履行成员国职责的能力，包括恪守政治、经济和货币联盟的宗旨。这三个标准既包括了欧盟对入盟候选国治理能力与履行义务的要求，即规制性层面的要求，也涵盖了欧盟的价值立场和对入盟候选国规范性层面的要求。在 1997 年的《阿姆斯特丹条约》中，欧盟同样明确强调了自身的基础原则，并将恪守这些原则定为加入欧盟的先决条件。① 所以自 1997 年起，欧盟委员会每年都对申请入盟的国家进行评估，敦促各国遵守上述原则并努力按照既定标准推进国内的政治经济改革和制度建设。以 1998 年欧盟委员会对斯洛伐克的评估报告为例，该报告从上述三个标准出发对斯洛伐克是否符合入盟标准进行了全面总结。在政治标准部分，欧盟对斯洛伐克的政治制度，特别是立法机构、行政机构、司法机构与反腐败机制进行了充分评估。在经济标准部分，欧盟以市场经济的建立与完善为重点分析了斯洛伐克的私有化改革与经济转型进程。在履行成员国职责部分，欧盟也探讨了斯洛伐克在科技创新、社会文化与外交安全等其他领域的政策与制度建设。② 可以说，类似的报告为窥探入盟前后中东欧国家在规制性层面的欧洲化水平提供了重要依据。但在各国入盟后，欧盟仅保留了对罗马尼亚和保加利亚的合作与核查机制，并对其政治经济改革与制度建设进行定期的评估。因此，我们无法通过欧盟的报告评判中东欧国家在规制性要素上的后续发展变化。而从另一个角度来讲，入盟可以被视为各国在规制性层面欧洲化水平的一个基准（benchmark），或者说对各国国内改革与制度建设的一种认可。在达成这一基准后，中东欧国家在欧洲一体化进程中的中心任务不再是建立和完善符合欧盟标准的制度体系，而是在此基础上参与欧盟主导的各领域合作，进一步融入后续的一体化进程。如无重大的政治转向与制度变革，各成员国在规制性层面的欧洲化水平直接体现为参与各领域一体化合作，特别是强化合作的实践。

　　在规范性层面，欧盟的价值观直接反映了欧盟对成员国的规范性要求。与规制性要求一样，规范性要求在各国入盟后的约束力大为减小。但特殊情况出现时，欧盟仍然会采取紧急制裁措施，以捍卫其价

---

　　① 戴炳然：《评欧盟〈阿姆斯特丹条约〉》，《欧洲》1998 年第 1 期。

　　② "EU Commission: Regular Report from the Commission on Slovakia's Progress Towards Accession (1998)," https://op.europa.eu/en/publication-detail/-/publication/dd5a4f15-32a8-4f3f-9664-bced99567f68.

值立场。比如"2008年，保加利亚就因在打击腐败和妥善使用欧盟资金等方面不符合标准而被欧盟委员会冻结，甚至取消了部分援助款项；对匈牙利违背市场经济原则的倾向，欧盟也采取中断贷款谈判、中止发放援助资金和启动法律程序等惩罚性措施"①。通过这些事例，我们可以总结出欧盟力图捍卫的核心价值规范。此外，在针对罗马尼亚和保加利亚的合作与核查机制的报告中，"对于罗马尼亚的改革要求集中于法治和反腐，包括提高司法过程的透明度和效率，建立相关廉政机构和对腐败进行专业化调查等"②。结合上述的标准与原则，我们可以归纳出欧盟的核心价值，或者说捍卫价值的主要领域：第一，民主转型；第二，全方位的社会平等；第三，法治与消除腐败。在上述的信息来源中，这些问题都有所提及或体现。这些并不是欧盟为新入盟国家特设的门槛，而是欧盟或者说欧共体成立之初就确立的价值理念，对于所有成员国具有同等的约束力。在衡量欧洲化水平上，这些原则具有真正的"变量"意义。换言之，新欧洲国家贯彻遵守欧盟价值规范的水平和程度不尽相同。通过窥探这些价值规范在一国国内的落实情况，我们可以评估该国在规范化层面的欧洲化水平。

在认知性层面，一个基本的问题是欧盟成员国的民众如何看待欧盟，又是否认同欧盟创造的新身份。随着调研和统计方法的发展，一批在欧盟范围内追踪和分析民众意见的数据库开始出现。这些数据库的出现大大减少了信息搜集的难度。但是，数据库提供的数据多为民众看法与态度上的"原始信息"。在评估一国的欧洲化水平时，我们仍需要设立一定的评估原则，以更好地分析和处理这些信息。首先，民众对欧盟或是欧洲公民身份的认同不是独立存在的。在多种文化框架相互作用时，民众必然面临多种身份的选择。一个带有族裔倾向和地方主义思想的公民会更加珍视个体性的身份，而减少对整个国家的认同；一个带有强烈民族主义情感的公民自然会站在民族国家的立

① 高歌：《中东欧国家"欧洲化"道路的动力与风险》，《国外理论动态》2013年第10期。
② 鲍宏铮：《罗马尼亚和保加利亚应对欧盟合作与核查机制比较研究》，《俄罗斯学刊》2014年第1期。

场，反对欧盟对国家主权的侵蚀。因此在讨论身份认同时，我们必须充分考虑公民对其他身份，特别是与新身份有着明显冲突的传统身份的态度。其次，评估民众的身份认同必须充分考虑他们的知识信息水平。如果民众对欧盟及其价值理念缺少必要的了解，那么他们对于欧盟的态度就极易受到外部因素，特别是政治宣传和政治操纵的影响。而如果民众对欧盟的治理模式和机制有着深刻的认识，那么无论是支持还是反对，他们的意见都是建立在充分的思考和对自我身份的积极反思之上。因此简单的认可不同于深度的认同，轻率的反对也不等于根本性的抵制。最后，我们需要关注民众身份进化和认同提升背后的动力性因素。民众对于新身份的接受可能来自三个要素：1）高强度的压迫；2）理性的自利和服从会导致增益的信念；3）合乎传统、规则和基本价值标准的正当性。① 相较而言，建立在第三种要素基础上的身份认同最为深厚，也最为稳固。因此在探讨一国民众对欧盟的认同时，我们必须分析这一认同背后的动力，以明确该国在认知性层面的欧洲化水平。

---

① Ian Hurd, "Legitimacy and Authority in International Politics," *International Organization*, Vol. 53, No. 2, 1999, pp. 379 – 381.

第 三 章

中东欧国家对"多速欧洲"的态度和立场

本书的核心假设是，中东欧国家对"多速欧洲"的态度立场与其欧洲化水平有着密不可分的联系。要想验证这一假设，首要问题是明确中东欧国家对"多速欧洲"的看法究竟如何。从学术研究的角度考虑，这一问题又可以被细化为两个问题：第一是中东欧国家是否支持"多速欧洲"的构想？第二是"多速欧洲"如果被确定为欧盟的整体发展战略，中东欧国家会选择何种速率与轨道的欧洲一体化？在各类新闻报道与研究成果中，一个直观的感受是中东欧国家普遍反对"多速欧洲"的施行，但这一感受是否准确和客观？中东欧国家对"多速欧洲"的立场是基于当下欧盟发展困境与欧洲一体化进程停滞不前的特定表达，还是其自回归欧洲和融入欧洲一体化进程以来的一贯立场？这一立场有无明显的地区间差异（比如中欧与东南欧之间）和国家间差异？各国政府与反对派之间、政党与政党之间、政治精英与社会大众之间是否在这一问题上保持一致意见？只有真正解答这些问题，我们才能了解中东欧国家在"多速欧洲"和欧洲一体化问题上的真实心态，进而剖析这一心态与其欧洲化水平的复杂关系。尝试解答上述问题的过程构成了本章的研究主线，遵循这一主线，我们将首先从时间维度入手，探讨不同时期中东欧国家对"多速欧洲"的具体看法，及其现有立场确立和成型的过程。

第一节 中东欧国家对"多速欧洲"的立场演变

20 世纪 90 年代之前，中东欧国家与西欧国家处于截然不同的政治发展轨道。无论是"多速欧洲"还是欧洲一体化，都与中东欧国家关系不大。东欧剧变后，中东欧国家开始仿照西欧国家建立全新的政治体制，并在经济与外交上向欧盟靠拢。回归欧洲与融入欧洲一体化进程成为这些国家的重要目标。此时，关于欧洲一体化本身及其路径方式的探讨才对中东欧国家具有了实质性的意义。20 世纪 90 年代，中东欧国家在"多速欧洲"的讨论上抱有十分复杂和矛盾的心态。首先，按照霍尔金格区分各类一体化构想的六大准则，"多速欧洲"是主要在欧盟框架内展开合作的一体化构想，其覆盖范围也仅限于欧盟成员国。虽然偶有欧盟国家绕开欧盟法律体系进行政府间合作的特例，但欧盟及其成员国与外部国家的互动并不在此列。因此从法理角度来说，即便"多速欧洲"战略立刻生效，也不会对尚未加入欧盟的中东欧国家构成真正的约束。其次，相比于"多速欧洲"，中东欧国家更加关心的是自身的入盟进程。在 20 世纪 90 年代，欧盟对中东欧国家入盟的态度一直在变化。欧盟内部对于中东欧国家入盟的可能性与先后顺序也有着不同的意见。受困于国内政局与民意的变化，中东欧国家的入盟战略也在不断变化和调整。在这一局面下，中东欧国家一方面不断呼吁欧盟为其设立明确的入盟时间表，另一方面积极推动国内政治经济改革，以满足入盟的一系列标准。相比于能否加入欧盟，加入一个"多速"还是"均速"的欧盟显然并非中东欧国家的优先考虑事项。最后，在中东欧国家申请入盟时，欧盟已经发展成为举世瞩目的超国家实体与地区一体化组织。相比于欧盟，刚刚开启政治经济转型的中东欧国家显然属于弱势的一方。在成为欧盟的正式成员国之前，它们很难参与到欧盟内部对其未来发展策略的讨论，更遑论影响欧盟的最终决策。出于以上原因，我们很少看到中东欧国家在"多速欧洲"等相关问题上的表态。

　　与此同时，许多中东欧国家对于加入欧盟充满信心。它们并不希望欧盟的未来发展模式在其加入前就已经被决定，且完全由西欧国家决定。在许多场合，部分中东欧国家也委婉地表达了这一想法。20世纪90年代中期，欧盟成员国曾为欧盟改革与《马斯特里赫特条约》的修改召开了一系列的政府间会议（intergovernmental confer-ences）。其间各国领导人就欧盟的出路，特别是欧盟未来建设模式的"多速欧洲"原则进行了商讨。为避免成为潜在的"附属国家"，波兰等中东欧国家积极要求成为该会议的观察员国，以更好地了解欧盟与西欧各国在"多速欧洲"问题上的立场。[①] 会议期间，波兰驻欧盟大使扬·库拉科夫斯基公开发声，称"波兰可以接受一个不同发展节奏的欧盟，但不愿接受一个成员国目标各不相同的欧盟，更不愿接受一个由核心与边缘组成的欧盟，任何试图营造这一局面的想法都是危险的"[②]。而在英国向西欧联盟（Western European Union，WEU）提议将中东欧国家划分为大国、中小国家（semi - small）和小国三个类别并分批次接纳这些国家时，中东欧国家也表达了担忧并反对将其归类到不同等级。但除上述零星的表态与努力外，在整个20世纪90年代，中东欧国家在"多速欧洲"问题上的发声寥寥无几。无论是对"多速欧洲"，还是欧洲一体化进程，这些国家的政府与民众仍然处于摸索与熟悉的状态。正如海伦·华莱士等所言，在20世纪90年代去推测中东欧国家对"多速欧洲"的真实心态为时过早。它们在这一问题上的态度立场会随着其入盟进程和融入欧洲一体化进程的变化而不断变化[③]。

　　21世纪初，有半数中东欧国家的入盟时间已基本确定，罗马尼亚和保加利亚的入盟进程稍显迟滞，但其入盟前景依然清晰可见。剩

---

① Helen Wallace and William Wallace, *Flying Together in a Larger and More Diverse European U-nion*, The Hague: Netherlands Scientific Council for Government Policy, 1995, pp. 99 - 100.

② "Governments Dig in for IGC Battle," https://www. europeansources. info/record/governments - dig - in - for - igc - battle/.

③ Helen Wallace and William Wallace, *Flying Together in a Larger and More Diverse European U-nion*, The Hague: Netherlands Scientific Council for Government Policy, 1995, p. 100.

余的中东欧国家虽然没有明确的入盟时间表，但也进入到欧盟的扩大进程之中。受此影响，中东欧国家开始在欧盟的内政与外交领域积极发声，也更加关注欧洲一体化的未来发展模式。对于"多速欧洲"的评判由个别国家的政治领导层扩展到中东欧学界与社会各界。在2003年的"多速欧洲"大讨论中，有众多的中东欧学者从本国与整个中东欧的视角出发表达了他们对于"多速欧洲"的看法。匈牙利学者彼得·艾斯特哈兹首先承认，相比在西欧国家，"多速欧洲"的讨论并未在匈牙利引发足够的关注。在过去一段时间里，匈牙利也根本没有理会这场讨论。但如今，中东欧国家已经不可避免地牵涉这场讨论中。出于自利的目的，中东欧国家大可直接跳上"多速欧洲"的列车，但这趟全新的列车与轨道会将中东欧国家带往何方依然是未知的。"而对于哈贝马斯那辆朝着我们驶来的思想列车，我们唯一看到的一面就是从核心欧洲开始。虽然实在看不出有什么理由不会把这种新的区分（核心与非核心）解释成第一等级与第二等级，但我宁愿不用想法。"显然，艾斯特哈兹认定"多速欧洲"必然将创造一个等级化的欧盟，这对于即将加入欧盟的中东欧国家是十分不利的。

波兰学者安德捷耶夫·斯塔斯伍克认为，有关"多速欧洲"的讨论和对欧盟未来发展道路的激辩更多来自人们因中东欧国家即将入盟产生的恐慌。他认为，中东欧国家不会为了欧洲整体的自由民主放弃它们的风俗、文化与独特气质。这意味着欧盟在接纳中东欧国家的过程中将经历第二次的"青春期"。这一过程带给欧盟的挑战不可谓不大，但它将引导欧盟进一步发展和成长，并在一段时间以后展示其新的成就，即在一个更加广阔、更为多样的地域内输出繁荣、安全、秩序与独创。基于这一点，斯塔斯伍克隐晦地表达了他对于"多速欧洲"的看法——中东欧国家入盟不会使欧盟内部的差异性达到一发而不可收的地步，因此并不需要针对这一问题构建一个多速发展的新欧盟。同为波兰人的亚当·柯兹明斯基则旗帜鲜明地表达了对"多速欧洲"的反对。他指出，无论是"多速欧洲"还是核心欧洲，都是欧盟与西欧国家提防中东欧国家的体现。政治上，它们希望退回到属于自己的小圈子并冠以前卫或先行者的名号。经济上，它们想要紧缩马斯特里赫特的欧元区标准，好让贫穷国家不得其门而入。文化上，它们还要搬出关于欧洲精神的哲学辩论，存心排除中东欧国家。因为中东欧国家获得成员国地位的道德正当性来自 20 世纪 80 年代末的"天鹅绒革命"，而非其过去的历史经验。可以说，在这场关于"多速欧洲"的论战中，我们能够清晰地看到中东欧学者对于"多速欧洲"的真实立场及其对本国在"多速欧洲"发展模式下前途命运的担忧。

　　进入 21 世纪第二个十年，大多数中东欧国家已经正式加入欧盟。在经历了与欧盟的"蜜月期"以及国际金融危机和欧债危机引发的困难时期后，中东欧国家对于欧洲一体化的现状与未来走势有了更加理性和深刻的认识。与此同时，欧盟加快了在欧洲一体化进程中推行"多速欧洲"的步伐。在欧债危机引发的欧元区改革讨论中，"多速欧洲"构想被反复提及。在欧元区内部试行"多速欧洲"和将欧元区作为先行集团在欧盟内部打造"多速欧洲"的呼声也不断高涨。2014 年 6 月，欧盟理事会正式将"区别一体化"写进理事会决议，标志着"多速欧洲"正式进入欧盟的战略设想之中。[①] 2017 年《欧洲未来白皮书》的出台更使得"多速欧洲"再次被追捧和热议。在这样的局面下，"多速欧洲"不再只是中东欧各国政府需要回应的议题，而成为全社会关注与讨论的焦点。受此影响，各类关于"多速欧洲"的民意测验与专家访谈不断涌现，一方面使中东欧国家的民众更加熟悉和了解"多速欧洲"，另一方面也帮助我们更好地窥探中东欧社会各界对这一问题的看法。也是在这一时期，中东欧国家在欧盟峰会等正式场合更加频繁地申明对"多速欧洲"的基本立场，并详细阐释秉持这一立场的原因以及"多速欧洲"一旦施行本国可能做出的选择。显然，相比于以往，中东欧国家对于"多速欧洲"问题的思考更加成熟和系统。它们对"多速欧洲"的态度立场在这一时期开始真正成型。

　　在下一节，我们将对中东欧各国在"多速欧洲"问题上的态度

----

① 金玲：《欧洲一体化困境及其路径重塑》，《国际问题研究》2017 年第 3 期。

立场逐一进行分析。需要说明的是，在不同的历史时期，欧洲一体化有着不同的目标和任务，中东欧国家融入一体化的程度和水平也有着明显的区别。首先，"多速欧洲"再次引发热议是因为新世纪第二个十年欧盟遭遇发展困境和欧洲一体化不断受挫。欧盟对未来改革的畅想和各成员国对相关问题的激烈讨论都是围绕这一现实背景展开。也是在这一时期，大多数中东欧成员国度过了入盟后的磨合期与蜜月期，开始就欧盟改革与"多速欧洲"问题频繁发声，并确立了相对成型和稳固的立场。因此，在对各国进行逐一分析的过程中，我们主要关注的是 2010 年以来中东欧国家对"多速欧洲"的态度和看法。

其次，我们分析的对象是 11 个已经入盟的中东欧国家。5 个尚未入盟的西巴尔干国家不在其列。这是因为，"多速欧洲"属于在欧盟框架内展开合作的一体化构想，其覆盖范围也仅限于欧盟成员国。"多速欧洲"的施行并不会对西巴尔干国家产生即时的重大影响。而在决定欧盟是否推行"多速欧洲"的过程中，作为非欧盟成员国的西巴尔干国家也没有真正参与决策的权力与路径。因此，相比于已经入盟的中东欧国家，这些国家对"多速欧洲"的关注度不足，也尚未在这一问题上形成清晰和系统的立场。

再次，在分析的过程中，我们并不想要将各国的态度立场笼统地划定为支持或反对，而是从政府、政党与社会大众三个层面入手，深入发掘中东欧国家对"多速欧洲"的真实态度与意见。在政府层面，我们关注的是各国政府的官方声明以及政治领导人在参加议会辩论、元首会晤和欧盟峰会等重要场合时的表态。在政党层面，我们关注的是不同政党对"多速欧洲"的具体看法，以及新政党的上台是否会导致政府立场与政策的变化。在社会大众层面，我们关注的是民调数据等资料所反映的普通民众对"多速欧洲"的支持程度与具体见解。

最后，我们曾在前文提及"多速欧洲"与其他近似的一体化概念混用的现象。在研究中东欧国家对"多速欧洲"态度立场的过程中，这一现象也同样存在。为保证研究结论的准确性与客观性，我们也尝试对这一问题做出进一步的界定。在搜集和采用相关文献、演讲、新闻报告与访谈资料的过程中，只有基本符合本研究报告对"多速欧洲"定义的信息资料才会被我们引为论据，那些用"多速欧洲"指代他义的情况则不被采纳。典型的例子包括：诺沃特尼将波兰要求欧盟成员国内部平等和反对歧视新成员国的努力视为其反对"多速欧洲"的重要内容①；大卫·埃利森用"多速欧洲"描述中东欧国家的差异化入盟进程。其中的多速被理解为入盟时间的早晚、融入一体化进程的水平高低与欧盟接受其入盟的意愿强弱②；部分国内学者也会偶尔提及多速中东欧的说法，其实际意义则是中东欧国家在内政外交，或者说转型与一体化问题上的差异化表现③。上述资料中的论据与论点并无可非议之处，但其谈论的"多速欧洲"与本书中的"多速欧洲"概念有着很大的出入，因此不能被纳入我们的论据之中。另一个值得关注的现象是，因为对"多速欧洲"概念的不同理解和本国语言文化的差异，许多中东欧国家的政治精英与社会大众在实际谈论"多速欧洲"的过程中也会使用来自其他一体化构想的词汇。比如，许多政治领导人在谈及"多速欧洲"时都会使用核心集团替代先行集团这一更加符合"多速欧洲"理念的词汇。考虑到其探讨的主题依然是我们所理解的"多速欧洲"，本书将这些资料保留在了我们的分析中。

第二节 V4 国家对"多速欧洲"的态度和立场

维谢格拉德集团（Visegrad Group，以下简称 V4）是由波兰、匈

---

① Vit Novotny, "The Harmless Spectre of A Multi – speed Europe," *European View*, Vol. 11,, No. 1, 2012, pp. 25 – 26.

② David Ellison, "The Eastern Enlargement: A New or A Multi – Speed Europe?" in W. Potratz and B. Widmaier, *East European Integration and New Division of Labour in Europe*: *Workshop Documentation*, Graue Reihe des Instituts Arbeit und Technik, No. 9, pp. 87 – 100.

③ 《"多速"中东欧：碎片化为何日趋严重？》，http：//thinktank. vipsite. cn/detail. php？ article_id = 1528&source = article_link。

牙利、捷克和斯洛伐克组成的中欧地区合作组织。该集团成立的最初目的是在加入欧共体（欧盟）方面协调行动，加强彼此间合作，加快中欧国家回归欧洲的步伐。但在上述四国加入欧盟后，V4 集团依然以次区域合作组织的形式保留了下来，致力于为成员国争取与欧盟老成员国平等的地位，并增强其在欧盟的影响力。在欧盟东扩、欧债危机与难民问题等许多关乎欧盟发展的重大问题上，V4 国家都曾积极克服差异和分歧，以共同立场向欧盟施压，甚至时有挑战欧盟政治正确性的举动。

在"多速欧洲"因《欧洲未来白皮书》而被追捧后，V4 国家的政府领导人随即发表联合声明，以表达它们在这一问题上的共同立场。在题为《强大的欧洲——行动与信任的联盟》的声明中，四国领导人称"为成员国提供和平、安全与繁荣是欧盟与欧洲一体化进程的重要成果，也应是其未来继续坚持的目标。当前，欧盟内外形势都发生了重大变化，给欧洲一体化进程带来了新的挑战。但无论是更深度的欧洲一体化（more Europe）还是更精简的欧洲一体化（less Europe）都不足以应对这种挑战"。在一体化的原则与方式上，V4 国家认为，团结或者说一致行动是开展一体化合作的重要原则。不论欧洲一体化以何种速率前进，都必须保持一致的前进方向、共同的发展目标和合作愿景，以及对一个强大繁荣联盟的充分信任。要做到这一点，就必须真正维护一致同意的决策原则。同时，保证任何形式的强化合作都向所有成员国开放，严格避免单一市场、申根区和欧盟本身以任何形式异变。① 这份声明对更深度的欧洲一体化的拒斥直指"多速欧洲"，清楚地表明了 V4 国家对"多速欧洲"的反对态度。其强调一致行动原则既是对"多速欧洲"允许部分成员国先行的一种回应，也是希望利用一致同意的决策机制抵制"多速欧洲"上升为欧盟整体发展战略的隐晦表述；呼吁维持欧盟现有制度与保持未来合作

---

① Visegrad Group: "Strong Europe – Union of Action and Trust," https: //www. vlada. cz/assets/media – centrum/aktualne/Joint – Statement – of – the – Heads – of – Governments – of – the – V4 – Countries – _Strong – Europe – _ – Union – of – Action – and – Trust_ – Input – to – Rome – Declaration – 2017. pdf.

机制的开放性则反映了 V4 国家对多速一体化的潜在担忧和为本国利益提前做好打算的真实心态。

联合声明代表了 V4 国家对"多速欧洲"的共同立场，但这并不意味着波兰、匈牙利、捷克与斯洛伐克在这一问题上的看法全然一致。在"多速欧洲"被热议的同时，欧盟与 V4 集团正围绕难民问题展开激烈的博弈。面对入境难民的不断增加，欧盟和以德法为代表的西欧国家采取门户开放的政策，大量接收来自中东和非洲的难民，并于 2015 年 9 月在欧盟紧急会议上通过了按照配额强制分摊移民的方案。但这一方案遭到了 V4 国家的强烈反对。斯洛伐克和匈牙利先后向欧洲法院提交诉讼状，反对分摊难民。匈牙利政府甚至在本国和塞尔维亚边境修建了两道隔离墙，以阻止难民进入。在 2017 年 3 月的华沙会晤中，捷克、匈牙利、波兰和斯洛伐克四国总理就难民等问题一致发声，拒绝欧盟的分摊难民政策。2017 年 9 月，欧洲法院驳回匈牙利和斯洛伐克政府的诉讼状，裁定难民分摊政策合法，但 V4 国家随即表示不会改变原有立场，并将继续通过各种方式反对接收难民。为与欧盟进行斗争与博弈，V4 国家不仅需要在难民问题上保持团结一致的姿态，也必须克服其在其他领域的分歧与差异。因此，关于"多速欧洲"的联合声明既是 V4 国家真实想法的流露，也是它们为难民问题抱团取暖的产物。

事实上，对于欧盟、欧洲一体化乃至 V4 集团本身，波兰等 4 个中欧国家的看法有着不小的出入。首先，在欧盟内部的地位与政治抱负上，波兰是欧盟第六大国和中东欧地区第一大国，无论是人口、面积还是经济规模都超过捷克、斯洛伐克和匈牙利三国的总和。波兰期望像法国、德国和英国那样在欧洲政治中扮演重要角色，意欲在英国脱欧后在欧盟内取代其位置。但由于缺乏相应的经济、文化和权力等前提条件，波兰难以发挥其作为美国重要盟友和欧洲一体化进程"减速器"的作用。与之相比，捷克、斯洛伐克和匈牙利三国没有分享欧盟主导权的抱负。其次，在 V4 集团的定位与作用上，波兰一方面将 V4 集团视为实现其政治目标的重要平台，另一方面也积极推动"三海倡议"并参与"魏玛三角"和波罗的海国家理事会。匈牙利认为 V4 集团是在欧盟内建立更广泛联盟的基础，同时也是实现其外交政策目标的重要平台。捷克则把 V4 集团看作与波兰和斯洛伐克两个邻国保持定期对话和加强双边关系，以及在斯拉夫科夫三边合作中增强影响力的平台。斯洛伐克既把 V4 集团看作最重要的区域合作平台，又支持欧洲一体化深化，一直试图在两者之间寻找平衡。最后，在欧洲一体化的许多事项上，波兰、匈牙利和捷克至今没有确定加入欧元区的日期，倾向于在未来欧洲一体化进程中加强主权国家的作用，极力避免在欧盟内被边缘化。斯洛伐克则是欧元区成员国，积极致力于进入欧盟核心国家行列，倾向于深入推进欧洲一体化。[①] 基于这些因素，V4 国家必然会对"多速欧洲"有着不同的看法，也难以长期维持对"多速欧洲"的统一立场。

波兰和匈牙利对"多速欧洲"的反对态度最为强烈。波兰是最早加入欧盟的中东欧国家之一。早在 1990 年 5 月，波兰就向当时的欧共体提交了签署《联系国协定》的申请。1991 年 2 月，波兰与捷克斯洛伐克和匈牙利成立了维谢格拉德集团，以协调三国在"回归欧洲"问题上的立场，并加强彼此间的合作。1991 年 12 月，波兰与欧共体签署了《联系国协定》。在这一协定中，欧共体虽然没有对波兰的入盟做出正式的承诺，但肯定了波兰国家转型所取得的成绩，并取消了对波兰在经贸领域的诸多限制。1994 年 4 月，波兰正式递交入盟申请。此后，波兰一直将加入欧盟作为外交政策的重点并如愿成为开启入盟谈判的第一批候选国。根据谈判的路线图，波兰与欧盟进行了 31 个章节的谈判，最终于 2002 年年底结束了入盟谈判。[②] 2003 年 4 月，波兰签署了入盟条约。同年 6 月，波兰就是否加入欧盟举行了全民公决，58.9% 的选民参加了此次公投，其中 77.5% 的选民投票支

---

① 姜琍：《维谢格拉德集团与欧盟的互动关系及其影响》，《当代世界》2020 年第 1 期。

② "Timetable for Accession Negotiations by Chapter and by Country（1998 – 2004），" https：// www.cvce.eu/en/obj/timetable_for_accession_negotiations_by_chapter_and_by_country_1998_2004 – en – d815543f – 233a – 4fc4 – 9af6 – 4b6ba1f657c9.html.

持波兰加入欧盟。[①] 2004 年 5 月，波兰正式成为欧盟的成员国。

波兰能够顺利入盟固然得益于它的国家规模。波兰的国土面积约31.3 万平方千米，人口约 3755 万，是中东欧地区面积最大、人口最多的国家。[②] 但一个更为重要的原因则是其政治经济发展水平。波兰是转型最为成功的中东欧国家之一。它不仅建立了稳固的民主制度，也实现了经济的快速发展。20 世纪 90 年代，波兰一度成为经济增长率最高的欧洲国家，到 2000 年，其国内生产总值已经是 1990 年的1.5 倍。显然，欧盟要想吸纳一众中东欧国家，就不可能忽视国家规模最大且政治稳定、经济持续增长的波兰。基于这一点，在世纪之交的入盟谈判过程中，波兰就已展现出其对欧洲一体化的不同见解与维护本国利益的坚定意愿。虽然波兰入盟更多是欧盟以共同体的制度和方式塑造和规制波兰的过程，但波兰也充分利用自身政治筹码和成熟的谈判策略，最大限度地维护和谋求国家利益，许多被西欧国家认为"不可能得到满足的要求"也都一一得到了满足。[③] 因此在许多具体政策领域，波兰并未丧失其原有特色，反而获得了灵活的发展空间。

入盟后，波兰依然坚持本国利益为先的导向。一方面，波兰痛斥欧盟与西欧国家并没有给予中东欧国家平等的待遇，所谓的共同政策有名无实。比如，欧盟共同农业政策对中东欧国家农民的补贴是基于其拥有的土地规模，但在西欧国家，补贴的标准则是基于历史补贴额度或农作物的生产水平。这样的差别对待伤害了波兰等中东欧国家的利益。另一方面，波兰又积极倡导灵活型一体化（flexible integration）方式，以保留中东欧国家在关键领域的"特殊待遇"和自主选择权。具体来说，波兰试图削弱欧盟委员会等欧盟常设执行机构的权威，减少欧盟条约与相关法律对成员国内政的干扰。同时，更多通过政府间

① 《波兰四分之三选民赞成加入欧盟　投票率近 60%》，http：//www.chinanews.com/n/2003－06－10/26/312262.html。

② 《波兰国家概况》，中国外交部网站，https：//www.fmprc.gov.cn/web/gjhdq_676201/gj_676203/oz_678770/1206_679012/1206x0_679014/。

③ 孔田平：《波兰的欧盟政策与入盟谈判战略》，《欧洲研究》2004 年第 2 期。

合作的形式推动一体化合作，各成员国可以根据自身利益与需求自由选择合作的领域与内容。而灵活型一体化则被视为达成这一目标和在关键领域重新强化民族国家主权的重要方法①。虽然"多速欧洲"同样强调一体化的灵活性与成员国的自主参与权，但该构想并不被波兰所喜。原因在于，"多速欧洲"是在维持欧洲一体化现有成果与机制的基础上更进一步的一体化构想。因此它赋予的是先行集团突破现行决策机制与政策束缚开展深度一体化的自由。相应地，其他成员国也可获得在不同领域参与深度一体化的自主选择权。因此，"多速欧洲"倡导的灵活性更多着眼于未来，而非既有的一体化合作。在"多速欧洲"的发展过程中，欧盟的权威并不会被弱化，欧盟制度与法律体系对成员国的约束力也不会减少。而波兰希冀的一体化形态则近似于《欧洲未来白皮书》中的第四个选项——更少领域但更加高效的一体化合作。按照这一选项，欧盟需要削减一体化合作的领域，压缩管理事项的数量，将权力与资源集中于成员国自身难以解决的难点领域。在其他领域，管理的权限则由欧盟转移到民族国家手中，从而使波兰等中东欧国家更好地维护自身的利益。从这一角度来说，波兰倡导的灵活型一体化与"多速欧洲"可谓是南辕北辙。因此在多个政治与外交场合，波兰都明确表达了对"多速欧洲"构想的强烈反对。

2011 年 1 月，波兰总理唐纳德·图斯克在商讨制定《欧洲经济货币联盟稳定、协调和治理公约》（即欧盟"财政契约"）时就公开表示，波兰致力于解决欧盟当前的困境。在接下来的欧盟轮值主席国任期内（2011 年 7—12 月），波兰将积极推动欧盟经济治理结构改革。但是，波兰不愿打造一个双速的欧洲。同年 12 月，图斯克在向丹麦移交轮值主席国地位的晚会上再次重申了这一观点。② 他表示，共克时艰的最好办法依然是成员国团结一致，"多速欧洲"则是波兰

---

① Almut Moller and Dina Pardijs, "The Future Shape of Europe: How the EU can Bend without Breaking," https://ecfr.eu/special/the_future_shape_of_europe/.

② "Poland Wishes Denmark Success with EU Presidency," http://archiwum.thenews.pl/1/2/Artykul/81955.

这样的国家最不愿见到的。在欧盟财长会议上，波兰财政部部长扬·文森特—罗斯托夫斯基更加详细地阐释了波兰政府在"多速欧洲"问题上的立场。他指出，一体化的成功不在于覆盖范围的大小与成员国的多少，也不取决于如何划定内部的圈层。合作的意愿与效率才是真正的关键。对于波兰来说，在特定领域，比如安全和防务领域，推动强化合作是可以接受的。只要欧盟的法律允许，个别国家可以在这些领域试行更深层次的一体化合作。但在经济与金融领域，尝试在欧盟内部建立不同圈子的做法是十分有害的。仅仅依靠欧元区改革或在欧元区内外设立不同的财政与金融标准并不能真正解决问题。欧盟需要展现其包容性，并在一般性的经济议题中充分听取波兰与瑞典等非欧元区成员国的意见，通过所有 27 个成员国协同行动解决自身的困难。显然，波兰的领导人认定欧元区改革是在欧盟内部制造迷你的小圈子。在"多速欧洲"的发展模式下，这个小圈子最终将成为欧盟的核心集团，波兰等非欧元区国家则将沦为边缘国家。欧元区国家的集体决策不应该替代所有 27 个成员国的集体决策，也不能在欧盟的经济与金融事务上发挥超出其权限的作用。正如时任波兰外长拉多斯瓦夫·西科尔斯基所言，这种小多边主义（minilateralism）的合作方式会破坏让·莫内为欧洲一体化设立的基本原则。[①]

在波兰国内，图斯克被视为相对亲欧的政治领导人。他积极支持《里斯本条约》的签署与欧洲一体化的各项事务。在欧债危机爆发前，他甚至主张波兰也应加入欧元区。在他的任期内，由公民纲领党和波兰人民党组成的执政联盟一直试图修复与德法等西欧大国的关系。虽然在"多速欧洲"问题上与欧盟和西欧国家多有龃龉，图斯克政府在推动波兰融入一体化进程方面的努力依然得到了认可。图斯克本人也连续两次被推选为欧洲理事会的主席。但在公民纲领党和波兰人民党的执政联盟下台后，新上台的法律与公正党展现了更明显的疑欧主义倾向。在国内司法改革与难民危机等问题上，波兰与欧盟都

---

① Radosław Sikorski："Poland：Fully Engaged in Europe，" https：//ecfr. eu/article/commentary_poland_fully_engaged_in_europe34271/.

产生了激烈的争执。从 2015 年开始,波兰与欧盟和西欧国家的关系发生了明显的变化。受此影响,波兰政府与政治领导人在"多速欧洲"问题上的表达更加大胆,立场也更加强硬。

2017 年 2 月,法律与公正党主席卡钦斯基与到访的德国总理默克尔举行了会谈。在会后接受波兰媒体采访时,卡钦斯基公开表示,推行"多速欧洲"将使欧盟处于被清盘(liquidation)的边缘,并最终导致欧盟的四分五裂。他甚至通过媒体向默克尔发出警告,支持"多速欧洲"将会影响默克尔的政治生涯,使其在接下来的德国大选中败选,并为欧洲一体化的倒退承担责任。① 在欧盟公布《欧洲未来白皮书》并决定在罗马峰会上讨论相关议题后,波兰总理贝娅塔·希德沃也随即进行表态。她表示,欧盟需要做出改变,以保证一体化在各个领域内发挥最佳的效果,但这种改变不可能通过"多速欧洲"来实现。在欧盟内部维持多种发展速度无法修正(欧盟)计划,只会破坏它。希德沃指出,"多速欧洲"将"使欧盟各国的合作出现更多不确定与混乱"。在接受民营电视台 TVN 24 的采访时,她也向欧盟和西欧国家发出警告,"如果不能在这一问题上达成共识,波兰可能不会签署峰会宣言"。在希德沃进行表态的同时,波兰外长维托尔德·瓦什奇科夫斯基也在不断重申波兰政府对"多速欧洲"的态度。他对媒体表示,波兰对欧盟四大经济体——法国、德国、意大利及西班牙领导人在凡尔赛宫倡议的"多速欧洲"深表担忧。在欧盟内部创建额外的运营模式和机构将破坏欧盟一体化进程,并将成为终结欧盟的"一剂处方"②。而接任瓦什奇科夫斯基的雅采克·查普托维奇更是在年度的外长见面会上公开表示,反对"多速欧洲"的建立是波兰在外交事务中最为重要也是最为优先的事项。已担任欧洲理事会主席的图斯克虽与法律与公正党领导的政府多有不睦,但也选择站在

---

① Patrick Wintour, "Plans for Two - speed EU Risk Split with 'Peripheral' Members," https: // www. theguardian. com/world/2017/feb/14/plans - for - two - speed - eu - risk - split - with - peripheral - members.

② 《波兰外长反对"多速欧洲"倡议》,https: //www. cankaoxiaoxi. com/finance/20170309/ 1753114. shtml。

反对"多速欧洲"的一方。他指出，在英国脱欧后，欧盟的首要任务就是保持团结。在欧盟框架内推行"多速欧洲"虽然不违反欧盟的法律规则，但在精神上与《罗马宣言》和欧洲一体化的理念相悖。[①]

在新世纪的第二个十年里，法律与公正党和公民纲领党一直是波兰国内最大的两个政党，曾先后执掌国家政权。从意识形态上看，两个政党有着明显的差异。法律与公正党是典型的右翼政党，具有保守主义和基督教民主主义的性质，强调民族、宗教与家庭等传统价值在波兰国内政治与社会中的重要作用。在对外政策上，法律与公正党主张亲美融欧，但在欧盟内部强调自主权，坚定维护本国利益。因为波兰国内的司法改革等问题，法律与公正党与欧盟的关系并不友好。其民粹主义的言论与行事风格也常常招致欧盟的批评。在许多欧盟事务上，法律与公正党都表现出一种软疑欧主义（Soft Eurosceptism）的倾向。公民纲领党则属于中左翼政党，兼具保守自由主义、新自由主义和基督教民主主义的色彩。相比于法律与公正党，公民纲领党更加强调自由民主的政治经济理念与国家的非政治化。该党在参与欧盟事务与推动波兰融入一体化进程方面也展现了更高的热情与积极性。[②]作为主要的竞争对手，公民纲领党和法律与公正党的关系难言友好。双方的斗争与博弈甚至从本国的日常政治生活蔓延到欧盟的相关事务中。在图斯克连任欧洲理事会主席的过程中，唯一一张反对票就来自法律与公正党领导的本国政府。然而，在"多速欧洲"的问题上，意识形态迥异、相互关系紧张的两个政党却表现出惊人的一致性。这充分说明了波兰反对"多速欧洲"的立场并不取决于某一政治领导人或某一政治派别，而是代表了波兰国内社会对于这一问题的主流意见。

在关于"多速欧洲"的民意测验中，这一点也能够得到很好的佐证。根据欧洲晴雨表的统计数据，在 2011 年，有 40% 的波兰民众

---

① Jorge Valero, "Tusk Against the Quartet's Multi‑speed Europe," https：//www. euractiv. com/section/future‑eu/news/tusk‑against‑the‑quartets‑multi‑speed‑europe/.

② 《波兰国家概况》，中国外交部网站，https：//www. fmprc. gov. cn/web/gjhdq_676201/gj_676203/oz_678770/1206_679012/1206x0_679014/。

认为部分成员国可以在一些一体化领域先行一步，而无须等待其他成员国。但有 46% 的人反对"多速欧洲"，他们坚持认为只有在所有成员国都做好准备的情况下才能开启更深层次的欧洲一体化。作为对比，在欧盟 27 国中，支持"多速欧洲"的民众比例达到 47%，反对"多速欧洲"的民众比例则为 40%。在 2014 年，波兰国内反对"多速欧洲"的民众比例下降至 43%，但支持"多速欧洲"的民众比例并没有增长，反而滑落至 38%。在 2017 年欧盟重提"多速欧洲"后，波兰国内社会对这一构想的关注度明显上升。不关注"多速欧洲"或没有明确立场的民众比例仅有 12%，创下自开展相应调研以来的最低值。[①] 支持"多速欧洲"的民众数量有所增加，占比达到 42%，但反对"多速欧洲"的民众比例维持在 46% 左右。到 2018 年年底，支持与反对"多速欧洲"的民众比例分别为 39% 与 46%[②]。近年来，新冠疫情与俄乌冲突等重大现实问题接踵而至。欧盟对于自身改革和欧洲一体化未来发展道路的关注度大为下降，各国民众对于"多速欧洲"的探讨热情也逐渐减弱。在这一背景下，欧洲晴雨表的问卷设计者不再进行与"多速欧洲"相关的民意测验。我们只能依赖舆观调查网（YouGov）的数据来观察中东欧普通民众对于"多速欧洲"的态度变化。根据舆观调查网的数据，有 52% 的波兰民众支持各成员国之间保持不同速率的一体化进程，仅有 5% 的人反对这一观点。这一数据似乎与欧洲晴雨表的数据有着很大的出入。但需要注意的是，欧洲晴雨表的民意测验是直接询问受访者对于"多速欧洲"或者说部分成员国先行一步的看法。而舆观调查网则是询问民众对于欧盟内部差异化发展的看法。这种差异化发展既包括"多速欧洲"等前进型的一体化模式，也涵盖波兰与匈牙利等国一直支持的灵活型一体化。因此，我们不能将舆观调查网的数据与欧洲晴雨表的数据进行直接对比。为了了解波兰民众的真正想法，我们又引入了舆观调查网的另外两项数据，即民众对于选择性退出机制和加入欧元区等强化

---

① 欧洲晴雨表自 2005 年开始进行与"多速欧洲"有关的问卷调查，其间中断过数年，但于 2011 年重新恢复对相关问题的民意调研，该调研一直持续到 2018 年年底。

② "Future of Europe," https：//europa. eu/eurobarometer/surveys/browse/all/series/49618.

合作的看法。数据显示，支持本国不参与特定领域一体化合作的波兰民众比例达到44%，反对的人数占比仅为13%。支持波兰加入欧元区和参与其他领域强化合作的民众比例仅为32%，有33%的人则坚决反对。① 上述两项数据充分说明，波兰民众希望的是欧盟在一体化现有基础上后退一步，给予成员国根据自身意愿灵活选择所有领域一体化合作的自由，而不是在维持欧洲一体化已有成果与机制的基础上更进一步的一体化构想。这一判断也与我们的论述以及欧洲晴雨表的数据基本相符。

匈牙利的情况与波兰类似。在融入欧洲一体化的过程中，匈牙利也一直试图提升自身在欧盟内部的地位与影响力，同时，避免将更多主权让渡到欧盟各机构的手中。对于关乎国家利益的关键领域，匈牙利不断推动其再国家化（renationalization）。在一体化的方式上，匈牙利也支持灵活型的一体化，而非"多速欧洲"。在2010年青年民主主义者联盟（以下简称"青民盟"）上台后，匈牙利的这一倾向变得更加固化。成立于1988年的青民盟曾被认定为典型的自由主义政党。但在随后的发展过程中，该党的意识形态发生了明显转向，其保守主义、民族主义和民粹主义的色彩愈发浓厚。该党领导人欧尔班·维克托在2010年上台后公开否定了以新自由主义为纲领的转轨进程，提出构建非自由民主的国家形态，并强化与建设匈牙利民族这一共同体。② 以此为引导，青民盟积极推动宪法与选举法的改革，强化对媒体和舆论的监管，加强自身对国家权力与匈牙利社会的控制力度。③ 在经济领域，青民盟将恢复经济主权视为关键，积极打造背离正统新自由主义的金融民族主义④，以维护本国利益的名义启动经济再国有化的进程，引导国内经济体系与业已建立起关系的国际金融资本脱

①　"2020 EUI Survey on Solidarity in Europe," https://cadmus.eui.eu/handle/1814/67584.

②　马骏驰：《制度、组织与激励——论匈牙利"非自由的民主"》，《欧洲研究》2020年第4期。

③　贺婷：《"欧尔班现象"初探》，《俄罗斯学刊》2017年第6期。

④　Tamás Csillag and Iván Szelényi, "Drifting from Liberal Democracy: Traditionalist/Neo-Conservative Ideology of Managed Illiberal Democratic Capitalism in Post-Communist Europe," *East European Journal of Society and Politics*, No. 1.

钩，同时，为匈牙利大规模重建开辟新的资金来源。在外交领域，青民盟领导的政府制定了"向东开放"的政策，采取追求经济利益为导向并致力于国家贸易关系多样化的务实性外交，积极寻求从欧盟之外的经济体，比如中国和俄罗斯获得相应的支持。[①] 显然，匈牙利政府倡导的非自由民主理念、金融民族主义思想与平衡外交战略和"多速欧洲"的发展理念并不相容。而因为内政与外交政策的调整，匈牙利在许多问题上与欧盟产生了激烈的争执。在这样的背景下，匈牙利自然选择和波兰一道，坚定地站在反对"多速欧洲"的一方。

在涉及"多速欧洲"的讨论中，匈牙利总理欧尔班曾多次分享他对于欧洲一体化现状的看法。欧尔班认为，在欧盟内部，存在四股重要的力量：德国、英国、地中海国家（其中包括法国）与中欧国家。它们之间的张力构筑了一种巧妙的平衡，为欧洲一体化的发展提供了重要的动力。但现在，这种平衡正在逐步瓦解。首先，中欧国家的快速发展改变了欧盟内部的原有格局，中欧国家要求在欧盟和欧洲一体化的事务上拥有更多话语权与影响力。其次，德国从欧元区和中欧国家的快速发展中获利甚多，但却固守德法双轴心的决策思路，不愿与其他欧盟成员国分享权力。最后，作为制衡德法的重要力量，英国常常与中东欧国家站在一起，共同维护自身应有的权益，但英国脱欧直接打破了这一平衡。在这种局面下，欧盟需要构筑新的平衡并为欧洲一体化寻找新的动力。[②] 在欧尔班看来，"多速欧洲"战略试图以欧元区为基础深化欧盟改革与欧洲一体化进程，从而构建全新的领导集团。但包括匈牙利在内的许多成员国并不愿意加入欧元区，只希望在欧盟和欧洲统一大市场的框架内开展合作。在"多速欧洲"的模式下，匈牙利等国将会被排除在欧洲一体化的关键合作之外，难以

---

① 宋黎磊：《匈牙利"向东开放"外交政策评析》，《俄罗斯学刊》2022 年第 4 期。

② La Stamp, "Viktor Orbán: Money, Safety, Market. Today There Are Already Three Europe, But We Pretend There Is Only One," https://www.lastampa.it/esteri/la-stampa-in-english/2019/05/02/news/viktor-orban-money-safety-market-today-there-are-already-three-europe-but-we-pretend-there-is-only-one-1.33698979/.

进入领导集团。这与匈牙利试图在欧盟内部提升自身地位与影响力的想法不符。因此对于匈牙利来说,"多速欧洲"是最可恶的想法之一[1]。匈牙利的其他政治领导人也通过多种渠道表达了类似的想法。在接受路透社采访时,欧盟事务国务秘书索博尔茨·塔卡奇表示,为提升一体化的效率与欧盟的整体竞争力,欧盟需要在一体化方式上做出改变。基于这一点,我们可以在不同领域建立强化合作的矩阵。比如在监察领域,仅有部分成员国参与的欧洲检察官办公室就是强化合作的最好证明。匈牙利同意在不同领域推进强化合作的做法,但坚决反对以欧元区与非欧元区为界打造一个双速的欧洲。"多速欧洲"的构想不会推动欧盟的改革与发展,只会导致欧洲一体化进程的终结。[2] 来自青民盟的欧洲议会议员捷尔吉·舍普弗林对德法等西欧大国支持"多速欧洲"的态度表达了担忧。他认为,欧洲"四巨头"在凡尔赛的"迷你"峰会令人忧心忡忡。如果这些西欧大国继续支持"多速欧洲",并寻求在欧盟之内塑造"核心集团",那么后来入盟的中东欧国家将渐行渐远,并导致欧盟内部的分裂。

在匈牙利国内,与青民盟意见相左的声音同样存在。社会党、民主联盟和动力运动党都主张强化而非削弱匈牙利与欧盟之间的合作。它们希望匈牙利尽快加入欧元区并支持"多速欧洲"上升为欧盟的整体战略。在它们看来,"多速欧洲"是大势所趋。匈牙利既不能对此说不,也不能自我隔绝于一体化进程之外,因此最好的策略就是积极支持"多速欧洲"并争取进入所谓的"先行集团"。其中,民主联盟的态度最为激进。该党不仅拥护"多速欧洲",还公开支持欧盟发展成为真正的欧洲联邦,并建立统一的政府和经济、外交与防务政策。而民意测验的数据表明,分歧不仅存在于各大政党之间,也出现

---

① Martin Miszerak and Dalibor Rohac, "Hungary and Poland's Multispeed Europe," https://www.politico.eu/article/viktor-orban-mateusz-morawiecki-hungary-poland-euro-rule-of-law-migration-multispeed-europe/.

② "Two-speed Europe Could Be End of EU in Its Present form-Hungarian State Sec," https://www.reuters.com/article/us-europe-hungary/two-speed-europe-could-be-end-of-eu-in-its-present-form-hungarian-state-sec-idUSKBN1941EB.

在普通民众之间。根据欧洲晴雨表的数据，在2011年，有45%的匈牙利民众支持部分成员国先行的"多速欧洲"策略，而反对"多速欧洲"和要求欧盟27个成员国同步前进的民众比例为40%。此后十余年间，欧尔班与青民盟一直倡导非自由民主的理念，并积极呼吁欧盟回归政府间主义的合作模式。但这些做法似乎并未从根本上改变匈牙利民众对于"多速欧洲"和欧洲一体化进程的看法。在2014年欧尔班正式抛出非自由民主的执政理念时，反对"多速欧洲"的民众比例由40%上升到43%，但仍有44%的民众认为欧盟无须坚持所有成员国同步发展。在欧盟推出《欧洲未来白皮书》后，支持"多速欧洲"构想的民众比例飙升至52%，反对"多速欧洲"的民众比例则回落至40%左右。① 舆观调查网的数据也佐证了这一点。该机构的数据显示，在2020年，有41%的匈牙利民众支持欧盟内部的差异化发展。而无论是更利于成员国自行其是的选择性退出机制，还是志在深化欧洲一体化的强化合作，都在匈牙利国内获得了接近45%民众的认同。② 这充分说明，虽然欧尔班与青民盟主导的官方力量对"多速欧洲"的态度十分强硬，但匈牙利民众并未在这一问题上与其政府的立场保持完全一致。

斯洛伐克的立场与波兰和匈牙利两国有着明显的区别。相比于波兰和匈牙利，斯洛伐克的入盟进程更加曲折。在1993年独立之后，斯洛伐克与欧盟签订了新的《联系国协定》。1995年，斯洛伐克正式递交了入盟申请。然而，争取民主斯洛伐克运动党（以下简称"民斯运"）领导的斯洛伐克政府对于加入欧盟持"骑墙"态度，不仅拒绝按照欧盟要求调整其国内政策，反而采取了一系列与欧盟价值规范相悖的政治举措，招致欧盟和西欧国家的批评。在1997年年底的卢森堡首脑会议上，欧盟认定斯洛伐克存在违反人权和伤害少数民族权利的现象，其政治转型与民主化进程也有倒退的迹象，欧盟决定将斯

---

① "Eurobarometer: Future of Europe," https://europa.eu/eurobarometer/surveys/browse/all/series/49618.

② "2020 EUI Survey on Solidarity in Europe," https://yougov.co.uk/topics/politics/survey-results.

洛伐克排除在入盟谈判的第一批候选国之外。① 这一决定引发了斯洛伐克国内政坛的重大变动。在 1998 年大选中，民斯运仅获得 150 个议员席位中的 43 席，比 1994 年减少了 18 席。同时，其他国内主要政党都以对其欧盟政策不满为缘由，拒绝与民斯运合作，导致民斯运无法单独组阁。② 此后，斯洛伐克民主联盟联合其他三个政党成立了新一届政府，并在入盟改革问题上采取了更加积极与合作的态度。在 1999 年的评估报告中，欧盟肯定了斯洛伐克的变化，并于次年开启了与斯洛伐克的入盟谈判。在历经两年的入盟谈判和一系列法定程序后，斯洛伐克于 2004 年正式加入欧盟。

虽然入盟进程较为曲折，但在入盟后，斯洛伐克成为 V4 集团中最支持欧盟改革和融入欧洲一体化程度最高的国家。它是四国中唯一的欧元区成员国，也参加了除跨国婚姻诉讼和财产保护之外的大多数强化合作。在 2017 年 3 月的联合声明中，斯洛伐克与其他三个国家保持了对"多速欧洲"的一致立场。在 2018 年 10 月的维谢格拉德集团峰会上，四国领导人重申了他们对于这一问题的看法，并坚决反对任何形式的"多速欧洲"。然而，在 V4 之外的各种场合中，斯洛伐克的表态则有着明显不同。早在 2012 年，斯洛伐克总理罗伯特·菲佐就已经公开表示，"斯洛伐克必须留在欧盟的核心集团。为此，斯洛伐克不惜任何代价"。在欧盟重提"多速欧洲"后，多位斯洛伐克的政治领导人都表示支持"多速欧洲"，并希望斯洛伐克能以欧元区成员国的身份进入先行集团。2017 年 4 月，斯洛伐克总统安德雷·基斯卡与奥地利总统亚历山大·范德贝伦举行会谈。在会后接受媒体采访时，基斯卡公开表示，在"多速欧洲"被热议的当下，我们首先需要搞清楚"多速欧洲"到底是什么，它对于斯洛伐克与奥地利这些中小成员国意味着什么？对于斯洛伐克来说，它在过去十年的政治经济发展是十分成功的，也充分享受了欧洲一体化的红利。在欧洲一体化遭遇挫折的背景下，斯洛伐克自感有责任推动欧盟的改革与发

展。从这一角度来说，斯洛伐克可以、也应该成为"多速欧洲"的先行集团。① 在同年7月斯洛伐克外交政策协会的讨论会上，欧盟委员会副主席马罗什·谢夫乔维奇与副总理彼得·佩列格里尼等人也发表了与基斯卡相似的言论，并对斯洛伐克成为第一个支持"多速欧洲"的中欧国家表示认同。② 2017年10月，斯洛伐克的三位国家元首——总统基斯卡、议会议长安德雷·丹科与总理菲佐共同签署了关于斯洛伐克外交政策方向的声明。声明虽然没有直接表达对"多速欧洲"的拥护，但强调斯洛伐克必须留在欧盟的核心集团，并积极支持斯洛伐克参与更多的强化合作，特别是欧元区范围内的深度经济一体化。总理菲佐更戏称，"在欧洲一体化问题上，斯洛伐克已成为中欧地区的一座孤岛"，以委婉地表达斯洛伐克在"多速欧洲"问题上与其他三国的不同立场。

事实上，菲佐领导的政府不仅在口头上表达了对"多速欧洲"的支持，更以实际行动展现了斯洛伐克试图成为先行集团的决心。过去，税收政策一直是斯洛伐克在欧洲一体化进程中的红线。在21世纪的第一个十年，无论是米库拉什·祖林达领导的政府还是菲佐政府，都坚决反对在欧盟范围内实行统一的税收政策，也不支持授权欧盟机构直接征税的想法。但在"多速欧洲"被热议的背景下，斯洛伐克政府悄然改变了在这一问题上的立场。2016年12月，斯洛伐克财政部国务秘书伊万·莱赛公开表示，斯洛伐克并不反对欧盟直接征税的想法。此后，菲佐也多次公开表示，斯洛伐克已经准备好与其他成员国讨论税收政策的统一与协调问题。在特定条件下，斯洛伐克会支持在欧盟内部建立统一企业税基的倡议。而对于欧盟2021—2027年多年期财政框架中提及的统一数字税方案，斯洛伐克政府也持更加开放的态度。这些转变既是菲佐所谓"必须付出的代价"的一部分，也是斯洛伐克支持"多速欧洲"与希望进入先行集团的最

---

① "President: Slovakia Wants to Stay at the Core of the EU," https://spectator.sme.sk/c/20518757/president-slovakia-wants-to-stay-at-the-core-of-the-eu.html.

② "Je budúcnosť Slovenska v jadre Európskej únie?" https://euractiv.sk/section/buducnost-eu/press_release/je-buducnost-slovenska-v-jadre-europskej-unie/.

好证明。

在斯洛伐克国内,政治领导人在"多速欧洲"问题上的言论与行动也得到了社会大众的支持。民调机构斯洛伐克城邦(Polis Slovakia)于2017年6月进行了一项关于"多速欧洲"和斯洛伐克在欧洲一体化中定位的问卷调查。调查的结果显示,近70%的受访者认为,斯洛伐克应该成为"多速欧洲"模式下的先行集团,也理应与德法等欧洲一体化的核心国家开展更加紧密的合作[①]。在政治学界,支持"多速欧洲"的声音也占据了上风。托比亚斯·布拉等学者认为,对于斯洛伐克等中东欧国家来说,"多速欧洲"并不陌生。欧元区与申根区等欧盟内部边界的存在早已证明了欧盟内部发展的差异性。因此从情感上来说,接受"多速欧洲"成为欧盟的整体发展战略并非难事。而对于斯洛伐克来说,支持"多速欧洲"并力争成为未来一体化的先行集团是十分务实的选择。斯洛伐克的核心产业是汽车制造业。其产业链与贸易网络都与其他欧盟成员国,特别是德国等大国有着紧密的联系。成为"多速欧洲"中的先行集团将使斯洛伐克与这些国家开启更深层次的经济合作,进而巩固与强化斯洛伐克在汽车产业上的优势与竞争力。而作为第一个加入欧元区的中东欧国家与V4中唯一的欧元区成员国,以欧元区改革为基础推进"多速欧洲"有利于斯洛伐克进入先行集团,并进一步提升它在中东欧地区与整个欧盟中的影响力。[②]也有一部分学者对"多速欧洲"的概念本身抱有疑虑。约瑟夫·巴托拉就认为,作为热门词汇,"多速欧洲"更多被政治家用作影响选民和塑造对国内政治规范性压力的工具。而在当前的一体化形势下,"多速欧洲"的真实面貌仍然是模糊和充满不确定性的。但对于斯洛伐克是否应支持"多速欧洲"和加入一体化的先行

---

① "SK: Slováci vraj chcú byť podľa PRIESKUMU v jadre EÚ. Aj za cenu prijímania migrantov? Sugestívne otázky, propaganda, znie z opozície," https://www. parlamentnelisty. sk/arena/213354/slo-vaci - vraj - chcu - byt - podla - prieskumu - v - jadre - eu - aj - za - cenu - prijimania - migrantov - suges-tivne - otazky - propaganda - znie - z - opozicie/.

② Tobiáš Bulla, et al., "Economic and Legal Consequences of A Two - speed Europe," The Mile-stones of Law in the Area of Central Europe, p. 10.

集团，巴托拉的态度也是趋于观望，而非抵制①。

在斯洛伐克国内，唯一坚决反对"多速欧洲"的力量来自里哈德·苏利克领导的自由与团结党。苏利克认为，菲佐政府对"多速欧洲"的支持只是一种政治策略，意在将国内社会对腐败与教育等问题的关注转移到对外事务上，同时，利用这一议题压制与其意见相左的反对党。事实上，总理本人并不清楚"多速欧洲"究竟意味着什么，成为一体化进程中的先行集团或核心集团又意味着什么？在没有搞清楚这些问题之前就力争成为"多速欧洲"模式下的先行集团无疑是鲁莽的。② 在苏利克看来，"多速欧洲"的施行意味着欧盟的制度与规则也会相应的增加。而机制过多、规则冗杂本就是导致欧洲一体化出现困境的原因之一。对于欧盟来说，应当充分尊重与发挥现有制度规则的作用，而非缔结新的合作框架与规则。苏利克还警告称，斯洛伐克进入先行集团的代价可能是十分高昂的。所谓先行集团或核心集团很可能是一个十分庞大的集团。其中的成员国会在一些领域有明显的问题。与它们进行更深度的一体化合作可能会对斯洛伐克的自身发展产生负面影响。比如，斯洛伐克的税负在欧盟国家中是相对较低的。但加入先行集团后，斯洛伐克可能需要与集团中的其他成员建立统一的税收政策，这将增加斯洛伐克企业的负担并削弱其竞争力。此外，斯洛伐克要想进入先行集团，必然要在难民等关键问题上向欧盟做出让步。而大量接收难民则会带来新的经济与社会问题，也会增加斯洛伐克境内的恐怖主义风险。

虽然苏利克在外交政策协会等多个场合都表达了对"多速欧洲"的反对意见，他的言论并未产生太大的影响。即使在反对党内部，苏利克的观点也没有得到太多的支持。普通公民和独立个人组织等反对党虽然常常在国内问题上挑战菲佐领导的社会民主—方向党，但对菲

---

① Bátora, "Jadro EÚ využívajú ako nástroj rétoriky, ako pojem sa stále formuje," http：//www. teraz. sk/slovensko/batora－jadro－eu－vyuzivaju－ako－nas/276004－clanok. html？mostViewedArtclesIn-SectonTab＝2.

② "Slovensko by sa nemalo za každú cenu usilovat' dostat' do...," https：//dennikn. sk/minuta/787605/？ref＝inc.

佐政府在多速问题上的立场表示了理解。正如来自普通公民和独立个人组织的议员维罗妮卡·雷米索娃所言，将"多速欧洲"简单地理解为分裂欧洲是不恰当的。"多速欧洲"不会让中东欧国家成为欧洲一体化的"局外人"。而对于斯洛伐克来说，德国是最重要的贸易伙伴，双方有着紧密的政治经济联系。无论如何定义先行集团或核心集团，德国都将会是其中的一员。因此斯洛伐克的最优选择是加入先行集团并进一步强化与德国的合作，而非相反。从这一角度来说，菲佐总理的决定是可以理解的。①

斯洛伐克社会对"多速欧洲"的讨论在 2017—2018 年达到了高潮。但此后，斯洛伐克国内政治发生了重大变化。负责调查和报道政商勾结行为的记者让·库什克与其未婚妻在家中被枪杀。这一震动整个欧洲的刑事案件不仅牵出了斯洛伐克政府高层的腐败及其与意大利黑手党的秘密联系，更引发了全国范围内的大规模抗议。总理菲佐也被迫在当年 3 月宣布辞职。在菲佐下台后，斯洛伐克的政府更替愈发频繁。接替菲佐政府的佩莱格里尼政府、马托维奇政府与黑格尔政府的执政时间都没有超过两年。频繁的政府更替打断了斯洛伐克在欧盟与欧洲一体化政策上的连续性，也让各大政党与民众的注意力重回腐败、疫情、经济与社会保障等国内问题。但无论是社会民主—方向党主政还是普通公民和独立个人组织上台执政，都没有从根本上改变斯洛伐克对"多速欧洲"的支持态度。

民意测验的数据也证明了这一点。在 2011 年，高达 62% 的斯洛伐克民众支持"多速欧洲"的施行，这一数据在所有中东欧成员国中高居第一，在 27 个欧盟成员国中也仅次于荷兰。但在 2014 年左右，随着难民危机的日益临近与菲佐政府内外政策的间歇性调整，斯洛伐克民众对于"多速欧洲"的态度发生了一定变化。反对"多速欧洲"的民众比例达到了 46%，支持者比例仅为 43%。但在欧盟重提"多速欧洲"战略后，斯洛伐克民众对"多速欧洲"的支持度再

———————————

① "Je budúcnosť Slovenska v jadre Európskej únie?" https：//euractiv. sk/section/buducnost - eu/press_release/je - buducnost - slovenska - v - jadre - europskej - unie/.

次回升。在2017年与2018年，支持"多速欧洲"的民众比例分别为48%和50%，反对者比例则分别为38%和34%①。两者之间的差额都远高于欧盟成员国的平均水平，也充分说明了斯洛伐克民众在这一问题上的真实态度。

捷克的立场则介于波兰、匈牙利与斯洛伐克之间。捷克是首批加入欧盟的中东欧国家之一。但入盟后，捷克在深度融入欧洲一体化方面展现出犹疑的姿态。在欧债危机中，捷克与英国是仅有的两个未能签署欧盟"财政契约"的欧盟成员国。在加入欧元区的问题上，捷克政府一直强调在实行必要的经济改革后再考虑使用欧元，也不愿意给出加入欧元区的具体时间。捷克央行更于2017年4月宣布取消自2013年以来捷克克朗对欧元的汇率上限，允许捷克克朗浮动至更高的水准。在捷克国内，社会大众对采用欧元的态度也十分消极。根据欧洲晴雨表在2017年5月的调查，只有29%的捷克人支持本国加入欧元区。同时，有62%的人认为使用欧元弊大于利。两项数据皆为非欧元区成员国之最。② 因此，当欧盟重提"多速欧洲"后，欧元区与非欧元区是否会成为划分先行集团与其他国家的标准就成为捷克政治精英与社会大众普遍关注的话题。

在"多速欧洲"的讨论达到最高潮时，捷克总理博胡斯拉夫·索博特卡曾公开分享了他对"多速欧洲"的真实看法。索博特卡认为，是否能够坐在欧盟决策桌前是成员国地位与影响力的直接体现。"多速欧洲"的施行意味着在决定欧盟未来发展的重大时刻，作为非欧元区国家的捷克将更少地出现在这张桌子前。因此，他并不支持"多速欧洲"③。数月后，索博特卡领导的社会民主党在大选中遭遇惨

---

① "Future of Europe," https：//europa. eu/eurobarometer/surveys/browse/all/series/49618。舆观调查网的数据仅包括14个欧盟成员国，斯洛伐克不在其列。其他并未给出舆观调查网数据的国家皆属于同一情况，故后面不再赘述。

② "Introduction of the Euro in the Member States that Have Not Yet Adopted the Common Currency," https://www. europeansources. info/record/introduction – of – the – euro – in – the – member – states – that – have – not – yet – adopted – the – common – currency/.

③ "Vícerychlostní Evropa je pro Česko nebezpečná, varují odborníci," https：//euractiv. cz/section/aktualne – v – eu/news/vicerychlostni – evropa – je – pro – cesko – nebezpecna – varuji – odbornici/.

败，索博特卡政府也因此下台。但在即将离任之际，索博特卡依然坚定地表达了对"多速欧洲"的反对立场。他大声疾呼，"捷克与其他欧洲国家有着共同的历史回忆。而回忆告诉我们，一旦欧洲国家不能精诚合作，欧洲就会陷入冲突、分裂和战争"。"多速欧洲"的发展模式会削弱欧盟成功的基础——团结与合作。从这一角度来说，"多速欧洲"可能是一个错误。① 在"多速欧洲"问题上，索博特卡继任者安德烈·巴比什有着类似的担忧。在 2018 年的布拉迪斯拉发全球安全论坛上，巴比什直言并不喜欢"多速欧洲"的构想。他认为，"多速欧洲"必然将导致欧洲的分裂。即使不得不施行"多速欧洲"，也要在各领域内保持先行集团的开放性。同时，无论欧盟成员国处于何种一体化速率和轨道上，都不能将其排除在欧盟和欧洲统一大市场的相关决策之外。历任欧盟委员会司法、消费和性别问题专员与欧盟委员会副主席的维拉·朱罗娃也认为，"多速欧洲"与捷克的发展需求并不完全契合，她对"多速欧洲"可能上升为欧盟的整体发展战略表示不解。

虽然多位政治领导人流露出对"多速欧洲"的担忧，欧盟与德法等西欧国家并未将捷克归类为与波匈一样的"挑战者"，而依然视其为可被争取的对象。在学者讨论"多速欧洲"的未来图景时，捷克也常常被认为有进入先行集团的潜在可能。导致这一现象的原因主要来自以下三个方面：

首先，捷克的政治经济发展水平与融入欧洲一体化的程度在中东欧国家中名列前茅。虽然国内社会的疑欧主义情绪浓厚，但捷克并未从根本上质疑与挑战欧盟的价值观念，也未对国内的民主制度进行大幅的改造。巴比什领导的不满意公民运动被认为是带有强烈民粹主义和疑欧主义的政党。但在 2017 年上台执政后，巴比什和不满意公民运动反而在欧盟事务上有所收敛。在政治分析者眼中，他们在欧洲一体化问题上的言行更像是欧洲机会主义者（Euro - opportunism），而

---

① "Two - speed Europe Is A Mistake," https：//www. politico. eu/article/bohuslav - sobotka - oped - two - speed - europe - is - a - mistake/.

非欧洲怀疑论者。① 因此在过去一段时间里，捷克与欧盟依然维持了相对友好的关系。

其次，索博特卡政府与巴比什政府对"多速欧洲"保持了相似的立场。但捷克各大政党在这一问题上的意见并不统一。基督教民主联盟—捷克斯洛伐克人民党的立场与社会民主党和不满意公民运动接近。来自该党的欧洲议会议员托马斯·兹德乔夫斯基宣称，"多速欧洲"这一概念毫无意义。一旦"多速欧洲"付诸实践，成员国在欧洲一体化水平的差距将进一步拉大。这将助推欧洲特别是中东欧国家疑欧主义的泛滥。然而，其他政党对"多速欧洲"的看法都与社会民主党和不满意公民运动相左。TOP 09 党被认为是最为支持欧洲一体化的捷克政党。该党主席耶西·波斯皮希尔宣称，无论是欧元区、申根区还是欧洲检察官办公室的设立，都证明一个多速发展的欧洲早已事实存在。因此，将"多速欧洲"提升为欧盟的整体发展战略并不奇怪。当然，他也认为"多速欧洲"的原则应当被谨慎地使用。比如在统一大市场等涉及欧盟根基的问题上，欧盟应更多地依赖成员国的集体行动，而非部分成员国先行的"多速欧洲"原则。原属不满意公民运动，但后来单独创立呼声党的帕维尔·泰利奇卡也持有同样的观点。他认为，捷克不仅要支持"多速欧洲"，也要力争进入先行集团。捷克加入欧盟的目的就是能够参与影响其未来发展的决策过程。捷克不能站在门外看其他成员国决定这一切。② 推崇自由民主和欧洲基督教传统的公民民主党虽然有疑欧主义的倾向，但也并不抵触"多速欧洲"。该党在欧洲议会的党组主席扬·扎哈迪尔对以"多速欧洲"为指引推进欧盟改革表示了支持。在接受捷克广播电台（Český rozhlas）采访时，他公开表示"多速欧洲"可以让成员国根据自身的利益与兴趣开展不同领域的一体化合作。捷克依然可以拒绝加入欧元区与共同移民和庇护政策，但应当在欧洲统一大市场、关税

---

① Daniel Kaiser, "Babiš není euroskeptik, ale eurooportunista. Jourová too," https://echo24.cz/a/pAmkK/babis – neni – euroskeptik – ale – eurooportunista – jourova – too.

② Pavel Telička: "Česká republika musí patřit mezi státy, které se budou integrovat rychleji, čekl Telička během debaty o vícerychlostní Evropě," https://www.telicka.eu/en/artcles/detail/738.

同盟和共同商业政策等领域参与更深层次的一体化合作。不同于波兰的法律与公正党和匈牙利的青民盟，捷克社会民主党和不满意公民运动在国内政党结构中并不占据优势地位。它们无法压制各种反对声音，并真正推动捷克社会形成在"多速欧洲"问题上的统一立场。

最后，捷克对以经济领域为先导推进"多速欧洲"持抵制态度，但并不是反对所有领域的强化合作。在某些领域，捷克甚至可以被认为是"多速欧洲"的先行者。最典型的就是安全领域。在中东欧国家中，捷克是最为关心欧盟安全与防务问题的国家之一。根据欧洲晴雨表 2017 年 5 月的民调，有 59% 的捷克民众将抵御恐怖主义威胁列为欧盟的优先事项。在欧盟成员国中，这一数据仅低于立陶宛。同年澳大利亚经济与和平研究所发布的《2016 年全球恐怖主义指数报告》显示，捷克的恐怖主义风险指数为 2.18。而中东欧国家的平均得分仅为 0.69，有 14 个国家的恐怖主义风险指数得分低于 2 分，仅波黑的状况要差于捷克。[1] 在这一局面下，欧盟内部安全以及与之牵涉的难民和恐怖主义等问题也成为捷克政府关注的重点。两任欧盟事务国务秘书托马斯·普鲁萨和阿列什·切梅拉日都多次呼吁欧盟关注安全与防务问题。切梅拉日更是直言，深化欧盟成员国的防务合作是捷克参与讨论欧盟未来的主要动力之一。捷克愿意积极推动安全领域的强化合作，并以此作为捷克成为欧盟核心集团的基础性条件。事实上，自 2003 年以来，捷克一直在积极推动安全领域的欧洲一体化。捷克是欧盟永久结构性合作的发起国之一，也坚决支持永久结构性合作体现的"多速欧洲"原则——不需要所有欧盟成员国都同意或加入该机制，也不需要所有参与该机制的国家都成为机制的核心成员。在永久结构性合作的框架下，捷克政府公开支持欧盟能够改革现有军制和增强军事部署能力，并积极推动捷克的国防工业参与欧洲国防基金资助的项目。相比于经济领域，捷克对安全防务领域的"多速欧洲"设想认可度更高，也对成为这一领域的先行集团有着更迫切的需求。

---

[1] Institute for Economics and Peace, "Global Terrorism Index 2016," https：//www. economic-sandpeace. org/wp – content/uploads/2016/11/Global – Terrorism – Index –2016. 2. pdf.

基于以上原因，捷克在"多速欧洲"问题上的立场介于波兰、匈牙利与斯洛伐克之间。一方面，捷克政府与社会看到了"多速欧洲"可能带来的负面影响，但并未对"多速欧洲"采取强烈的抵制。多元化的声音和较为均衡的国内政治结构决定了捷克很难形成真正统一的立场。另一方面，捷克十分抵触加入欧元区，因此也反对以欧元区改革为基础打造一个多速发展的欧盟。但在安全防务等领域，"多速欧洲"和强化合作十分契合捷克的利益与诉求，这也使得捷克对"多速欧洲"的态度趋于中性，而非全然反对。

从民调数据上看，捷克民众对"多速欧洲"的整体态度也在反复变化。在 2011 年，有 55% 的捷克人支持"多速欧洲"的一体化策略，反对这一策略的人数占比仅为 35%。但到 2014 年，支持"多速欧洲"的民众比例滑落至 40%，反对"多速欧洲"的人数占比超过了 50%。在 2017 年的"多速欧洲"大讨论后，支持"多速欧洲"的人数占比再次回到 54%，但次年又下降至 50%[1]。出现这一现象的一个重要原因是，欧洲晴雨表设计的问题是受访者对于"多速欧洲"的整体看法，而不是对不同一体化领域内推行"多速欧洲"的具体意见。如前所述，捷克对于在安全防务与经济金融等领域开展强化合作有着明显不同的需求与意愿。而在不同的时间节点，欧盟改革与推进欧洲一体化的重点与方向也有着明显的差异。上述两个因素结合起来，就可能造成民调数据反复变化的情况。

第三节　波罗的海三国对"多速欧洲"的态度和立场

立陶宛、拉脱维亚与爱沙尼亚三国地处欧洲东部，西濒波罗的海，东与俄罗斯或白俄罗斯相邻，一直以来都是俄罗斯通往欧洲的战略要道。重要的地理位置、与俄罗斯的复杂历史关系，以及全球化与

---

[1]　"Future of Europe," https：//europa. eu/eurobarometer/surveys/browse/all/series/49618.

欧洲一体化等因素促使波罗的海三国在外交领域选择了大体相同的发展方向，即以欧盟和北约为经济与安全依托，充分发挥欧盟和北约东扩前哨的作用，不断巩固与美国和欧盟的关系，同时积极推动去俄化进程，削弱俄罗斯在其内政外交中的影响力。在地区层面，努力维持与北欧国家的传统友谊，着力推动和加强波罗的海地区的区域合作。

具体到欧洲一体化事务上，爱沙尼亚是欧盟改革与欧洲一体化合作的坚定支持者，也是充分利用欧盟机制与规则的典范。在欧洲一体化不断受挫的背景下，爱沙尼亚依然拥护欧盟应对欧债危机的相关举措，积极推动单一市场建设和数字经济的发展，要求欧盟继续坚持自由贸易的理念和政策，并与美国、加拿大、日本及欧盟东部伙伴国签订全面的自由贸易协议。① 在积极支持参与欧洲一体化合作的同时，爱沙尼亚也在努力维护本国在欧盟和国际社会中的利益。借助自下而上的欧洲化传输路径，爱沙尼亚尽可能地将本国的利益与偏好投射到欧盟层面，推动自身战略目标转化为欧盟的外交决策。得益于此，爱沙尼亚在全球气候变化与网络空间治理等议题上都获得了远超其国力的外交实力与国际影响力。

在过去十余年里，追随欧盟改革与深化一体化合作已经成为爱沙尼亚的重要外交原则，也为其带来了丰厚的回报。然而，这一原则的确立并不是一蹴而就的。在刚刚加入欧盟时，爱沙尼亚对于欧盟改革和欧洲一体化深度发展的看法与今天有很大不同。按照安德烈斯·雷扬的说法，在2004年入盟后，爱沙尼亚依然处于一种紧张和忧虑的情绪之中。新身份带来的不安全感使其更多从中小成员国的角度思考自身与欧盟和欧洲一体化的关系，担忧自身会成为欧洲一体化进程中水平最低、发展最为落后的成员国之一。② 有鉴于此，爱沙尼亚一方面积极支持欧洲一体化进程并迅速批准了《欧盟宪法条约》和《里

① 《爱沙尼亚国别概况》，中国外交部网站，https：//www. fmprc. gov. cn/web/gjhdq_676201/gj_676203/oz_678770/1206_678820/1206x0_678822/。

② Andres Reiljan, "The Politics of Differentiated Integration：What do Governments Want? Country Report – Estonia," https：//cadmus. eui. eu/bitstream/handle/1814/69225/RSCAS_2020_%2092. pdf? sequence = 1&isAllowed = y。

斯本条约》，另一方面对所有以欧盟内部差异为基础的一体化路径都持警惕态度。在"多速欧洲"问题上，爱沙尼亚政界的态度也十分消极。时任总理安德鲁斯·安西普、外长乌尔马斯·佩特、议会欧洲事务委员会主席克里斯蒂娜·奥朱兰和社会民主党领导人伊瓦里·帕达尔等人都曾在不同场合表达对"多速欧洲"的不满，以及在这一模式下对爱沙尼亚发展前景的担忧。

但进入新世纪的第二个十年，爱沙尼亚对"多速欧洲"的态度发生了明显的变化。一方面，爱沙尼亚成为少数有效控制财政赤字、并从金融危机中迅速恢复的欧盟成员国之一；另一方面，爱沙尼亚于2011年正式加入了欧元区。在经济发展与融入一体化进程方面取得的重要成就大大增强了爱沙尼亚的自信心，使其更倾向于支持"多速欧洲"并力争进入一体化合作的先行集团。在2010年年底访问布鲁塞尔时，爱沙尼亚总统托马斯·亨德里克·伊尔韦斯公开表示，爱沙尼亚对"多速欧洲"抱有疑虑。但如果这一发展模式成为现实，爱沙尼亚将积极地拥抱而非排斥它。参考欧盟、北约与欧元区的要求，爱沙尼亚是唯一在国防开支、财政赤字与公共债务等方面都达标的成员国。因此在"多速欧洲"的模式下，爱沙尼亚理应成为一体化合作的先行集团[①]。总理安西普也一改往日对"多速欧洲"的反对立场。在2011年的议会演讲中，他表示，欧洲一体化的许多领域都需要所有成员国的共同参与，比如统一大市场。但在特定情况下，部分成员国的反对或抵制不应成为阻碍其他成员国深化一体化合作的理由。一个保持开放的"多速欧洲"模式不会成为欧盟的威胁，相反，它会大大增强欧盟的力量。

安西普的演讲在爱沙尼亚国内引发了热烈的讨论，以社会民主党为代表的反对派也要求政府进一步阐明在"多速欧洲"问题上的立场。因此2011—2012年，安西普多次在议会辩论等场合重申其对"多速欧洲"的支持。他指出，"多速欧洲"可能会产生所谓的先行

---

① Valentian Pop, "Estonian President Defends Imminent Euro – Accession," https：//euobserver. com/eu – political/31468.

集团或者核心集团，但这一集团并不是封闭的权力俱乐部。在"多速欧洲"模式下，所谓的先行集团可能不是由几个固定的成员国组成，而是包括不同一体化领域内的不同国家组合。爱沙尼亚已经准备好与有意愿先行一步的国家开展强化合作。作为安西普与改革党的执政伙伴，祖国联盟党也不再将"多速欧洲"视为对爱沙尼亚的威胁。该党议员马尔科·米克尔森在议会辩论时公开表示，"在新的政治经济形势下，'多速欧洲'已经转化为爱沙尼亚的重要机遇。在过往的历史中，爱沙尼亚从未如此接近欧洲的核心。我们的意见也未像今天一样受到欧盟和其他成员国的重视。有鉴于此，爱沙尼亚不仅应成为先行集团的一员，更应成为欧洲一体化未来路径的设计者"。

在反对派中，社会民主党公开质疑了政府与各大执政党的立场转变。来自该党的议员玛丽安·米科指出，在加入欧元区之前，无论是改革党还是祖国联盟党都坚决反对欧盟施行"多速欧洲"的战略。但现在，"多速欧洲"却被安西普和执政党们描绘成一种美好的未来。他们大声疾呼爱沙尼亚必须成为其中的领导者或者核心成员国，否则就会被抛弃或远远落后于其他成员国。这让人有一种"要么与我们同在，要么选择死亡"的胁迫感。虽然社会民主党极力反对"多速欧洲"，但第一大反对党中间党并未对这一问题表现出足够的兴趣，也很少进行明确的表态。在这一局面下，执政党逐渐在"多速欧洲"的讨论中占据了上风，支持"多速欧洲"并力争成为其中的先行集团成为爱沙尼亚社会的主流意见。

2016 年，塔维·罗伊瓦斯领导的政府因议会不信任案而下台，这标志着改革党在连续执政 11 年后再次沦为在野党。中间党主席于里·拉塔斯组建了新一届政府。在爱沙尼亚国内，中间党一直被视为是疑欧和亲俄的政党。该党一直致力于调和爱沙尼亚族与俄罗斯族等少数民族的关系，也与普京领导的统一俄罗斯党保持了密切的合作关系。在 2003 年入盟公投时，中间党公开反对爱沙尼亚入盟并呼吁选民投出反对票。在爱沙尼亚即将首次担任欧盟轮值主席国的关键时刻，中间党的上台令许多人对爱沙尼亚与欧盟的关系产生了担忧。然而，在欧洲一体化与"多速欧洲"等重要议题上，拉塔斯政府并未改变过去几届政府的基本立场。在 2017 年的"多速欧洲"大讨论中，拉塔斯公开表示，爱沙尼亚支持欧盟的"多速欧洲"构想，也愿意成为部分先行一步的成员国。团结与合作自然是欧盟存在与发展的基础，但欧盟与欧洲一体化的命运不应该由对一体化最不感兴趣的个别成员国决定。在过去的 13 年里，爱沙尼亚一直积极参与欧洲一体化，也支持欧盟以强化合作等方式解决一体化面临的困境。近日，爱沙尼亚政府先后决定参与永久结构性合作机制与欧洲检察官办公室就是其坚定支持欧洲一体化与"多速欧洲"构想的最好证明。新上任的爱沙尼亚总统克尔斯季·卡柳莱德也支持政府在"多速欧洲"问题上的立场。在会见芬兰总统绍利·尼尼斯托时，卡柳莱德表示，并不是每一个成员国都参与了欧盟框架下的所有合作项目。从这一角度来说，欧洲一体化早已处于多速发展的状态。只要充分尊重成员国的意愿并保持每个一体化合作领域的开放性，"多速欧洲"就不会是一个问题。①

在 2019 年的大选后，改革党再次获胜并获得了优先组阁权。但其与中间党、社会民主党和祖国联盟党的两次组阁谈判都未能成功。最终，中间党、保守人民党和祖国联盟党共同组成了新一届政府。拉塔斯继续担任总理。拉塔斯领导的新一届执政联盟是一个涵盖中左翼政党、中右翼保守主义政党和极右翼民粹主义政党的执政联盟。其中，保守人民党不仅带有强烈的民粹主义色彩，更有严重的排外与疑欧主义倾向。该党领导人的出格言行也令爱沙尼亚与欧盟的关系变得十分微妙。但在执政一年多后，中间党、保守人民党和祖国联盟党的组合即宣布破裂。改革党与中间党这对老对手则联合组建了新的政府。② 在经历短暂的合作和随后的关系决裂后，改革党又于 2022 年 7 月与祖国联盟党和社会民主党达成了新的政府组建协议。虽然爱沙尼亚政府在过去的数年里变动频繁，但执掌政权的依然是改革党与中间

---

① Dario Cavegn, "Estonian, Finnish Presidents: Multi - speed EU Thinkable," https: //news. err. ee/260783/estonian - finnish - presidents - multi - speed - eu - thinkable.

② 鞠豪：《中东欧国家政党政治发展与研究》，载周淑真主编《世界政党政治发展研究报告 (2021—2022)》，当代世界出版社 2022 年版，第 336—338 页。

党两大政党。在上述两党的意识形态与政策主张都未发生重大变化的前提下，爱沙尼亚政府对欧洲一体化和"多速欧洲"的支持力度也没有明显地减弱。

事实上，爱沙尼亚政府的一系列言行有着深厚的社会基础。从2010年开始，爱沙尼亚国内社会对于"多速欧洲"的态度一直维持在相对稳定的状态。欧洲晴雨表的数据显示，在2011年，有53%的爱沙尼亚人支持部分成员国率先开启深度的欧洲一体化进程，反对这一观点的人数占比则为41%。在2014年，支持与反对"多速欧洲"构想的民众比例分别为46%和40%。在"多速欧洲"可能成为欧盟整体发展战略并引发广泛讨论的背景下，爱沙尼亚民众对于"多速欧洲"的热情继续高涨。在2017年，有53%的爱沙尼亚民众支持"多速欧洲"，反对的民众比例仅为32%。到2018年年底，双方的力量对比也没有发生明显的变化，依然维持53%与33%的比例。可以说，在新世纪的第二个十年，"多速欧洲"越来越得到爱沙尼亚国内社会的全方位支持。[1]

然而，在拉脱维亚和立陶宛，我们并没有观察到类似的变化。与爱沙尼亚一样，拉脱维亚在入盟后的数年内依然处于新身份的适应期，也更多以小国的心态看待欧盟的改革与未来发展等问题。在"多速欧洲"的问题上，拉脱维亚采取了一种尽量回避的策略。只有当"多速欧洲"的讨论直接涉及本国利益或参与的关键领域时，拉脱维亚才会被动地做出回应。在新世纪的第二个十年，随着深化欧洲经济与货币联盟蓝图（Blueprint for a Deep and Genuine Economic and Monetary Union）的推出和拉脱维亚加入欧元区的日期迫近，该国国内关于"多速欧洲"的讨论开始逐渐增多。但拉脱维亚对于"多速欧洲"的基本立场并未因加入欧元区和欧盟政治经济形势的变化而发生根本性的扭转，依然维持了中立甚至相对冷漠的状态。

2013年拉脱维亚的年度外交政策报告明确指出，拉脱维亚将欧盟视为一个基于团结和共同价值观打造的民族国家联盟，坚定地支持

---

① "Future of Europe," https：//europa. eu/eurobarometer/surveys/browse/all/series/49618.

由所有成员国参与的欧盟改革与欧洲一体化进程。应避免成员国在一体化程度上的参差不齐以及由此而形成的"多速欧洲"状态，因为这一状态会带给成员国全方位的差异化并导致欧盟的分裂。当然，如果部分成员国在特定领域内开展强化合作的趋势成为常态，拉脱维亚依然选择站在参与强化合作的阵营。① 因为 2014 年加入欧元区和 2015 年上半年担任欧盟轮值主席国，此后两年拉脱维亚年度外交政策报告在欧洲一体化和"多速欧洲"问题上的措辞更加柔和，但其对成员国同步发展和政府间主义合作方式的强调依然十分明显。从拉脱维亚的视角出发，一体化更多意味着民族国家开展自愿合作的最佳机制，而非由超国家实体领导的政治实践。这也从一个侧面反映了拉脱维亚对"多速欧洲"和欧洲一体化未来发展路径的真实想法。

在 2016 年英国公投脱欧后，拉脱维亚对"多速欧洲"的立场出现了一定的松动。拉脱维亚的领导人逐渐意识到，困境之下的欧盟可能不得不做出改变，而"多速欧洲"将是这一改变的重要内容。拉脱维亚议会外交事务委员会主席洛丽塔·西格涅就坦言，拉脱维亚应该成为欧盟的核心成员，也需要参与到欧盟未来的决策之中。团结党领导人、欧洲议会议员桑德拉·卡尔尼特和伊内斯·维德尔等人也表示，拉脱维亚早已参与到"多速欧洲"的建设之中。在"多速欧洲"的模式下，欧盟将围绕多个支柱领域形成不同的先行集团。作为欧元区成员国，拉脱维亚在成为经济领域的先行集团方面享有优势。而另一个可能的支柱领域则是安全防务，对于地处欧洲东部且与俄罗斯接壤的拉脱维亚而言，强化安全合作并成为这一领域的先行集团也符合其战略利益。

这样的言论遭到了执政伙伴民族联盟与其他政党的强烈反对。它们认为，团结党过于轻易地接受了"多速欧洲"的构想。"多速欧洲"不仅会在欧盟内部制造核心与边缘的分野，使不同成员国的发

---

① *Annual Report by the Minister for Foreign Affairs on Activities Performed and Planned in National Foreign Policy and European Union Matters*, Riga: Ministry of Foreign Affairs of the Republic of Latvia, 2013, pp. 18 – 19.

展差距越来越大，也将使普通民众与欧盟机构和各类项目的距离越来越远。在 2003 年公投入盟时，其投票支持的是一个平等和统一的欧盟，而非一个多速发展的欧盟。"多速欧洲"不符合拉脱维亚和欧盟的战略利益，必须从根本上予以冻结。来自民族联盟的议会议员埃德温·施诺尔甚至将这一问题与政府在难民问题上的立场联系起来。他指出，团结党与政府宣称拉脱维亚希望成为欧盟内部的核心国家，即不仅要为自己的命运做主，也要为整个欧洲的命运负责。为了这一目标，拉脱维亚做出了许多牺牲，也付出了许多代价。比如在难民问题上，拉脱维亚未能指出布鲁塞尔的错误，反而帮助欧盟压制了反对强制分摊难民的声音。但这样的牺牲和代价是否值得需要谨慎的思考。① 事实上，在团结党与其后继党新团结党②眼中，"多速欧洲"也仅仅代表了新的欧洲一体化形势下不得已的选择。在内心深处，它们并不认同"多速欧洲"的构想，也担心"多速欧洲"的施行会给拉脱维亚等中小成员国带来巨大冲击。在出任总理后，新团结党领导人克里什亚尼斯·卡林什与欧洲议会议员就欧洲的未来进行了公开的讨论。在讨论中，他明确表示，波罗的海三国与荷比卢三国都是小国，应当坚定捍卫欧盟的团结与统一。同时，在欧盟层面开展更加紧密的合作，以此来制衡大国的意志和抵消其对欧盟的负面影响。而非政府组织拉脱维亚欧洲运动的领导人安德里斯·戈宾斯认为，"多速欧洲"并不符合拉脱维亚的国家利益。对于特定成员国来说，任何形式的多速发展都意味着边缘化而非核心化。一旦部分成员国真的在特定领域先行一步，拉脱维亚将更难劝说这些国家为欧盟凝聚基金等项目提供支持。而这些项目通常是为了帮助那些落后的成员国实现快速发展的。因此"多速欧洲"一旦施行，部分发达成员国与其他成员国的发展差距可能被进一步拉大。对于欧盟和拉脱维亚来说，"多速

---

① "Latvijas Republikas 13. Saeimas ziemas sesijas ceturtā sēde (The fourth meeting during the winter session of the 13th Saeima of the Republic of Latvia)," Saeima, January 24, 2019, https://www.vestnesis.lv/op/2022/12.2.

② 2018 年，团结党先后合并五个地方政党——库尔迪加县党、为了瓦尔米埃拉和维泽梅党、为了图库姆斯市和图库姆斯县党、叶卡布皮尔斯地区党以及拉特加尔党组成新团结党。

欧洲"是一种有效但过于理想的一体化构想，最好的策略仍然是坚持同步发展的模式。①

　　虽然拉脱维亚政界的态度十分谨慎，但该国的普通民众依然对"多速欧洲"相当乐观。欧洲晴雨表的数据显示，除 2014 年外，拉脱维亚国内支持"多速欧洲"的力量都要超过要求成员国同步发展的力量。2018 年年底，超过 64％ 的拉脱维亚人支持部分成员国先行开启深度一体化的构想，这一数据在欧盟范围内排名第二，仅次于荷兰。② 但是，拉脱维亚民众在"多速欧洲"上的乐观态度未能有效传导至政府与政党政治层面，进而扭转拉脱维亚在这一问题上的谨慎与冷淡态度。

　　立陶宛也是欧洲一体化的坚定支持者。在入盟数月后，立陶宛就签署协议加入了欧洲汇率机制，成为首批加入这一机制的中东欧成员国。2006 年 5 月，立陶宛公开要求欧盟和欧洲央行对其进行评估，以便在 2007 年正式加入欧元区。虽然因通货膨胀问题与欧元区失之交臂，立陶宛依然为加入欧元区不懈努力。在 2007 年加入申根区后，立陶宛历届政府都将加入欧元区列为执政的首要事项，直至 2015 年真正实现这一目标。

　　表面来看，立陶宛对于加入欧元区和深化欧洲一体化合作抱有浓厚的兴趣。但实际上，立陶宛对于参与不同领域的强化合作和深度一体化进程是有选择性的。正如库比柳斯政府的执政计划所阐明的，立陶宛将有选择性地参与更深层次的欧洲一体化。以改善国内基础设施状况和削弱外部脆弱性为目标，立陶宛将支持在能源、交通运输、金融和边境管控等领域的强化合作，但不会进一步支持那些社会敏感度较高且会削弱立陶宛经济竞争力的深度一体化，比如税收政策的一体化。显然，立陶宛对于"多速欧洲"或者说强化合作的兴趣仅限于特定领域。对于"多速欧洲"上升为欧盟的整体发展战略，立陶宛

---

① "Multi - speed Development Idea in Europe Is Not in Latvia's Interests," https：//bnn - news. com/opinion - multi - speed - development - idea - in - europe - is - not - in - latvia - s - interests - 162840.

② "Future of Europe," https：//europa. eu/eurobarometer/surveys/browse/all/series/49618.

政府与国内社会的评价都趋于负面。他们认定，在"多速欧洲"模式下，将会有一小部分成员国成为欧盟的核心集团，并决定欧洲一体化未来发展的方向、速度与路径。这些国家也可能在某些问题上获得"特殊的待遇"。在 2012 年 4 月的议会辩论中，议会预算和财政委员会主席科斯图蒂斯·格拉维克就公开谈到了这一问题。他指出，"过去我们常常谈及西欧国家与中东欧国家的双速发展。但现在，我们不得不面临另一种双速发展，即以德国、法国和意大利为代表的强国以及其他欧元区国家，与新进成员国和非欧元区成员国之间的双速发展。在许多一体化事务上，两组国家常常被区别对待。比如，作为欧元区成员国的西班牙并未因违反欧元区的财政标准而受到惩罚，非欧元区国家的匈牙利却因相似的问题招致了欧盟的处罚。而在'多速欧洲'模式下，这样的双重标准恐将继续增加"。

在 2012 年大选后，库比柳斯政府被新上台的布特克维丘斯政府取代，格拉维克所在的自由运动党也沦为在野党。但这一变动既没有改变自由运动党等原执政党对"多速欧洲"的反对态度，也并未影响立陶宛政府在这一问题上的官方立场。在新的执政计划中，布特克维丘斯政府用专门的章节阐述了其对"多速欧洲"的看法，并明确指出立陶宛支持一个团结与统一的欧盟，而非由大国组成核心、弱小国家形成边缘的欧盟。这一立场也被 2016 年上台的斯克韦尔内利斯政府所延续。在"多速欧洲"再次被热议的背景下，斯克韦尔内利斯政府依然在执政计划中强调了成员国平等对欧盟发展的重要性，并表示支持民族国家在欧盟和欧洲一体化进程中扮演更重要的作用。这一表述说明，斯克韦尔内利斯政府更希望以政府间主义的方式开展一体化合作，也对欧盟以超国家实体的身份推动自身改革和"多速欧洲"模式有所不满。在接受立陶宛国家广播电视台采访时，立陶宛驻欧盟大使乔维塔·内柳普希涅进一步明确了斯克韦尔内利斯政府的立场。在被问到立陶宛政府是否反对"多速欧洲"时，内柳普希涅的回答是"绝对是的"（absolutely）。她认为，"不同一体化领域的多速发展早已是不争的事实。但无论是哪一个成员国，都不应因此被排除在未来的一体化进程之外。立陶宛致力于建设一个更加强大的欧盟和一个更加深入与稳固的货币联盟。我们已经加入了欧元区和申根区，也参加了绝大多数的强化合作。从这一角度来说，立陶宛十分接近‘多速欧洲’模式中的先行集团或核心集团。但对于‘多速欧洲’，我们不应操之过急。比如，税收、安全与外交等领域都触及国家的核心利益。在上述领域推进深度一体化会严重损害民族国家的利益。我们不应在这些问题上确立‘多速欧洲’的原则并用有效多数替代一致同意的决策机制，这对任何人都没好处。立陶宛对‘多速欧洲’的态度既不同于德国和法国，也有别于波兰和匈牙利。我们支持特定领域的强化合作，但坚决反对‘多速欧洲’上升为欧盟的整体发展战略”。①

　　然而，在国内社会层面，立陶宛的普通民众对“多速欧洲”保持了相当的热情。除2011年外，支持“多速欧洲”的民众要远远多于反对这一构想的民众。在2014年、2017年与2018年，希望部分成员国先行一步的人数都超过了半数，分别为52%、63%与50%②。在舆观调查网的民意测验中，有40%的立陶宛民众在2020年依然支持所有欧盟成员国使用欧元并在不同领域开展相应的强化合作，这一数据也要高于欧盟的平均水平。③“多速欧洲”在立陶宛政界遇冷，但在社会层面受到民众的欢迎。这一点也与拉脱维亚的情况类似。

第四节　东南欧四国对“多速欧洲”的态度和立场

　　罗马尼亚、保加利亚、斯洛文尼亚和克罗地亚都是欧盟的正式成

---

①　"Lithuania's Vision for Europe Is Neither that of France – Germany, Nor of Poland – Interview with Ambassador to EU," https：//www. lrt. lt/en/news – in – english/19/1083163/lithuania – s – vision – for – europe – is – neither – that – of – france – germany – nor – of – poland – interview – with – ambassador – to – eu.

②　"Future of Europe," https：//europa. eu/eurobarometer/surveys/browse/all/series/49618.

③　"2020 EUI Survey on Solidarity in Europe," https：//yougov. co. uk/topics/politics/survey – results.

员国，但它们加入欧盟的时间与历程各不相同。这不仅影响了它们后续融入欧洲一体化的进程，也决定了其对欧盟未来发展方向和"多速欧洲"的看法。斯洛文尼亚的入盟进程最为顺利。早在 1993 年，斯洛文尼亚已经与欧共体签署了合作协定。1996 年，斯洛文尼亚与欧盟签署了《联系国协定》并正式递交了入盟申请。次年，欧盟对斯洛文尼亚的政治经济发展状况进行了全面评估，并充分肯定了斯洛文尼亚的改革成绩。由此，斯洛文尼亚成为第一批开启入盟谈判的中东欧国家之一。经过四年多的时间，斯洛文尼亚完成了所有章节的入盟谈判。2004 年 5 月，斯洛文尼亚正式加入欧盟。2007 年，斯洛文尼亚又加入了欧元区和申根区，成为首个既是欧元区成员也是申根区成员的中东欧国家。

罗马尼亚和保加利亚也是最早开启回归欧洲进程的中东欧国家之一。其递交入盟申请的时间稍晚于匈牙利和波兰，然而，两国的入盟进程却并不顺利。1995 年，罗马尼亚和保加利亚与欧盟签署了《联系国协定》并提交了入盟申请。在 1999 年的赫尔辛基峰会上，欧盟决定与罗马尼亚、保加利亚等国展开入盟谈判。虽然罗马尼亚和保加利亚为满足入盟标准进行了一系列改革，但它们在司法制度、惩治腐败与打击有组织犯罪等方面的表现仍然无法令欧盟满意，结束入盟谈判的时间也因此延后。直到 2004 年年底，欧盟才宣布在技术层面完成了与罗马尼亚和保加利亚两国的入盟谈判。2005 年，罗马尼亚与保加利亚在卢森堡签署了入盟协定，为计划于 2007 年 1 月 1 日正式加入欧盟奠定了基础。但在 2006 年，欧盟依然发布新的评估报告，指出罗马尼亚和保加利亚两国在内政、司法等领域仍需改革，并建议推迟决定是否按时接纳两国入盟。数个月后，欧盟委员会才在最终报告中表示，罗马尼亚和保加利亚在满足入盟标准问题上取得了重大进展，建议如期批准两国加入欧盟。

2007 年 1 月，罗马尼亚和保加利亚两国正式加入欧盟。但欧盟依然建立了一个合作与核查机制，以监督并评估两国在入盟后的表现。在罗马尼亚和保加利亚加入欧盟时，首批入盟的 8 个中东欧国家已经确定要加入申根区，部分希望加入欧元区的国家或是即将达成目标，或是已经取得了重要的进展。虽然罗马尼亚和保加利亚也在积极申请加入欧元区和申根区，但它们的步调与其他中东欧成员国难以同步。这使其丧失了与其他中东欧成员国一道向欧盟集体施压的机会。在更多的情况下，罗保两国只能相互抱团取暖。但考虑到两国的政治经济实力与一体化水平，它们在欧盟面前处于完全的劣势，也很难在加入申根区与欧元区的过程中争取到对自己有利的条件。合作与核查机制的存在不仅使罗马尼亚和保加利亚两国疲于应付，更成为其他国家反对罗马尼亚和保加利亚加入申根区和欧元区的重要理由。因此，罗马尼亚和保加利亚加入申根区的申请数次在欧盟委员会遭到否决，直到2025年才完全加入申根区。而按照欧元区的趋同标准，保加利亚仍然面临通货膨胀率过高的问题，其加入欧洲汇率机制的时间也不足两年。罗马尼亚更有多项指标并不达标。[①] 对于罗马尼亚和保加利亚两国来说，虽然它们已经加入申根区，但何时加入欧元区依然是一个充满不确定性的问题。

　　相比于其他三国，克罗地亚的入盟过程最为曲折。20世纪90年代，克罗地亚虽然接受了欧盟的经济援助，但与欧盟的关系并不友好。因为克罗地亚攻占塞族人控制区，欧盟对克罗地亚实施了制裁。欧盟不仅拒绝与克罗地亚就经济合作协定进行谈判，停止对克罗地亚的法尔计划援助，而且倾向于让克罗地亚与南斯拉夫联邦各国留在《代顿协议》的框架内并使之一体化。1997年，欧盟提出所谓的"地区立场"，要求除斯洛文尼亚以外的南斯拉夫联邦的四个共和国和阿尔巴尼亚首先实现地区一体化，然后再与欧盟实现一体化。因此在许多国家已开启入盟谈判时，克罗地亚尚未与欧盟签署《联系国协定》。欧盟的做法引起克罗地亚的强烈抵制。克罗地亚认为，本国的历史和文化属于中欧和欧洲地中海区域，而非巴尔干。同时作为该地区最发达的国家，却要等待其他国家一起加入欧盟，这样的做法也有失公允。直到进入21世纪，克罗地亚才大幅调整了外交战略，开始

---

① European Central Bank, "Convergence Report 2022," https://www.ecb.europa.eu/pub/pdf/conrep/ecb.cr202206~e0fe4e1874.en.pdf.

向欧盟靠拢。2001 年 5 月，克罗地亚与欧盟签署了《联系国协定》。2003 年 2 月，克罗地亚正式递交了入盟申请。2005 年，欧盟启动了与克罗地亚的入盟谈判，但因为克罗地亚的国内改革一直未能达标，与邻国的边界纠纷和历史遗留问题又难以解决，这场谈判迁延日久。直到 2011 年，双方的谈判才最终结束。2013 年 7 月，克罗地亚正式成为欧盟成员国。克罗地亚的入盟时间明显晚于欧盟的其他中东欧成员国，其加入欧元区与申根区的进程也因此而滞后。入盟后，克罗地亚一直在努力追赶其他成员国，并一一对照欧元区的趋同标准与申根区的评估标准进行相应的改革。在加入欧元区的过程中，克罗地亚重点解决了政府财政赤字与公共债务问题。从 2016 年开始，其财政赤字与公共债务在 GDP 的占比不断下降，并逐渐接近欧元区的趋同标准。2020 年，克罗地亚加入了欧洲汇率机制，这意味着原则上克罗地亚可在两年后加入欧元区。在两年后的评估中，克罗地亚满足了除公共债务问题外所有的欧元区趋同标准。而因为新冠疫情的冲击，许多欧盟国家都面临严重的经济困难与政府债务问题。针对这一情况，欧盟给予了克罗地亚在这一问题上的豁免权。由此，克罗地亚正式达成了欧元区的趋同标准。① 在加入申根区的问题上，欧盟对克罗地亚的评估开启于 2016 年。2020 年，评估最终完成。最终的评估报告认为，克罗地亚能够对边境进行有效的管理并与国际执法部门进行充分合作，因此满足加入申根区的条件。为进一步加快其加入申根区的步伐，克罗地亚又于 2021 年设立了针对边境管理的独立监察机制，并成为首个设立此类机制的欧盟成员国。② 克罗地亚的一系列努力获得了欧盟与其他成员国的肯定。最终在 2022 年年底，克罗地亚获准同时加入欧元区与申根区。2023 年 1 月，克罗地亚正式成为欧元区与申根区的成员。

不同的入盟经历造就了东南欧四国对于欧洲一体化的不同看法。而后续加入欧元区和申根区的差异化结果更使其在"多速欧洲"问

---

① European Central Bank, "Convergence Report 2022," https：//www. ecb. europa. eu/pub/pdf/conrep/ecb. cr202206 ~ e0fe4e1874. en. pdf.

② "Croatia Joins the Schengen Area in 2023," https：//etias. com/etias – countries/croatia – etias.

题上秉持截然不同的立场。在中东欧地区，斯洛文尼亚是最早成为欧盟与申根区成员的国家之一，也是第一个加入欧元区的国家。其经济发展状况较为良好，创新能力甚至要超过部分西欧国家，比如西班牙和葡萄牙。因此在"多速欧洲"问题上，斯洛文尼亚一直表示要加入先行集团，从而进入一体化合作的"快车道"。在 2017 年 3 月与波兰总统安杰伊·杜达的会谈中，斯洛文尼亚总统博鲁特·帕霍尔公开表示，斯洛文尼亚在"多速欧洲"问题上的看法与波兰并不一致。在"多速欧洲"模式下，斯洛文尼亚的核心利益将与能否成为一体化的先行集团绑定。因此，斯洛文尼亚必须支持"多速欧洲"并力争成为其中的先行集团。当然，他也补充道，斯洛文尼亚对"多速欧洲"的支持是建立在现有的一体化路径无法解决欧盟困境的基础上。如果欧盟各成员国能够精诚合作、共渡难关，那么"多速欧洲"并不是一个必选项。[1] 斯洛文尼亚总理米罗·采拉尔同样认为斯洛文尼亚无须为"多速欧洲"担心。在接受采访时，采拉尔表示，"多速欧洲"不应该被视为部分成员国成为核心、其他成员国被边缘化甚至排挤出欧盟的一体化构想。人们应该更多关注成员国在未来一体化合作中获得的自由。"多速欧洲"的做法并不会分裂欧洲，即将成立的欧洲检察官办公室就是最好的例证。对于斯洛文尼亚来说，它已经参与了欧盟所有领域的强化合作，也因此成为欧洲一体化水平最高的成员国之一。其最佳选择就是全力支持"多速欧洲"并成为其中的先行集团[2]。

在采拉尔政府下台后，沙雷茨名单党的领导人马里安·沙雷茨出任总理并组建了新一届政府。原执政联盟中的三个政党——现代中间党、退休者民主党和社会民主人士党仍然留在新一届政府内。采拉尔本人也依然担任副总理。因此相比于采拉尔政府，沙雷茨政府的许多

---

[1] "Slovenian President – We Should be in Fast Lane of A Multi – speed EU," https：//www. euractiv. com/section/future – eu/news/slovenian – president – we – should – be – in – fast – lane – of – a – multi – speed – eu/.

[2] Boštjan Udovič and Maja Bucar, "The Politics of Differentiated Integration: What do Governments Want? Country Report – Slovenia," Robert Schuman Centre for Advanced Studies Research, 2021, p. 11.

政策并没有发生根本性的变化。对于"多速欧洲"上升为欧盟的整体发展战略,沙雷茨政府也表示了明确的支持。2018 年 8 月,组建沙雷茨政府的各大政党达成了联合执政协议。协议中公开提到,处于欧盟的核心位置并成为"多速欧洲"模式下的先行集团符合斯洛文尼亚的战略利益。斯洛文尼亚积极主张深化欧洲货币联盟,推动共同安全与外交政策真正成为共同防务政策,同时,充分尊重申根体系以保护好欧盟的外部边界。[①] 沙雷茨本人也认同这一观点。在同月的公开讲话中,他明确指出,一个所谓的双速欧洲在欧盟内部早已存在。无论是在现有的一体化模式下还是"多速欧洲"的未来图景中,斯洛文尼亚都需要为成为核心集团或者说先行集团而努力奋斗[②]。

2020 年 1 月,沙雷茨政府宣告下台,民主党人亚内兹·扬沙接任总理。上台后,扬沙与民主党决心效仿欧尔班,开启非自由民主的实验。在国内政治中,扬沙政府更多依赖威权主义的手段,对独立机构、法院、媒体毫不吝惜动用强硬手段。执政期间,扬沙政府试图修改媒体法,将公共媒体的拨款转向亲扬沙的私人媒体,也与宪法法院冲突不断。在欧洲一体化问题上,扬沙被欧盟视为与欧尔班一样的"麻烦制造者",并多次因与邻国的领土争端以及与欧盟的政策分歧而遭到批评。但相比于欧尔班和匈牙利青民盟,扬沙与斯洛文尼亚民主党的执政基础并不稳固,其领导的政府也是一个少数派联合(minority coalition)政府。在各大政党中,仅有斯洛文尼亚民族党是欧洲一体化的反对者,其他政党都坚定地支持斯洛文尼亚进一步融入欧洲一体化进程并积极参与各领域的强化合作。因此不同于欧尔班政府,扬沙政府并不敢在"多速欧洲"与欧洲一体化问题上"走得太远"。在斯洛文尼亚即将于 2021 年下半年接任欧盟轮值主席国前,扬沙含蓄地表达对"多速欧洲"以及斯洛文尼亚成为先行集团的质疑。他认为,一个拥有 40 万人口的国家和一个拥有 9000 万人口的国家在欧

---

① Boštjan Udovič and Maja Bucar, "The Politics of Differentiated Integration: What do Governments Want? Country Report – Slovenia," Robert Schuman Centre for Advanced Studies Research, 2021, p. 11.

② Maja Bucar and Bostjan Udovic, "Slovenia: a case of a small, relatively new member country," *Australian and New Zealand Journal of European Studies*, Vol. 13, No. 3, 2021, p. 71.

盟乃至世界任何一个地方都不可能具有相同的影响力。即使拥有很高的经济发展水平和欧洲化水平，斯洛文尼亚这样的小国可能依然面临不平等的问题，也很难成为欧盟的核心集团。此外，扬沙还分享了斯洛文尼亚首次担任欧盟轮值主席国时的经历（彼时扬沙正担任斯洛文尼亚总理）。他表示，来自大国的提案常常比来自小国的提案得到更多的重视，处理的过程也会更为迅速。基于此，扬沙在多个场合都强调斯洛文尼亚不能仅关注西欧大国，而是要强化与 V4 国家和其他中东欧国家的合作，以集体力量影响欧盟决策。[①] 在执政两年后，扬沙领导的民主党在大选中被新成立的自由运动党击败。短暂的非自由民主实验宣告结束，斯洛文尼亚也重新变回欧盟新成员国中的"优等生"。纵观斯洛文尼亚过去十年的政治历程，频繁的政府更替虽然导致了斯洛文尼亚在欧洲一体化政策上的微调，但并未改变其支持"多速欧洲"和积极参与欧洲一体化进程的基本态势。

欧洲晴雨表的数据显示，斯洛文尼亚的普通民众也是最支持"多速欧洲"的群体之一。2011 年，有 60% 的斯洛文尼亚人支持欧盟施行"多速欧洲"的策略，这一数据在所有欧盟成员国中排名第四，在中东欧成员国中仅次于斯洛伐克。到 2014 年，支持与反对"多速欧洲"的民众比例分别为 54% 与 37%。在 2017 年欧盟提出一体化的五种未来场景后，斯洛文尼亚社会对于"多速欧洲"的关注度与支持度再次回升。数据显示，仅有 5% 的斯洛文尼亚民众未对这一问题进行明确表态，有 63% 的人支持"多速欧洲"上升为欧盟未来的整体发展策略。到 2018 年年底，支持"多速欧洲"的民众比例有所回落，但依然达到 59%，反对"多速欧洲"的民众比例则为 36%。[②] 因此纵观 2010 年以来的民调数据，拥护"多速欧洲"构想的力量一直在斯洛文尼亚国内社会占据优势，其人数远远多于质疑这一构想的群体。

罗马尼亚与保加利亚的情况则与斯洛文尼亚有着明显的区别。一

---

① Maja Bucar and Bostjan Udovic, "Slovenia: A Case of A Small, Relatively New Member Country," *Australian and New Zealand Journal of European Studies*, Vol. 13, No. 3, p. 71.

② "Future of Europe," https://europa.eu/eurobarometer/surveys/browse/all/series/49618.

方面，罗保两国都是欧洲一体化进程的坚定支持者。虽然申请加入申根区和欧元区的动议数次被推迟，但罗马尼亚和保加利亚一直在努力达成欧盟设立的标准，也没有在关键问题上与欧盟产生分歧。根据欧洲晴雨表的民意调查，两国民众对欧盟的认同程度极高，罗马尼亚民众对欧盟的支持度更是高居欧盟前列。[①] 2018—2019 年，保加利亚和罗马尼亚先后担任了欧盟的轮值主席国。在担任轮值主席国期间，保加利亚围绕西巴尔干问题、安全和稳定问题、青年人问题与数字经济开展了多项工作。在缓解欧盟与土耳其关系、推动难民政策改革，以及马其顿更改国名问题上，保加利亚成功地扮演了组织者与协调者的角色。罗马尼亚则以打造一个更加凝聚、更加安全、拥有更强全球行动力与共同价值的欧洲为目标开展了一系列工作。在最初的 100 天里，罗马尼亚就完成了 90 项立法法案，其工作效率令人惊叹。而在财务框架、边境安全、二氧化碳排放和建设数字化欧洲等方面，罗马尼亚也付出了诸多努力。罗马尼亚与保加利亚积极参与欧盟事务和融入欧洲一体化进程的表现也获得了欧盟的认可。在过去的数年里，罗保两国一直与欧盟维持了良好的关系。在波兰与匈牙利等国成为欧盟的"异见者"后，罗马尼亚和保加利亚在欧盟的地位迅速上升，其权益与诉求也越来越受到重视。

　　另一方面，罗保两国都反对"多速欧洲"成为欧盟的整体发展战略。一直以来，罗马尼亚和保加利亚都致力于尽快加入欧元区和申根区，以在融入欧洲一体化进程方面追赶其他成员国。它们希望欧盟专注于巩固与维护现有的一体化合作机制，并为成员国之间的趋同提供更多便利。而"多速欧洲"属于前进性的一体化发展战略，其主要目标是在接受欧盟内部发展差异性的基础上推动欧洲一体化进程向前迈进。在这一过程中，部分成员国拥有比另一部分成员国先行一步的可能。从这一角度来说，"多速欧洲"与罗保两国在欧洲一体化进程中的诉求有着本质的冲突。一旦"多速欧洲"真正施行，现有的

---

　　① "Stamdard Eurobarometer 86 – Autumn 2016," https：//europa. eu/eurobarometer/surveys/detail/2137.

欧洲一体化进程可能在两国真正融入之前已经进入到全新的发展阶段。两国与其他成员国特别是先行集团在一体化水平上的差距也将进一步拉大。在"多速欧洲"模式下，罗马尼亚和保加利亚将持续扮演追赶者的角色，也可能会产生"一步赶不上，步步赶不上"的挫败感。

自 2014 年年底担任总统以来，罗马尼亚总统约翰尼斯就多次阐述了反对"多速欧洲"的观点。他认为，每个欧盟成员国可以选择自己的发展速度，但最终目标应该是建设一个牢固、强大和团结的欧盟。2017 年 3 月，约翰尼斯在接受当地媒体采访时公开表示，一个"双速"或"多速"的欧洲对任何人都没有好处。如果"多速欧洲"真正成为一种发展趋势，那将在整个欧洲产生十分危险的结果。同月，罗马尼亚总理格林代亚努也公开阐述了罗马尼亚政府在这一问题上的立场。他强调，在涉及欧盟未来发展的问题上，无论是总统、政府还是议会，罗马尼亚的立场都是一致的。罗马尼亚主张加强现有形式的欧盟发展规划，支持在现有形式上进一步巩固欧盟发展项目，反对建设一个多速发展的欧洲。① 欧洲议会议员、罗马尼亚社会民主党（以下简称"社民党"）副主席维克多·内格雷斯库则进一步阐述了罗马尼亚反对"多速欧洲"的具体原因。他表示，"双速"或"多速"欧洲是一个"非常危险"的想法。根据各自意愿组成不同的小圈子，虽然暂时掩盖了成员国之间的分歧，但从长远来看，这将导致欧盟最终解体。他认为，在欧盟内部人为地划分东西阵营或南北阵营，不仅无助于推进欧洲一体化，而且会进一步加剧成员国地位的不平等，通过平等协商保持同步前进才是欧洲一体化的必由之路。欧盟确实需要变革，但不是变成搭载两个或多个不同引擎的"蹒跚旧车"，而应成为拥有单一引擎并保持平稳前进的"全新汽车"。

在 2019 年担任欧盟轮值主席国期间，罗马尼亚也以相对隐晦的方式表达了对"多速欧洲"的反对。比如，罗马尼亚将"融合：一

---

① 《罗马尼亚表示反对"多速欧洲"》，新华网，2017 年 3 月 8 日，http：//www. xinhuanet. com/world/2017 - 03/08/c_1120590186. htm。

个欧洲的共同价值观念"确立为其领导欧盟期间的主要口号。在具体的工作中，罗马尼亚将凝聚欧洲视为其四大工作目标中的首要目标，也更愿意以集体行动而非强化合作的形式开展交流与合作。在卸任欧盟轮值主席国的讲话中，罗马尼亚总理维奥丽卡·登奇勒再次重申，罗马尼亚的目标不应是打造"多速欧洲"或"同心圆欧洲"，而是应通过共同的行动推动欧盟的发展。在这一过程中，罗马尼亚也会积极追赶其他成员国并真正融入欧洲一体化进程。[①]

罗马尼亚总统约翰尼斯出身于国家自由党。在出任总统之前，约翰尼斯曾任国家自由党副主席与主席等职。在因担任总统而退出国家自由党后，约翰尼斯仍然积极插手该党党内事务，并被许多人认定为该党的实际控制者。因此，约翰尼斯对"多速欧洲"的反对不仅仅出于个人立场，也代表了国家自由党的整体意见。因此在 2019 年社会民主党下台、国家自由党主政后，罗马尼亚政府对"多速欧洲"的看法并没有发生太大的改变。事实上，不仅是国家自由党和社会民主党，其他罗马尼亚政党对"多速欧洲"的态度也基本一致。罗马尼亚自由民主联盟[②]与匈牙利族民主联盟的领导人里纳特·韦伯和朱利叶斯·温克勒等人都曾表达对"多速欧洲"构想的不满。温克勒更是直言，他不仅不接受"多速欧洲"，也不接受《欧洲未来白皮书》提出的所有方案。[③]

在罗马尼亚国内社会，普通民众的心态也与各大政党和政治领导人类似。根据欧洲晴雨表的数据，在 2011 年，有 38% 的罗马尼亚民众支持欧盟成员国之间多速发展的构想，反对的人数占比则为 35%。

---

① "Prime Minister Viorica Dăncilă's Address at the Plenary Session of the European Parliament," https：//gov. ro/en/news/speech – by – prime – minister – viorica – dancila – at – the – parliament – plenary – session – presentation – of – the – state – of – preparedness – and – the – topics – of – interest – that – will – form – the – basis – of – the – work – programme – of – romanian – presidency – of – the – council – of – the – european – union.

② 该党于 2022 年并入罗马尼亚国家自由党。

③ Ana Maria Touma and Maria Chereseva, "Balkan EU States Reject a 'Multi – speed' Union," https：//balkaninsight. com/2017/03/02/balkan – member – states – reject – a – multi – speed – eu – 03 – 02 – 2017/.

但需要注意的是，有27%的罗马尼亚人表示不关注或对这一问题没有明确立场，这一数据在欧盟范围内排名第四，仅次于爱尔兰、保加利亚与马耳他。而在罗马尼亚刚刚入盟的2007年，这一数据更是高达36%，在欧盟所有成员国中仅次于保加利亚。显然，在国家处于入盟后的磨合期时，许多罗马尼亚的普通民众尚未真正熟悉"多速欧洲"等一体化构想并形成对这一问题的明确立场。但此后数年，不关注"多速欧洲"或对其没有明确立场的人数逐渐下降。2014年，该部分民众的数量占比已经下降到10%，接近欧盟成员国的平均水平。这使得我们能够更加准确地观察罗马尼亚社会大众对"多速欧洲"的真实看法。根据欧洲晴雨表的数据，在2014年，有63%的罗马尼亚民众反对"多速欧洲"，这一数据在全欧范围内位列第二，仅次于葡萄牙；仅有27%的人支持这一构想。在2017年的"多速欧洲"大讨论中，不熟悉"多速欧洲"或对其没有明确立场的人数占比进一步下降至8%。但罗马尼亚民众对于"多速欧洲"的反对立场并没有改变。有51%的人反对部分成员国在一体化进程中先行一步，支持这一想法的人数占比则为41%。到2018年年底，反对与支持"多速欧洲"的民众比例分别为49%与38%。① 相比于欧洲晴雨表的整体数据，舆观调查网的民意测验可能更好地反映了罗马尼亚民众在这一问题上的真实心态。该民意测验的数据显示，在2020年，有43%的罗马尼亚人支持欧盟内部的差异性一体化，仅有13%的人反对。但不同于波兰民众更多支持选择性退出而非强化合作的情况，罗马尼亚民众对选择性退出的支持度为45%，而对加入欧元区等强化合作的支持度为46%②。这说明从本质上，罗马尼亚民众并不反对"多速欧洲"。其对"多速欧洲"的反对态度与其政治领导人类似，主要来自对该国加入欧元区和申根区不断受挫的不满和"多速欧洲"将会拉大其与先进成员国发展差距的担忧。

保加利亚的情况与罗马尼亚大体一致。正如保加利亚学者安娜·

---

① "Future of Europe," https：//europa. eu/eurobarometer/surveys/browse/all/series/49618.

② "2020 EUI Survey on Solidarity in Europe," https：//yougov. co. uk/topics/politics/survey-results.

克拉斯特娃所言，所有做出评论的保加利亚政治领导人都对这一构想持反对态度。[1] 在欧盟抛出《欧洲未来白皮书》时，保加利亚正处于看守政府主政的阶段。代总理奥格尼扬·格尔吉科夫随即发表了对"多速欧洲"的反对意见。他认为，欧洲的未来出路是联邦主义，"多速欧洲"等其他方案并不能解决欧盟的问题，也不足以让欧盟拥有与世界大国相抗衡的力量。保加利亚不想成为欧盟的"后院"（backyard），因此一方面，他将积极推动保加利亚加入欧洲汇率机制，以更好地融入欧洲一体化进程；另一方面，他领导的政府也会旗帜鲜明地反对"多速欧洲"的构想。[2] 保加利亚副总统伊利亚娜·约托娃也表达了类似的看法。在接受新华社采访时，她表示不赞成白皮书中提出的第三种设想，即"多速欧洲"。她认为，保加利亚更加拥护白皮书中提到的第五种设想，即各成员国"抱团做得更多"。在英国脱欧、恐袭频仍、移民危机困扰的大背景下，这一设想直接表达了一种愿景，即所有欧盟成员国可以比现在更有所作为。在安全、移民、经济、社会等诸多欧洲面临的难题上，欧盟各国可以坐下来讨论磋商，形成共识。而在"多速欧洲"模式下，保加利亚更可能沦为二等成员国。[3]

在选举中获胜并重组政府后，新任总理博伊科·鲍里索夫重申了保加利亚在这一问题上的立场。2017 年 9 月，鲍里索夫与到访的波兰总理希德沃会面。在举行的联合记者会上，鲍里索夫表示，保加利亚和波兰坚持认为，团结统一是欧盟发展的基石。欧盟各成员国应一律平等并追求同速发展，"老欧洲"国家大谈所谓"多速欧洲"，是企图分裂欧盟，保护自己的利益。"新欧洲"国家应携起

① Francesco Martino, "EU – Bulgaria, A Multi – speed Anniversary," https：//www.balcanicau-caso.org/eng/Areas/Bulgaria/EU – Bulgaria – a – multi – speed – anniversary – 178828.

② Ana Maria Touma and Maria Chereseva, "Balkan EU States Reject a 'Multi – speed' Union," https：//balkaninsight.com/2017/03/02/balkan – member – states – reject – a – multi – speed – eu – 03 – 02 – 2017/.

③ 《保加利亚副总统：不赞成建设"多速欧洲"》，新华网，2017 年 3 月 18 日，http：//www.xinhuanet.com/world/2017 – 03/18/c_1120651725.htm。

手来，奋力追赶，避免欧盟国家出现"多速"发展。[1] 作为鲍里索夫与其领导的公民党的劲敌，保加利亚社会党也在"多速欧洲"问题上支持鲍里索夫。来自该党的欧洲议会议员彼得·库鲁姆巴舍夫甚至将"多速欧洲"比作新时代的"种族隔离"制度。他认为，"多速欧洲"将是继恐怖主义、难民危机和英国脱欧等一系列冲击之后，欧盟遭遇的最新一记从内部打来的重拳，它将会最终摧毁欧盟。事实上，如同克拉斯特娃的分析，保加利亚的政治精英与社会大众普遍相信以"多速欧洲"理念为引导的改革不会解决欧盟现有问题，只会扩大保加利亚与欧盟内部最发达经济体之间的差距，并加深彼此之间的裂痕。在"默克尔式的欧洲"（前进性欧洲一体化）与"欧尔班式的欧洲"（让欧洲一体化后退一步）之间，保加利亚的政治家虽然公开支持前者，但内心中则更加倾向于后者。原因在于"欧尔班式的欧洲"可以让保加利亚既享受成员国身份带来的好处，也能逃避为欧洲一体化承担的政治责任，同时，不用担心有沦为边缘国家的风险。[2] 这一倾向导致其几乎清一色地站在"多速欧洲"的对立面。

从民调数据上看，保加利亚的普通民众是最不关心"多速欧洲"构想的群体之一。根据欧洲晴雨表的数据，在 2011 年，有 28% 的保加利亚人不关注"多速欧洲"或对其没有明确的立场，这一数据在中东欧国家中高居第一，在全欧范围内也仅次于马耳他与爱尔兰。而在刚刚入盟的 2007 年，不关注"多速欧洲"或对其没有明确的立场的保加利亚民众比例更是达到 37%，在所有欧盟成员国中排名第一。2011 年之后，欧洲一体化进程不断受挫，欧盟改革开始提上日程，对于"多速欧洲"的讨论也明显增多。但无论是在"多速欧洲"正式进入欧盟战略设想的 2014 年，还是欧盟推出《欧洲未来白皮书》的 2017 年，保加利亚民众对于"多速欧洲"的关注度也没有发生明

---

① 《保加利亚、波兰呼吁欧盟国家同速发展》，环球网，https：//world. huanqiu. com/article/9CaKrnK5hHu。

② Francesco Martino, "EU – Bulgaria, A Multi – speed Anniversary," https：//www. balcanicaucaso. org/eng/Areas/Bulgaria/EU – Bulgaria – a – multi – speed – anniversary – 178828.

显变化，分别有23%与24%的民众表示不熟悉"多速欧洲"或者无法在是否推行"多速欧洲"之间做出选择，这一比例也在所有欧盟成员国中排名第一。而除却这部分民众，反对"多速欧洲"的声音仍然在保加利亚国内社会占据上风。在2014年、2017年与2018年，反对与支持"多速欧洲"的民众比例分别为49%与28%、46%与30%、40%与36%①。这在一定程度上说明了保加利亚民众在这一问题上的真实想法。

克罗地亚是最年轻的欧盟成员国。在欧盟推出《欧洲未来白皮书》时，其他中东欧国家都已入盟超过十年。但克罗地亚仍处于入盟后的"磨合期"。作为欧洲一体化进程中的追赶者，克罗地亚在"多速欧洲"问题上的立场与罗马尼亚和保加利亚有着相似之处——它们并不愿意欧洲一体化进程走得过远过快，使其难以迎头赶上。在2017年3月的政府会议上，克罗地亚总理安德烈·普连科维奇就表达了对"多速欧洲"的担忧。他认为，"多速欧洲"会使克罗地亚等新进成员国边缘化。相比于推行"多速欧洲"，欧盟更应该维持现有的一体化路径，并进一步增强欧盟各机构的民主合法性，防止民粹主义情绪在欧洲的蔓延。② 在纪念《罗马条约》签署60周年的活动上，普连科维奇更是把这一想法传递给了欧盟和其他成员国。他在活动的讲话上公开表示，欧盟应避免成为由五个实力最强的大国决定整个联盟和其他所有国家未来命运的政治组织。为达成这一目标，欧盟应当确保未来的欧洲一体化进程在每一阶段、每一领域和每一层级都是包容和开放的。在"多速欧洲"问题上，欧盟成员国不应只有同意与拒绝两个选项，也不是必须在《欧洲未来白皮书》的五种设想中挑选一个，而是应该根据自身的意愿和利益诉求灵活选择参与一体化的方式与内容。作为最年轻的成员国，克罗地亚正在积极争取加入申根区和欧元区。它将对"多速欧洲"保持充分的警惕并避免掉入这一

① "Future of Europe," https：//europa. eu/eurobarometer/surveys/browse/all/series/49618.

② Ana Maria Touma and Maria Chereseva, "Balkan EU States Reject a 'Multi - speed' Union," https：//balkaninsight. com/2017/03/02/balkan - member - states - reject - a - multi - speed - eu - 03 - 02 -2017/.

陷阱之中①。克罗地亚总统科琳达·格拉巴尔—基塔罗维奇也同样对"多速欧洲"的构想深表怀疑。在访问罗马尼亚期间,她公开表示,克罗地亚与罗马尼亚在这一问题上的立场一致。克罗地亚反对"多速欧洲",反对分为核心与边缘的欧洲,也反对缺乏平等发展机会的欧洲。在当前的欧盟内部,新老欧洲或者说东欧与西欧之间的差异越来越大。欧盟应当通过改善交通状况、推进能源基础设施建设以及数字化和宽带互联网的发展增强其经济竞争力,并消除这些差异,而不是在这种差异的基础上建设"多速欧洲"②。

不过,克罗地亚在后续融入一体化进程上要比罗马尼亚和保加利亚更为顺利,其加入欧元区和申根区的前景也更为明朗。到2020年,克罗地亚已经正式加入欧洲汇率机制并完成了加入申根区的评估工作。这大大减少了克罗地亚对于"多速欧洲"的担忧,也使其在这一问题上的立场与罗保两国产生了微妙的区别。比如,克罗地亚央行行长鲍里斯·胡契奇在接受欧洲新闻电视台采访时就委婉地表达了可以接受"多速欧洲"的想法。他认为,更深层次的一体化将增强欧盟的可持续性,也将为各成员国带来更多利好。当前,尚不清楚"多速欧洲"的真正含义,也无法得知欧盟是否会选择"多速欧洲"或者其他的一体化路径。但如果"多速欧洲"成为欧盟的整体发展战略,克罗地亚自然会积极参与更深层次的一体化合作。克罗地亚也有能力成为所谓的先行集团。③ 在克罗地亚政界,胡契奇的想法并非个例。根据玛尔塔·贝罗斯和安娜·格尼普的统计,2017—2020年,克罗地亚政府执政党民主共同体曾在议会辩论等场合多次提及"多速欧洲"和强化合作。其中,支持"多速欧洲"与克罗地亚参与强化合作的表态占据绝大多数。反对派在"多速欧洲"问题上的立场

---

① Government of the Republic of Croatia, "PM Plenkovic – We Must Not Fall into the Trap of Multi – Speed Europe," https：//vlada. gov. hr/news/pm – plenkovic – we – must – not – fall – into – the – trap – of – multi – speed – europe/20351.

② Total Croatia, "Croatia Against Multi – speed Europe", https：//total – croatia – news. com/news/politics/croatia – against – multi – speed – europe/.

③ "Where Does Croatia Fit into a Multi – speed Europe?" https：//www. euronews. com/next/2017/04/11/where – does – croatia – fit – into – a – multi – speed – europe.

相对复杂，对"多速欧洲"持中立立场的人数最多，反对"多速欧洲"的声音要稍多于支持"多速欧洲"的声音。[①]一方面，反对派本身包含众多党派，其意识形态光谱与政策主张本就十分复杂；另一方面，反对派出于与执政党博弈的需要，也会对其政策立场进行一定的调整。事实上，以社会民主党为首的反对派虽然在一体化事务上与普连科维奇政府针锋相对，但其主要的批评点是普连科维奇政府未能推动加入申根区和欧元区所需的国内改革。在克罗地亚融入欧洲一体化进程这一大方向上，反对派并没有太多的反对意见，也对克罗地亚参与深度一体化合作，比如永久结构性合作持认可态度。

民意测验的数据也表明，克罗地亚的普通民众并不像罗马尼亚和保加利亚的民众一样对"多速欧洲"保持冷漠或怀疑的态度。因为克罗地亚2013年才正式加入欧盟，欧洲晴雨表对其相关数据的统计也从这一年开始。在2013年，有49%的克罗地亚民众支持成员国的多速发展，反对这一观点的人数占比则为39%。两年后，支持与反对"多速欧洲"的民众比例分别为51%与41%。而在2017年与2018年，双方的力量对比并没有发生明显的变化，分别为51%对44%与52%对44%。[②]因为相关数据的缺失，我们无法深入观察克罗地亚民众在本国确定被纳入欧元区和申根区时和正式加入欧元区和申根区后的态度变化。但仅就过去的数据而言，克罗地亚民众对于"多速欧洲"的抵触程度显然要低于罗马尼亚和保加利亚。

[①]　Marta B. Beroš and Ana G. Gnip, "The Politics of Differentiated Integration: What do Governments Want? Country Report – Croatia, EUI Working Paper," https://papers.ssrn.com/sol3/papers.cfm?abstract_id=3783826.

[②]　"Future of Europe," https://europa.eu/eurobarometer/surveys/browse/all/series/49618.

第 四 章

欧洲化水平评估:以罗马尼亚为例

借助社会学制度主义的分析框架,我们已经将一国的欧洲化水平细化为规制性要素、规范性要素与认知性要素三个方面,并以此构建了相应的衡量标准与评估体系。在这一部分,我们也将从上述三个层面出发,对中东欧国家的欧洲化水平逐一进行评估,并根据评估结果将其划分为不同的层级与组别。具体来说,我们评估的对象依然是 11 个已经入盟的中东欧国家。一方面,本书的核心主题是欧盟成员国的欧洲化水平与其对"多速欧洲"态度立场的复杂关系。在前一部分探讨中东欧国家对"多速欧洲"立场的过程中,我们已经基于若干原因将西巴尔干国家排除在外,因此在评估中东欧国家的欧洲化水平时,我们同样只能保留 11 个入盟的中东欧国家。另一方面,入盟被视为各国在规制性层面欧洲化水平的一种基准。在达成这一基准之前,中东欧国家的中心任务是建立和完善符合欧盟标准的制度体系。而在达成基准后,中东欧国家的主要任务是参与欧盟主导的各领域合作,进一步融入后续的一体化进程。对于已经入盟的中东欧国家和尚未入盟的西巴尔干国家而言,欧盟的规制性要求有着明显的区别,它们在规制性层面的欧洲化水平也体现为不同的内容。因此,我们很难将其欧洲化水平进行贸然的比较。这一点与欧元区内外的情况有着相似之处。按照欧元区的趋同标准,许多已经加入欧元区的欧盟国家在多项标准上并未达标,而部分志在加入欧元区的国家反而满足了大多数条件。但因为货币一体化在欧元区内外的巨大差异,我们无法认定已经"达标"的非欧元区国家在货币一体化程度上要高于那些"违规"的欧元区成员国。此外,将西巴尔干国家纳入评估也存在许多实际的困难。欧盟及其各机构的数据统计与民意测验大多只针对其成员国,极少有涉及西巴尔干国家的信息。使用西巴尔干国家独立统计的数据可能会很好地描绘这些国家的欧洲化水平,但因为统计方法与口径等问题,这些数据很难具有比较意义。将其与欧盟的数据直接并列可能会削弱研究结论的准确性与客观性。有鉴于此,我们仅聚焦于 11 个已经入盟的中东欧国家,对其欧洲化水平进行全面的评估。因为衡量标准与评估体系已经确定,对各国进行评估的流程大体相似。为避免篇幅过长与行文重复,我们不再一一展示所有的评估过程,而是仅以罗马尼亚一国为例,说明对一国欧洲化水平进行评估的基本思路与具体方法。在下一章的第三部分,我们将依据所有的评估结果对中东欧国家的欧洲化水平进行最终的归纳和描述性分析。

第一节 规制性层面的欧洲化水平评估

从规制性层面来说,罗马尼亚的案例具有一定的特殊性。在罗马尼亚入盟后,欧盟依然为其与保加利亚设立了专门的合作与核查机制。该机制在特定司法与内政事务保障条款下实施,定期核查罗马尼亚在相关问题上的进展并提出建议。这是欧盟历史上首次对新成员国实施类似的监督,也间接反映出罗马尼亚在入盟时尚未完全满足欧盟在规制性层面的要求。因此在入盟后,罗马尼亚一方面面临继续融入欧洲一体化进程的任务,比如加入欧元区和申根区等;另一方面依然要为满足欧盟的规制性要求和取消合作与核查机制而努力。从这一角度出发,我们也应从两方面考察罗马尼亚在规制性层面的欧洲化水平:一是罗马尼亚参与一体化合作的情况,二是欧盟委员会及其合作与核查机制在罗马尼亚入盟前后对其政治经济改革和制度建设的评估结果,以及罗马尼亚自身发展变化的实际情况。

如前所述，罗马尼亚的入盟进程并不算顺利。在东欧剧变前，罗马尼亚是少数与欧共体保持密切联系的中东欧国家之一。早在 1967年，罗马尼亚就与欧共体建立了官方联系，在中东欧国家中开了先河。东欧剧变后，罗马尼亚很快就与欧共体建立了正式的外交关系。1995 年，罗马尼亚向欧盟提交了入盟申请，从而正式开启了该国的入盟进程。1998 年，欧盟委员会出台了首份关于罗马尼亚的入盟评估报告。从规制性层面来看，这份报告肯定了罗马尼亚自转型以来的政治经济改革与制度建设，认定罗马尼亚建立了相对稳固的民主体系与市场经济制度，其政治经济制度在过去数年内没有遭遇重大的问题或挑战，足以保障欧盟要求的民主、法治与人权理念。但是，罗马尼亚的制度转型依然在进行中，离满足欧盟的规制性要求有着不小的差距，其经济形势与司法体系的运作等问题并不令人满意①。总体来看，欧盟的评估报告对于罗马尼亚的政治经济转型仍然是以肯定和鼓励为主。也是基于这份报告，欧盟才于次年决定开启与罗马尼亚的入盟谈判。

但在此后的数年里，罗马尼亚的国内改革并没有取得令欧盟满意的成绩，双方的谈判也迁延日久。历年的入盟评估报告充分反映了这一点，以 2003 年的欧盟评估报告为例。欧盟在报告中明确指出，罗马尼亚虽然拥有推进行政与司法改革的政治意愿，也采取了诸如修改公务员条例、改组法院系统等措施，但其改革进程依然处于早期阶段。罗马尼亚的行政制度或者说公务员制度存在程序繁琐、透明度低与政策执行能力有限等若干突出的问题。司法的独立性、案件管理的科学性与判决结果的一致性也有待解决。在经济领域，欧盟认为，罗马尼亚只有持续取得进步，才可以被视为运行良好的市场经济体。这意味着，罗马尼亚要持续实施结构性改革，解决税收遵从性与企业财政纪律等重大问题，以真正能够适应欧盟内部的竞争与统一大市场的

---

① "Reports on Progress Towards Accession by Each of the Candidate Countries," http://aei. pitt. edu/44636/1/composite_1998.

压力。①

在 2006 年罗马尼亚即将加入欧盟的关键年份，欧盟又连续两次发布了评估报告。其中，2006 年 5 月的报告指出，罗马尼亚已经满足了入盟的政治标准，但在司法与行政等领域依然存在一些突出的问题，主要包括：法律解释的一致性与判决结果的公正性受到质疑；反腐败工作缺少各部门的通力配合，大多由司法部与国家反贪局承担；政府颁布紧急法令的特权过大，影响议会工作与三权分立的原则等。报告认为，如果罗马尼亚不能在 2007 年 1 月解决这些问题，欧盟有权力采取相应的措施，甚至推迟接纳罗马尼亚入盟。② 而在 5 个月后，欧盟又发布了最终的评估报告。该报告表示，上份报告中指出的许多问题已经得到有效的解决。罗马尼亚在满足入盟标准问题上取得了重大进展，建议如期批准其加入欧盟。同时，罗马尼亚仍需要保持行政改革的延续性并继续完善其司法体系与反腐制度。也是在这份报告中，欧盟第一次正式提出要针对罗马尼亚设立合作与核查机制。③ 前后相隔仅数月、结论却并不相同的两份报告引发了人们的质疑。部分欧盟成员国认为，在短短几个月内就取得重大的改革成绩是值得怀疑的，罗马尼亚并未真正满足入盟的所有标准，欧盟同意接纳罗马尼亚是出于政治原因。而在罗马尼亚看来，入盟谈判与入盟协定书的签署早已完成。欧盟此时重提入盟标准问题是以政治原因延阻其入盟，这一做法与之前拒绝罗马尼亚在 2004 年入盟如出一辙。可以说，欧盟的最终评估报告以一种相对模糊的手法解决了罗马尼亚入盟的难题，使其在 2007 年 1 月顺利入盟。但报告本身的内容与其引发的争议充分说明，罗马尼亚在入盟前夕并没有满足欧盟所有的规制性

　　① "2003 Regular Report on Romania's Progress Towards Accession," https：//op. europa. eu/en/publication - detail/ - /publication/1515b47b - 3c15 - 4670 - 9161 - b0ac45848514.

　　② "Monitoring Report on the State of Preparedness for EU Membership of Bulgaria and Romania," Commission of the European Communities, September 2006, https：//eur - lex. europa. eu/LexUriServ/LexUriServ. do? uri = COM：2006：0214：FIN：EN：PDF.

　　③ "Monitoring Report on the State of Preparedness for EU Membership of Bulgaria and Romania," Commission of the European Communities, September 2006, https：//eur - lex. europa. eu/LexUriServ/LexUriServ. do? uri = COM：2006：0214：FIN：EN：PDF.

要求。

在罗马尼亚入盟后，欧盟不再发布对其的入盟评估报告，而是转由合作与核查机制定期发布核查报告。在罗马尼亚入盟十周年之际，欧盟委员会全面评估了合作与核查机制实施十年来的进展。该评估报告认定，"在过去十年里，罗马尼亚为达成合作与核查机制的要求付出了努力，许多关键的制度已经确立，相应的立法也十分到位。但罗马尼亚距离达成机制设立的四个基准还有一段距离，一部分突出的问题仍然有待解决"。对此，报告从司法独立、诚信机制与惩治腐败等方面向罗马尼亚提出 12 条改进的建议。也是在这份报告中，欧盟再次强调，"只有罗马尼亚达成所有基准，合作与核查机制才会被取消"①。针对合作与核查机制提出的 12 条建议与一年后增加的 8 条新建议，罗马尼亚又进行了一系列的制度改革。直到 2022 年 11 月，欧盟的核查报告才正式宣布，罗马尼亚在合作与核查机制下取得的进展已足以满足它入盟时的承诺。② 换言之，罗马尼亚已经满足了欧盟在规制性层面的所有要求。

在参与一体化合作方面，自 2007 年入盟以来，罗马尼亚就积极申请加入欧元区和申根区，并参与欧盟框架内的各种合作。如前所述，欧盟内部存在多种不同形式的一体化合作。许多合作隶属于欧盟框架，但没有涵盖所有的欧盟成员国。在此，我们统计了 15 个符合这一标准的合作项目。这些项目大致分为三类：第一类是欧盟框架内的大型合作协定，比如申根协定、欧盟刑事司法合作和欧盟基本权利宪章等；第二类是具体领域内的强化合作，比如欧盟单一专利与欧洲检察官办公室等；第三类是以开放式协调与政府间合作等方式开展的合作机制，比如欧元附加条约和欧洲稳定机制

---

① "Report from the Commission to the European Parliament and the Council on Progress in Romania Under the Cooperation and Verification Mechanism," European Commission, https：//www. europeansources. info/record/report－on－progress－in－romania－under－the－cooperation－and－verification－mechanism/.

② "Report from the Commission to the European Parliament and the Council on Progress in Romania under the Cooperation and Verification Mechanism," European Commission, https：//www. europeansources. info/record/report－on－progress－in－romania－under－the－cooperation－and－verification－mechanism/.

等。根据统计，罗马尼亚参与了除欧元区协定、跨国夫妻财产政策与欧洲稳定机制以外的 12 项合作。这一数据在 27 个欧盟成员国中排在第 14 位，在 11 个中东欧成员国中排在第 6 位。

具体来看，罗马尼亚没有加入欧元区的主要原因是尚未满足所谓的趋同标准。根据欧洲央行 2020 年和 2022 年的评估报告，罗马尼亚仅仅满足了趋同标准中的两个条件，即市场汇率维持在中心汇率 15% 以内和公共债务不超过 GDP 的 60%，其余指标皆未达标。因此，虽然罗马尼亚加入欧元区的意愿十分强烈，但这一目标绝非短期内可以实现。相较于加入欧元区，罗马尼亚加入申根区是更加现实的目标。早在 2011 年，欧盟就已认定罗马尼亚在技术层面达到了加入申根区的标准，但德国、荷兰与芬兰等国以罗马尼亚的腐败与有组织犯罪问题为由数次拒绝了罗马尼亚的申请。为此，罗马尼亚开启了一系列政治与司法改革，邀请各国政要参观改革成果，组织各国专家团进行实地评估，逐渐扭转了这些国家的立场。跨国夫妻财产政策是欧盟为解决跨国夫妻的财产制度问题而授权其成员国开展的强化合作。因为对婚姻，特别是同性婚姻的法律定义不同，罗马尼亚没有加入该强化合作。罗马尼亚的国内法而非欧盟的规则在这一问题上发挥主导作用。欧洲稳定机制是由欧元区成员国建立的，旨在保障各国财政安全和为陷入财政困难的欧盟国家提供即时援助的合作机制。欧元区成员国财长充任其管理委员会成员。欧盟经济与货币事务委员以及欧洲央行总裁将担任观察员。各国财长决定欧洲稳定机制是否提供金融援助、提供援助的条件、贷款规模以及工具。罗马尼亚不是欧元区成员国，因此并不参与欧洲稳定机制的决策事务，只能作为受援助方接受其金融支持。总体看来，罗马尼亚有参与各种一体化合作的强烈意愿，但受限于其参与能力，罗马尼亚的参与水平仅在欧盟成员国中处于中游的位置。

第二节 规范性层面的欧洲化水平评估

在规范性层面，我们关注的是在欧洲化进程开启后，欧盟的核心价值规范在罗马尼亚是否得到了有效的贯彻。在实际的政治和社会生活中，这些价值是否以及在何种程度上被遵守、保护或者侵害。如前所述，我们主要从民主观念、社会平等观念，以及法治和反腐观念三个方面衡量罗马尼亚在规范性层面的欧洲化水平。

罗马尼亚的政治转型始于 1989 年。东欧剧变之后，执政的罗马尼亚共产党宣告解散。"新成立的救国阵线接管了政权，明确提出建立新社会的目标，举行选举，实行三权分立。"① 由此，新政体在罗马尼亚得以确立。在 1995 年递交入盟申请后，欧盟的规范与标准开始影响罗马尼亚。《阿姆斯特丹条约》设立的门槛促使罗马尼亚开启了新一轮的政治改革。在正式入盟之后，由于部分政治标准尚未达成，欧盟保留了对罗马尼亚的合作与审查机制，以敦促其剩余改革部分的完成和其对欧盟价值规范的遵守。长期的欧洲化进程使得新型的价值理念渗透到罗马尼亚的政治生活中。权力分立的原则得到了贯彻，尽管政府时常以紧急政令的形式干涉立法与司法，但总体而言，政府和政党的权力都受到了约束，司法机关也保持了一定程度的独立。在央地关系上，权力和资源分配日趋合理。地方性政党对本地区事务的发言权增大，对欧盟援助的支配也更加独立自主。

但是，这些变化并不意味着欧盟的价值理念已经成为罗马尼亚国内政治的组织逻辑。就转型整体进程而言，许多学者认定 1989 年的事件并不是真正向过去告别。真正意义上的"转型"发生在 1996 年，即社民党第一次下台之后。这是因为社民党及其前身救国阵线都是共产党后继党（Communist Successor Party）。东欧剧变后，迅速接管政权使得该党未曾经历一个蛰伏、反思和转型的过程。在政治经济

---

① 霍淑红：《罗马尼亚社会民主党的政治转型及其前景分析》，《国际论坛》2010 年第 1 期。

改革上，社民党支持一种渐进和缓慢的路线，也不愿意同传统和过去告别。直到 1996 年社民党倒台，罗马尼亚的改革脚步才逐渐加快，社民党由此开始向社会民主主义转变。但在过去的 20 多年里，社民党长期把控执政权，并不断通过各种手段巩固自身的统治地位，比如通过禁止参选政党使用国外捐赠，减少竞争对手的资金来源；或是设立政党的注册标准（必须在 40 个大区中的 14 个拥有超过 25000 名支持者），削弱地方性力量对国家政坛的影响。在欧盟的压力下，社民党也进行了数次改革和调整，但其干预立法司法的情况仍然时有发生。在社民党自身存在问题且长期执政的背景下，罗马尼亚的政治转型进程自然难言顺畅。

就政党政治而言，罗马尼亚的政党体系尚不成熟。在转型初期，罗马尼亚就存在着政党林立的现象。"1993 年，罗马尼亚的注册政党数量为 159 个，到 1996 年下降到 50 个。"[①] 但小政党、地方性政党和少数民族政党的大量存在仍然是政党体系的一大问题。相较于主流政党，这些政党往往由新崛起的政治家建立，因此从成立伊始就是精英中心型的政党，个人忠诚和侍从主义盛行。在政党内部，主导权大多掌握在领导层手中，党员在自上而下的组织形式中参与度较低，政党资源的获取与分配也不够透明，缺乏有效的监督。罗马尼亚政党体系的另一问题是两极化过于严重。社民党领导的左翼联盟与国家自由党领导的右翼力量各自占据意识形态光谱的一端，相互敌视和倾轧，缺乏有效沟通，也没有中间政党能够予以调解。在 2004 年总统选举与议会大选分开后，罗马尼亚政党体系的去中心化（decentralization）愈发明显，政府更替也十分频繁。在 2016 年大选后，获得执政权的社会民主党先后三次更换总理，但仍在 2019 年 10 月被迫下台。而由国家自由党主席卢多维克·奥尔班领导的新政府在上台三个月后就遭遇了议会的不信任案动议。在议会以多数票通过对新政府的不信任案后，总统约翰尼斯再次提名奥尔班为总理的做法也被宪法法院裁定为

---

① 王志连、柳彦：《中东欧现行政党制度及左翼政党地位初探》，《当代世界社会主义问题》2001 年第 4 期。

违宪。在政坛陷入僵局时，罗马尼亚开始受到新冠疫情的冲击。为抗击疫情，各方势力最终达成妥协，奥尔班政府得以继续执政。在2020年12月大选后，奥尔班政府终被克楚政府所取代。而克楚政府在执政不到10个月后也因为反对派的弹劾而下台。此外，因为罗马尼亚半总统制的政治体制，总统与总理代表的政府之间也冲突不断。在2012年，社民党就曾推动议会弹劾总统，时任总统伯塞斯库遭停职，尽管弹劾因公投投票率不足而失败，但总统伯塞斯库与总理蓬塔在此后的两年里冲突不断，直到2014年总统选举时，双方仍在互相攻讦。而在国家自由党主政期间，总统与总理和政府之间的冲突也没有得到缓和。出身于国家自由党的总统约翰尼斯与总理奥尔班和克楚之间多次发生争执。双方的争执从国家自由党的党内事务与选举扩展到罗马尼亚内政外交的方方面面，给罗马尼亚的民主政治带来了明显的伤害。

上述问题汇集到一起，就削弱了选举进程的公正性。以2014年的总统选举为例。先是时任总统伯塞斯库披露社民党候选人蓬塔曾经从事间谍和情报活动，使得这一话题成为整个选举期间的焦点。而后国家自由党和人民运动党公开指责社民党操纵欧盟援助的去向，从而在选举中获得优势。更为严重的问题则发生在第一轮投票中，当时，超过300万名的海外选民拥有投票权，而执政党突然调整了部分海外投票站的设立点，导致大量选民未能在规定时间内完成投票，从而引发了大规模的示威游行。外长科尔勒采安引咎辞职，整个选举进程的公正性也因此受到质疑。作为政治转型的核心内容，选举制度与进程中暴露的问题揭示了罗马尼亚政治系统在规范性层面的实际水平。

平等是欧盟的核心价值之一。早在考虑东扩之前，"欧洲委员会就明确指出尊重不同群体的权利与平等是和平、正义和稳定的要义，少数民族语言和文化的复兴是欧洲文明丰富性和活力的标识"[1]，因此中东欧国家在政治经济发展中的不平等现象值得关注。在欧洲化进

---

[1] 周少青：《少数民族权利保护与国家安全问题——以国际（人权）法为观察视野》，《世界民族》2013年第1期。

程开启后，欧盟更是通过各种手段敦促中东欧国家贯彻平等理念，保护特殊群体和少数群体的合法权利。在本书中，我们将从民族平等、性别平等和经济权利平等三个方面详细阐述罗马尼亚转型进程中的平等问题。

尽管欧盟并未制定专门的民族政策，但《马斯特里赫特条约》《阿姆斯特丹条约》中都有关于民族平等和保护少数民族权利的论述。进入 21 世纪，欧盟还先后出台了《种族平等指令》《关于种族主义和仇视外国人的框架协定》，以指导成员国内部的民族关系发展。在新成员国的入盟过程中，欧盟积极敦促各国签署保护少数民族权利的法律条文，例如《欧洲保护少数民族框架公约》《欧洲区域或少数民族语言宪章》，也通过欧洲种族主义和仇外主义监控中心（European Monitoring Center of Racism and Xenophobia）监督各国的民族平等状况，并给出相应的对策建议。[1] 罗马尼亚是一个以罗马尼亚族为主体的国家，罗马尼亚族占总人口的 89.3%，少数民族人口仅占总人口的 10.7%。其中，匈牙利族占 6%，罗姆族（即吉卜赛人）占 3.4%，日耳曼族和乌克兰族各占 0.2%，其余民族为俄罗斯族、土耳其族、鞑靼族等。[2] 由于民族成份的复杂和少数民族的弱势，民族平等就成为国内政治中的重要议题。在欧洲化过程中，罗马尼亚政府采取了一系列措施保护少数民族的合法权利，维护民族平等。在行政区划上，罗马尼亚实行了一种"准联邦制"（quasi – federal state）的国家结构形式，即在实行联邦制的基础上给予部分少数民族充分的自治权，在少数民族聚居区成立民族自治委员会；[3] 在语言文化上，罗马尼亚支持少数民族享有使用本民族语言接受教育的权利，并于 2001 年重修语言法，规定在少数民族占当地居民人口 20% 以上的地区，少数民族可以在公共场合和官方领域使用本民族语言，可以使用

---

① 田烨：《试论欧盟民族政策的特点及其影响》，《广西民族研究》2015 年第 5 期。

② 《罗马尼亚概况》，中国外交部网站，https：//www. fmprc. gov. cn/web/gjhdq_676201/gj_676203/oz_678770/1206_679426/1206x0_679428/。

③ Andreas Johansson, "Nationalism versus Anti – nationalism in Post – Communist Central and Eastern Europe," http：//gupea. ub. gu. se/bitstream/2077/506/1/A. %20Johansson. pdf.

本民族语言命名街道。

尽管在保护少数民族权利方面取得了进步，但罗马尼亚的民族平等状况依然受到质疑。一方面，罗马尼亚 1991 年采用的新宪法认定罗马尼亚是国内所有居民的共同的不可分割的家园，反对以人种、民族起源和其他因素为借口的民族歧视和不公正待遇；另一方面，宪法又把罗马尼亚定义为以罗马尼亚族为基础的不可分割的民族国家，这一表述暗含对少数民族权利和地位的忽视，引起了罗马尼亚境内少数民族的不满。① 罗马尼亚匈牙利族民主联盟试图修改这一表述，把匈牙利族人变为罗马尼亚这一民族国家的重要组成部分，但这一提议因其政党的强烈反对而未能实现。而宽容的语言文化政策也遭到了主流政党和社会舆论的抗议，在克卢日设立两种官方语言并建立一所使用匈牙利语的大学的提议引发了全民大讨论，大罗马尼亚党甚至动用法律手段，起诉总理讷斯塔塞，认为他的做法损害了国家的尊严。② 上述事件表明少数民族的境遇虽然得到了改善，但民族平等的观念仍然未能成为一种社会性的规范，侵害民族平等的现象也并未消减。

性别平等也是欧盟倡导的规范性价值之一。早在 20 世纪 90 年代，欧盟就出台了多项与性别平等有关的指令，《阿姆斯特丹条约》中也有多项条款涉及这一内容。在罗马尼亚入盟过程中，欧盟要求罗马尼亚政府根据欧盟现行法律出台专门的性别平等法，并把设立国家反歧视理事会和国家男女机会平等委员会作为入盟的先决条件。③ 除硬性措施外，欧盟也通过举办"欧盟机会平等年"等相关活动推动社会性别主流化（Gender Mainstreaming）。考虑到政党是女性实现政治权利、参与政治生活的主要渠道，欧盟也通过欧洲议会对政党和党

---

① "The Constitution of Romania," https：//www. presidency. ro/en/the – constitution – of – romania.

② Andreas Johansson, "Nationalism versus Anti – nationalism in Post – Communist Central and Eastern Europe," http：//gupea. ub. gu. se/bitstream/2077/506/1/A. %20Johansson. pdf.

③ "European Institute for Gender Equality", http：//eige. europa. eu/gender – mainstreaming/countries/romania/about.

团施加影响，借助相关审查和财政支持力度的变化敦促各政党维护性别平等。在这种情况下，性别平等和对于女性权利的重视逐步扩展到罗马尼亚的政治生活中。许多政党都转变了在女权问题上的保守态度，不仅在党纲和内部法规中增加了女性在内部选举和议会代表中最低比例的规定，而且允诺更多的女性在关键部门中任职。得益于此，许多女性开始活跃于政党的核心领导层，并进入议会或政府，在国内政坛发挥重要作用。但相比于其他入盟国家，罗马尼亚的进步并不明显。在波兰，1991 年女性代表在下议院的比例不到 10%，而在 2005 年的大选中，94 位女性被选为议员，占比达到 20.4%，而同期罗马尼亚议会中只有 38 位女性，占议员总数的比例为 11.4%，在中东欧国家中仅高于匈牙利。[①] 根据欧洲性别平等研究所（European Institute for Gender Equality，EIGE）的统计结果，罗马尼亚的女权状况在过去十多年里不升反降。尽管在国家议会的女性代表比例上升到 28.1%，但地方议会中的女性代表比例仅为 12.4%。在涵盖时间、金钱、知识和工作等多项指标的性别平等指数评估中，罗马尼亚的得分仅为 53.7 分，在欧盟 27 国中排名倒数第二，仅略高于希腊。[②]

　　在社会经济领域，罗马尼亚属于收入比较平均的国家，贫困人口数和基尼系数的问题并不突出。但是，罗马尼亚经济发展的问题不在于绝对的贫富差距，而是城乡的二元分野。国外投资与欧盟援助大都集中在大城市和西部地区。在布加勒斯特、康斯坦察和一些特兰西瓦尼亚的城市，中产阶级不断增加，服务业也迅速发展；广大的乡村地区则严重依赖农业，但实际创造的产值十分有限。数据表明，农业吸纳了罗马尼亚 30% 的劳动力，却仅仅创造了 7% 的 GDP，这导致大量劳动力流向城市，乡村地区的边缘化倾向不断加剧。同样的问题也出现在社会主义时期的老工业区。尽管这些地区的荒废是因为过去政策的失误和经济体制的变迁，但缺少外来投

---

　　① 鞠豪、方雷：《"欧洲化"进程与中东欧国家的政党政治变迁》，《欧洲研究》2011 年第 4 期。

　　② "Gender Equality Index – EIGE," http：//eige. europa. eu/gender – statistics/dgs/indicator/wmidm_pol_parl__wmid_locpol.

资、设备过时和基础设施不足正在将这些地区的落后固化。更为重要的是，罗马尼亚的政党和政治精英无意改变现状。一方面，主流政党倾向于通过改变欧盟援助或财政投入的导向获得竞选优势，而非实现经济上的平等。另一方面，在严重对立的两极格局中，政党和领导人既缺乏推行大规模改革的能力，也不愿承担改革失败的风险，以免授人以柄。而类似的心态也间接反映出经济平等尚未成为罗马尼亚国内政治的规范性法则。

腐败问题一直是罗马尼亚转型进程中的重大问题。按照透明国际（Transparency International）的清廉指数排名，罗马尼亚 2016 年的清廉指数得分为 48 分，在全球排名第 57 位，在欧盟 28 国中排名倒数第 4 位，仅高于希腊、保加利亚和意大利。而在 2022 年，罗马尼亚的得分降至 46 分，在全球排名第 63 位，在欧盟 27 国中仅高于保加利亚和匈牙利。[1] 在欧洲化过程中，欧盟一直在倡导廉政法治的价值规范，并密切关注罗马尼亚的反腐进程。早在 2002 年，欧盟就对罗马尼亚的廉政状况提出了批评，认为罗马尼亚没有真正采取措施治理腐败。2004 年 6 月，欧盟委员会宣布罗马尼亚仅实现了"市场经济"地位和完成了入盟的一些经济标准，在政治标准上还存在差距，特别是需要继续加快改革步伐和清除腐败。[2] 在 2007 年罗马尼亚成为正式成员后，欧盟依然保留了对罗马尼亚的合作与核查机制。核查的主要内容包括：第一，继续提高司法过程的透明度和效率，尤其是提高最高司法理事会的能力和问责水平；第二，建立一个旨在审查财产和不称职的廉政机构，发布纪律惩罚令，预防潜在的利益冲突；第三，继续对高层腐败进行专业化调查，并排除党派干扰；第四，进一步打击腐败，特别是地方政府腐败。[3] 显然在入盟之后，贯彻廉政的观念和消除腐败依然是欧盟对罗马尼亚的主要要求。

---

① "Corruption Perception Index 2022," Transparency International, https：//www. transparency. org/en/cpi/2016.

② 霍淑红：《罗马尼亚社会民主党的政治转型及其前景分析》，《国际论坛》2010 年第 1 期。

③ 鲍宏铮：《罗马尼亚和保加利亚应对欧盟合作与核查机制比较研究》，《俄罗斯学刊》2014 年第 1 期。

针对欧盟的要求,罗马尼亚采取了一系列措施。首先,罗马尼亚加强了反腐方面的立法。2000 年 5 月,罗马尼亚议会通过了第一部反腐败法,明确提出腐败的概念和评判标准。2003 年 10 月,罗马尼亚又通过了"反腐败一揽子计划",对公职人员的财产监督和反腐的相关程序作了进一步的说明。在议会立法之外,罗马尼亚还加强了与欧盟与国际组织的法律合作,签署了《欧洲委员会反腐败刑法公约》《联合国打击跨国有组织犯罪公约》《联合国反腐败公约》等多个国际反腐合作条约,为反腐工作提供更多法律保障。[①] 其次,罗马尼亚对司法系统进行了改革。为了确保司法独立,罗马尼亚成立了司法人员高级理事会,由最高法院院长、司法部部长、总检察长、法官和检察官大会选出的专业人员以及公民社会的代表组成。这样的人员构成兼顾专业性和开放性,能够保证司法系统的有效运作。在高级理事会之外,罗马尼亚还组建了国家反贪局和国家廉政局,组成了完善而独立的反腐机制。在欧盟合作与核查机制的历年报告中,罗马尼亚的司法和反腐机构也多次受到表扬。[②] 但是机制的完善并不代表反腐进程的顺利,更不意味着廉政与法治的规范理念已经为各方所接受。在司法独立的情况下,政府和政党对司法的直接介入虽然已大为减少,但他们仍试图通过其他途径干预反腐进程。对于政党而言,通常的做法是推动议会立法或是修改与反腐有关的法令,但由于立法程序的繁复和政党斗争的激烈,政党更喜欢利用媒体向司法部门施压。罗马尼亚拥有东南欧最为发达的媒体市场之一,仅私有电台就超过 100 家。[③] 大量的私人媒体都掌握在政治精英或是与其有着密切联系的商人手中。当竞争对手面临调查或指控时,政党就会利用媒体造势,通过舆论压力迫使司法部门迅速侦破,完成审讯。而当反腐工作波及自身时,政党就会散布怀疑论和阴谋论,甚至通过中伤司法检察人员的方法搅乱局势,逃避罪责。对于政府而言,由于宪法规定了政府拥有不

---

① 详见夏纪媛《罗马尼亚转型期的腐败现象及其治理》,《廉政文化研究》2014 年第 2 期。

② "BTI 2016 Romania," https：//bti – project. org/fileadmin/api/content/en/downloads/reports/country_report_2016_ROU. pdf.

③ "BBC Country Profile," http：//www. bbc. com/news/world – europe – 17776565.

经议会通过就可以颁布紧急政令的权力，因此最为有效的手段就是利用紧急政令修改法律。在 2017 年年初，罗马尼亚发生了大规模游行示威活动，导火索正是政府出台了修改刑法的第 13 号紧急政令。这项政令的核心内容包括：滥用职权罪涉案金额不足 20 万列伊（当时约合 4.75 万美元）将不被追究刑事责任，超过 20 万列伊的量刑也需要削减，删除有关玩忽职守罪的条款等。通过出台这一政令，执政的社会民主党试图实现腐败案件的"去刑事化"，从而为党内部分成员，尤其是以主席德拉格内亚为首的涉贪腐案件人员寻求免责。[①] 此外，罗马尼亚的司法部门自身也存在腐败问题。2010 年 4 月，罗马尼亚最高法院法官弗洛林·科斯蒂纽因收受两名商人的贿赂和滥用职权而被逮捕。2011 年 10 月，国家反贪局公开调查 11 名高等法院检察官和 3 名基层法官收受商人贿赂的行为。[②] 在司法高度独立的情况下，司法人员腐败很难受到监管和审查。而司法人员知法犯法，影响也更为恶劣，使得廉政和法治理念在国家政治生活的推广变得难上加难。

第三节　认知性层面的欧洲化水平评估

在认知性层面，欧洲化代表了一种身份进化的过程，即自我对他者认同提升，且身份定位朝他者身份聚合的实践过程。[③] 首先，新的身份代表了新的偏好与利益，因此当这一身份进入行为体的认知框架时，必然与原有的身份和认同发生冲突。自近代以来，民族国家就是一个国家的基本组织形式和主流文化叙事。而欧盟是一个超越民族国家的多层级治理机制，其发展理念是地区主义的，甚至是泛全球化的。在这一维度上，欧洲化进程与民族国家的理念是天然抵触的。对于个体而言，同时接受欧洲公民和罗马尼亚公民的身份或许并非难

---

① 详见曲岩《罗马尼亚政治社会困境凸显》，《世界知识》2017 年第 5 期。
② 夏纪媛：《罗马尼亚转型期的腐败现象及其治理》，《廉政文化研究》2014 年第 2 期。
③ 贺刚：《身份进化与欧洲化进程——克罗地亚和塞尔维亚两国入盟进程比较研究》，《欧洲研究》2015 年第 1 期。

事，但当一个理念先入为主时，另一个身份的进入就会变得困难。其次，自公元395年罗马帝国正式分裂后，中东欧与西欧就走上了不同的发展道路。双方的差异因为各自文化叙事和历史进程的不同而不断固化。在大规模东扩之前，欧盟更像是一个"西欧国家联盟"，其制度与理念都来自西欧国家的治理经验。对于中东欧民众而言，加入欧盟不仅是"回归欧洲"，更是东欧向西欧靠拢。在文化民族主义色彩较重的中东欧，这样的文化符号并不利于欧盟赋予的新身份进入大众的认知框架。

对于罗马尼亚来说，推行欧洲化的一大优势是其与拉丁文化的特殊渊源。罗马尼亚人的祖先为达契亚人。在被罗马帝国征服后，达契亚人与罗马人共居融合，形成了现在的罗马尼亚民族。因此罗马尼亚人宣称他们有罗马人的血统。[1] 而罗马尼亚语也属于拉丁语系，与意大利语、法语和西班牙语等都有共通之处。在漫长的历史中，罗马尼亚一直是斯拉夫海洋中拉丁文化的前哨，因此与西欧国家特别是法国有着密切联系和特殊情感。[2] 但是，罗马尼亚曾长期受到奥斯曼帝国等强国的奴役，因此带有强烈的"巴尔干化"倾向。一个典型的特征是罗马尼亚的民族主义带有明显的文化民族主义和族裔民族主义色彩。由于先有民族解放后有民族国家，罗马尼亚在文化上的觉醒先于政治上的觉醒，而缺乏自主发展的过程使得这里的民族主义无法与民族国家联系在一起。因此罗马尼亚民众习惯从地域、语言、宗教等方面寻求和确认自身特性。[3] 在对待外来文化时，其立场趋于保守，存在"贬他扬我"的倾向。这些情况都可能成为其在认知性层面的障碍。

同其他中东欧国家一样，罗马尼亚社会对欧盟和欧洲一体化的态度也经历了多次变化。但总体来看，罗马尼亚民众仍然十分认可欧盟

---

① 《罗马尼亚概况》，中国外交部网站，http://www.fmprc.gov.cn/web/gjhdq_676201/gj_676203/oz_678770/1206_679426/1206x0_679428/。

② 孔田平：《对东南欧"巴尔干化"的历史解读》，《欧洲研究》2006年第4期。

③ 方雷、蒋锐：《政治断层带的嬗变：东欧政党与政治思潮研究》，山东大学出版社2013年版，第7—9页。

和欧洲一体化。根据欧洲晴雨表的调查，在 2017 年，有 51% 的罗马尼亚人对欧盟持十分积极的态度，远高于欧盟的平均水平（40%），在 28 个欧盟成员国中排名第六。同样有 51% 的罗马尼亚人认为欧盟处于正确的发展道路上，这一数据在欧盟 28 个成员国中排名第一。而在欧盟内部，只有 30% 的民众抱有同样的态度。受新冠疫情与俄乌冲突等重大危机的影响，在 2023 年年初，两项数据都出现了一定的下滑。有 45% 的罗马尼亚人对欧盟保持了十分积极的态度，这一数据与欧盟平均水平持平。有 47% 的罗马尼亚人认为欧盟仍然处于正确的发展道路上，这一数据在欧盟成员国中位列第四，也要高于欧盟的平均水平（33%）。[①] 上述数据为我们提供了罗马尼亚欧洲化认同方面的基本信息，但并未涉及认同转变的起点、动力和方式，因此以此判定罗马尼亚在认知性层面的欧洲化水平并不合理。在欧洲化进程中，有多种因素会影响民众的态度和看法，不同身份与认同之间的冲突互动更是理解一国认知性要素变化的关键问题。在这一部分，我们将从三个方面解读罗马尼亚在认知性层面的欧洲化水平：第一，新的认同与原有认同（国内层面）的比照；第二，与认同有关的知识信息水平；第三，认同的动力或者说合法性基础。

在深受民族主义影响的中东欧，一种流行的假设是欧洲化会削减民族国家的权威，因此民族主义者会天然地站在欧洲化的对立面。但是，社会大众不会自动接受民族主义的观点，他们是否站在民族主义的立场取决于各自的文化背景和情感因素，并受到国内政治经济形势和欧盟发展进程的影响。当欧盟的发展顺风顺水时，即便是坚定的民族主义者也只能通过软怀疑主义（Soft Skepticism）和"打擦边球"的方式表达立场。但当入盟的负面效应开始显现时，不仅民族主义者的态度会趋于强硬，普通大众对欧盟的不满也会增加，甚至会公开地批评和质疑欧洲化进程。同样，当国内政治经济形势令人满意时，民众的国家意识和忠诚感会逐渐提升，民族主义者就获得了更多游说的

---

① 上述数据来源自欧洲晴雨表数据库（https：//europa. eu/eurobarometer/surveys/detail/2137）。下文关于民众认同与态度的数据也来自于同一数据库，因此不再附注。

资本，也易于赢得民众支持；如果形势相反，民众就会把对未来的憧憬寄托在欧盟身上，希望通过外部的施压和影响改变国内现状。在这种情况下，民众会更加认可欧盟，也易于接受欧洲化进程赋予的新身份。在罗马尼亚，民众对欧盟高度认同的部分原因在于民族主义者缺乏组织化和体系化的力量。长期执政的社民党是由共产党后继党转型的社会民主主义政党，近年来掌控罗马尼亚政权的国家自由党被认为是罗马尼亚自由主义思想的代表，推崇经济自由与平等竞争。两党的民族主义色彩并不强烈。在社民党与国家自由党主导的左右阵营对抗中，社会经济政策上趋于中性和空心化的民族主义政党难以崛起。另一个重要的原因是罗马尼亚国民对国内的政治系统缺乏基本的信任，根据欧洲晴雨表 2017 年的调查，罗马尼亚民众对于法律系统、军队、警察、政党、中央政府、议会和地方政府的信任度分别为 40%、71%、54%、18%、33%、27% 和 38%，7 项数据全部低于欧盟的平均水平。而在 2023 年年初，罗马尼亚民众对上述机构的信任度分别为 50%、61%、49%、22%、21%、23% 和 42%，除政党外，民众对于其他机构的信任程度也都低于欧盟的平均水平。对于国内经济发展形势，罗马尼亚民众也颇有微词。在 2017 年，只有 29% 的人对罗马尼亚的国内经济形势表示满意。在这项数据上，欧盟的平均水平为 46%，荷兰、德国与卢森堡则超过了 90%。而在 2023 年年初，只有 32% 的罗马尼亚民众对国家的经济形势表示肯定。在对国内政治经济形势不满的情况下，社会大众自然把希望寄托在欧盟和欧洲化进程上。一方面，他们希望欧盟的投资与援助能够改善罗马尼亚的经济面貌；另一方面，他们希望欧盟能够继续向国内施压，改变国内腐败盛行和政党斗争激烈的状况。在这一局面下，接受欧洲化进程及其带来的新身份就代表了民众对未来的选择，而固守原有的身份和传统的民族国家理念则意味着他们必须忍受糟糕的发展形势。体现在最终的调查结果上，就产生了民众对国内政治经济系统充满不信任却对欧盟和欧洲化进程高度认同的现象。

　　与身份认同有关的另一个因素是知识信息水平，即民众掌握的相关信息，以及获取信息的渠道。在选举研究中，一个重要假定是选民的知识信息水平越高，其对于政府的评估就越理性，不会因为短期经济形势的变化或是单项政策的成败来定义政府的好坏；而选民的知识信息水平越低，其判断就越简单直接，容易受到各种随机性因素的影响。在身份认同问题上，这一阐释同样适用。知识信息水平的高低不会直接决定民众对于欧盟或民族国家的态度，但是它能够影响身份认同的稳定性。当民众缺乏足够的信息和知识时，他们的身份认同就接近于简单的认可，也更易受到外部因素（比如政治操作与宣传）和非理性因素（比如情感与直觉）的影响。相反，如果民众明晰欧盟的价值理念和运作机制，那么他们对于欧盟和欧洲化进程的了解和思考就更加充分。无论是否认同欧盟，他们的立场都更加稳固，不会因为个人境遇和国内外形势的变化而发生突然的改变。在欧洲晴雨表的调查中，调研人员通过若干常识性问题测试了受访者对欧盟和欧洲化的了解程度，其中一项问题是瑞士是不是欧盟成员国。在这一问题上，欧盟 28 国民众在 2017 年的平均正确率为 72%，在 2023 年年初，这项数据为 75%。而罗马尼亚民众在上述两个时段的正确率仅为 58% 和 57%。在另一项测试中，能够认出欧盟旗帜的罗马尼亚民众比例也低于欧盟平均水平。而对于许多实利性项目，罗马尼亚民众同样缺乏了解。伊拉斯谟计划是欧盟发起的一项教育交流计划，旨在提升各国教育质量，促进合作交流。大量的学生因为这一项目而获得了欧盟资助。在欧盟内部，有 53% 的居民知道或者申请过伊拉斯谟项目，在西班牙、比利时和卢森堡，这一比例接近 80%，但在罗马尼亚，仅有 30% 的民众知道这一计划，显示出他们对于欧盟的政策和项目不够了解。出现这一问题的原因在于罗马尼亚民众非常依赖传统媒体，有 78% 的民众主要通过电视获取相关信息，仅有 22% 的人会通过网络了解欧盟和欧洲化。在一个信息化和网络化的时代，这显然会造成信息获取的不足和不及时。而另一个原因则是中东欧国家的"通病"——过去的历史经历使得普通大众缺乏参与政治的热情和交流观点的意愿。在罗马尼亚，只有 10% 的民众对政治事务有强烈的兴趣，13% 的民众会与朋友和家人频繁地讨论国家事务，而讨论欧盟事务的比例则为 9%。在这些数据上，罗马尼亚都低于欧盟成员国的平均水平。对传统媒体的依赖和政治交流的缺失使得信息的获取变得困难，导致罗马尼亚民众对欧盟和欧洲化的了解程度不够，在此基础上产生的身份认同也难言稳固。在欧盟内部危机不断发酵的情况下，罗马尼亚民众的身份认同随时可能转向，也易受各种非理性思想的蛊惑。

关于身份认同，最后一个要探讨的问题是认同的动力或者说合法性基础。在社会活动系统中，认同代表了对某一对象存在意义的信念。这种信念的产生可能来自多种原因。按照赫德的理论，认同关系的建立主要来源于三个要素：第一，高强度的压迫；第二，理性的自利和服从会导致增益的信念；第三，合乎传统、规则和基本价值标准的正当性。[①] 第一种认同的动力是对于严厉惩罚的畏惧，其实质是一种默认（acquiescence）；第二种认同的核心是审慎（prudence），即建立在经济理性基础上的收益评估，因此它在形式上更加接近于利益趋同；第三种认同的核心是正当性，它代表了认同对象与被认同对象在价值标准和理性原则上的契合。显然，只有建立在第三种要素基础上的政治秩序才能被视为"合法"。这一价值判断也与制度化的要求相符合：行为者从有意识的屈从到潜意识的遵守，制度的执行从权威性的施压到真正具有理所当然的合法性。具体到欧洲化问题上，我们同样需要了解新的身份为什么会被罗马尼亚民众接受，对于欧盟和欧洲化的认同又属于哪种类型。虽然欧盟拥有完善的制度与运作机制，但对比民族国家，欧盟仍然不是严格意义上的政治实体。在向民族国家与社会大众推广欧洲化的过程中，欧盟一直缺少有效的权威与惩罚机制。因此，罗马尼亚民众对于欧盟的认同更可能是基于其他两个要素。在欧洲晴雨表的调查中，调查人员提出了一项与认同力有关的问题——欧盟意味着什么？在 2017 年，最常被各国民众提及的答案是人员的自由流动（50%）、统一的货币（34%）、和平与安全（29%）、文化多元（26%）和国际影响力（24%）[②]，显示出民众对

---

① Ian Hurd, "Legitimacy and Authority in International Politics," *International Organization*, Vol. 53, No. 2, 1999, pp. 379 – 381.

② 此项问答允许多选。

于欧盟和欧洲化的认同既有切身利益的考量，也包含对欧盟价值规范的认可。相较而言，罗马尼亚民众则更关注欧盟和欧洲化带来的实际利益。他们的回答集中于人员的自由流动（53%）、民主（31%）、经济繁荣（25%）、和平与安全（24%）和统一的货币（22%），而对于文化多元和国际影响力等，他们的兴趣不大。在 2023 年，无论是欧盟民众还是罗马尼亚民众的回答都没有发生太大的变化，只有和平与安全因俄乌冲突而受到更多关注。在另一项问答"是什么创造了一个欧洲共同体的情感"中，欧盟民众的主要答案是文化（27%）、经济（22%）与历史（21%），罗马尼亚民众的回答则首先是医疗教育与保险（22%）、经济（20%）和对落后地区的支持（18%），其次才是文化（17%）和历史（14%）。可以看出，罗马尼亚民众对欧盟和欧洲化认同的动力更多地归因于欧盟带来的实际利益。在价值规范上，罗马尼亚民众的观感与欧盟的取向并不完全一致。

第四节　欧洲化水平的总体评估

综上所述，我们对罗马尼亚的欧洲化水平作出如下归纳：首先，在规制性层面上，罗马尼亚是最早与欧共体建立联系的中东欧国家，也是较早开启回归欧洲进程的中东欧国家之一。从 20 世纪 90 年代开始，罗马尼亚陆续进行了一系列的政治经济改革，以满足欧盟的规制性要求。但相较于第一批入盟的中东欧国家，比如波兰、爱沙尼亚与捷克等国，罗马尼亚的民主改革与制度建设并没有达到欧盟设立的入盟标准，其入盟时间也因此要晚于上述国家。事实上，在 2007 年正式入盟时，罗马尼亚在规制性层面的欧洲化水平仍然低于已经入盟的中东欧国家。欧盟在 2016 年年底的评估报告及其为罗马尼亚专门设立的合作与核查机制都证明了这一点。在合作与核查机制的监督下，罗马尼亚持续推进司法与行政领域的改革进程。但在"多速欧洲"被热议的 2017 年，欧盟的核查报告依然认定罗马尼亚未能达成合作与核查机制设立的四个基准。直到 2022 年年末，欧盟才正式宣布罗马尼亚已经兑现它在入盟时作出的承诺，从而意味着罗马尼亚在规制性层面真正"达标"。在参与一体化合作方面，罗马尼亚有着参与合作的强烈意愿。加入欧元区与申根区数次遭拒的经历也未能打消其继续融入欧洲一体化进程的决心与热情。但因为腐败、财政与边境管理方面的问题，罗马尼亚参与一体化合作的水平仅在欧盟成员国中位列中游。在 15 个事实上施行"多速欧洲"理念的一体化合作中，罗马尼亚仅参与了 12 项。因此结合制度改革与参与一体化合作两个方面，我们可以认定罗马尼亚在规制性层面的欧洲化水平仍然相对较低。

其次，在规范性层面上，尽管欧盟要求的政治经济改革已基本完成，但欧盟的核心价值尚未成为罗马尼亚政治和社会生活的组织逻辑。在政治转型过程中，欧盟的价值理念不时受到侵犯。在平等问题上，历届政府虽然付出了诸多努力，但对比西欧国家乃至同期入盟的中东欧国家，罗马尼亚的民族平等和性别平等状况仍然令人担忧。城乡二元分野的加剧也成为经济与分配中的棘手问题。在国家与社会层面，改善少数民族状况的行动常常招致主体民族势力的反对，保护妇女权益的声音也受到漠视。这些问题都反映出全方位的平等尚未成为一种社会性的共识。在反腐问题上，主要的政治行为体不仅缺乏反腐的自觉，反而常常因为利益与寻租的问题站在反腐的对立面，加之司法检察人员自身的腐败问题，使得廉政的价值理念更难具有公信力和约束性。对比波兰与匈牙利，罗马尼亚并未出现明显的政治转向，也未对政治体制或司法系统进行实质性的改革，因此欧盟以破坏民主制度的名义制裁波匈，却没有用同样的理由批评罗马尼亚。但比照这两个国家，罗马尼亚的政局更加动荡，侵害欧盟核心价值的事件也屡屡发生。这说明罗马尼亚无法将相对隐性的欧盟价值转化为国内各行为主体的指导规范与行动准则，导致其在规范性层面的欧洲化水平不足。

一个值得关注的问题是欧盟价值规范的推行方式。在罗马尼亚的欧洲化进程中，欧盟是主要的推动者。通过设立一系列入盟门槛，欧盟在罗马尼亚国内开启了新一轮的政治经济改革。在这一过程中，欧盟既通过诱导与动员等软性措施推动改革，也采用中止谈判和推迟入盟等强硬手段向罗马尼亚施压。对于改革成果，欧盟进行了严格的评估与审核，以确保自身的价值规范能够融入罗马尼亚的政治与社会生活。实际上，罗马尼亚在规范性要素的变化也主要出现在这一阶段。而在正式入盟后，欧盟对于罗马尼亚的约束手段大大减少。偶尔采取措施，其效果也大不如前。在欧盟日渐缺位的情况下，罗马尼亚国内的主要行为体既无力也无意将欧盟的价值理念打造为社会性的规范。罗马尼亚的政治精英也"时常在欧洲化与地方主义之间摇摆，在政治社会化的过程中，他们无法成为主导意见的一方，而是受到社会大众的裹挟"[1]。因此仅就规范性要素的推行方式而言，罗马尼亚的欧洲化仍然是一种政治产物，它由欧盟强力主导，却因在国内缺乏坚实的社会基础而难以实现行为体的自发与自觉。政治精英与社会大众的界限、转型受益者与受损者的隔阂以及城乡之间的明显分野也使得罗马尼亚对欧盟价值规范的遵守仅仅维持在一个基本和有限的范围内。

最后，在认知性层面上，一个基本结论是罗马尼亚民众对欧盟有很强的好感，对欧洲化进程赋予的新身份也持认可态度。但是，简单的认同与否并不能代表一国民众在认知性层面的欧洲化水平。身份认同是一个极为复杂的议题。在多种文化框架相互冲突的情况下，影响身份认同的因素也大大增加。关于上述现象，一个最直观的解释是罗马尼亚的政治经济发展形势并不令人满意，民众对于本国的政治系统缺乏信任。一方面，他们倾向于使用个体和非体制的方式表达政治诉求，比如 2017 年的街头运动；另一方面，他们又把未来的憧憬寄托在欧盟身上，希望这一超国家行为体能够自上而下地约束国内政治势力，推进政治经济改革。由此，欧洲化不仅代表了一种新的身份认同，而且是一种改变现状的选择。罗马尼亚社会对于欧盟和欧洲化的支持也建立在国内复杂因素的基础之上，其身份转变或者说认同的动

---

① Constantin Schifirnet, "The Europeanization of the Romanian Society and the Tendential Modernity," *Journal of Comparative Research in Anthropology and Sociology*, Vol. 2, No. 1, 2011, p. 221.

因并不"纯粹"。在无法对各类因素进行严格控制的情况下，需要关注的是认同背后的知识信息水平和合法性基础。

关于知识信息水平，我们的结论是罗马尼亚民众缺乏与欧洲化有关的必要知识。由于对欧盟的治理模式、政策项目乃至一般性常识都不够了解，他们很难有效地利用欧盟的项目和援助，而且对欧洲化进程中的身份转变认识不足。尽管并不排斥欧洲化赋予的新身份，但罗马尼亚民众对欧盟公民的权利义务缺乏了解。更为重要的是，罗马尼亚民众获取信息的渠道十分有限。对传统媒体的依赖和政治交流的缺失使得普通民众的知识信息水平难有迅速的提升。这一结论与斯基菲尔奈茨的观点相一致，即"罗马尼亚民众对于欧盟的认可流于表面，对于欧洲化如何影响罗马尼亚与欧盟没有充分的认识。针对入盟和欧洲化，罗马尼亚没有举行全民公投，也未组织大规模的公共讨论，致使普通民众没有掌握相关的知识与信息"[1]。在低度的知识信息水平上，欧洲化进程导致的身份转变是消极和有限的，最终形成的身份认同既不够理性，也难言稳固，容易受到外部环境和随机性因素的影响而发生改变。由于对欧盟的发展变化缺乏实时的了解，在欧盟内部出现危机且各国对其支持度下降的情况下，罗马尼亚民众仍能对欧盟和欧洲化葆有极高的热情。但是这种变化最终会扩散到罗马尼亚国内，进而影响社会大众的日常生活。彼时，低度的知识信息水平又会成为身份认同发生变化的诱因。

与知识信息水平相连的是身份认同的合法性不足。罗马尼亚民众对欧盟和欧洲化的认同不是基于承诺递增或是共同信念的客观化。民意测验的结果表明他们的行为看法与欧盟的价值原则并不吻合，也没有产生一种真正的共有信念，能够证明欧洲化进程的意义和合法性。相比于欧盟在规则、价值和法理上的正当性，罗马尼亚民众更加关注自身能够获取的"实惠"。他们认同欧盟与欧洲化的核心动力在于日益递增的制度回报，或者说物质激励，而我们认定

① Constantin Schifirnet, "The Europeanization of the Romanian Society and the Tendential Modernity," *Journal of Comparative Research in Anthropology and Sociology*, Vol. 2, No. 1, 2011, pp. 222-223.

这一认同合法性不足的原因在于它的先决条件尤为苛刻。第一，它要求欧盟有实现回报递增的能力；第二，它要求欧盟有持续输出利益的意愿；第三，它要求普通大众有"回报必然获得"的信念。任一条件的缺失都可能导致身份认同的崩塌。当下，欧盟正面临一系列的危机，其利益输出的能力受到广泛的质疑。"多速欧洲"受到追捧也表明欧盟无意继续旧有的欧洲化进程。而如果"多速欧洲"成为现实，罗马尼亚极有可能成为成员国中的"第二梯队"，不仅获得的援助和补贴会有所减少，也会被排除在关键的一体化领域之外。在这种情况下，"支持欧洲化会带来物质回报"的信号就会减弱，罗马尼亚民众的身份认同也会出现问题，从而增加欧洲化进程在认知性层面的阻力。

第 五 章

中东欧国家的欧洲化水平及其对
"多速欧洲"立场的相关性分析

在这一部分，我们将对中东欧国家的欧洲化水平与其对"多速欧洲"的立场进行集中的探讨。基于以往的研究成果与本书的既定路径，我们围绕中东欧国家的欧洲化水平及其对"多速欧洲"的立场设定了若干假设。同时，借助前两章的资料与评估思路，我们对11个已经入盟的中东欧国家的欧洲化水平与其对"多速欧洲"的立场进行系统的描述性分析，并将其划分为相应的等级。利用这些数据，我们对现有假设进行逐一的验证。在本章最后，我们将详细展示数据分析的结果，全面总结中东欧国家的欧洲化水平与其对"多速欧洲"立场之间的关系，并对中东欧国家在"多速欧洲"问题上的立场差异做出相应的说明与解释。

第一节　基本假设

如前所述，本书的核心假设是一国的欧洲化水平与其对"多速欧洲"的态度立场有着密切的关系。这一假设的基本逻辑在于：一国的欧洲化水平越高，意味着该国融入欧洲一体化的程度越高，对欧洲一体化的未来发展也抱有更加乐观与支持的态度。在规制性层面，该国能够迅速完成欧盟所要求的政治经济改革，在民主转型与制度建设方面达到欧盟设立的入盟标准。在入盟后，该国能够继续参与欧盟主导的各领域合作，进一步融入后续的一体化进程，并在不同领域参与更多的强化合作。在规范性层面，该国能够遵循欧盟的核心价值理念，且其政治经济发展与社会生活的组织逻辑与欧盟的规范性要求相契合。在认知性层面，该国国内社会高度认同欧洲一体化进程及其创造的欧洲公民身份，普通大众在欧盟和欧洲一体化问题上的知识信息水平较高，其对欧盟和欧洲一体化的认同和支持更多基于其正当性，而非一体化进程带来的巨大红利，或是欧盟对成员国的约束与惩罚。"多速欧洲"是在维持现有一体化机制与成果的基础上继续推进欧洲一体化向前发展的构想，其主要方式是鼓励推动部分成员国先行一步，以强化合作的方式在不同领域开展更加深度的一体化合作。在"多速欧洲"的模式下，欧洲化水平较高的国家依然可以享受现有一体化进程带来的红利，同时，可以凭借更多参与各领域强化合作的经验进入所谓的先行集团，在未来的欧洲一体化进程中占据优势。因为在制度与规范层面的契合，该国的政治经济发展能够适应"多速欧洲"及其给欧盟和欧洲一体化进程带来的一系列变化。而本身认同欧洲一体化并对其发展充满信心的社会大众也会对作为前进型一体化构想的"多速欧洲"抱有支持，而非拒斥的态度。因此，一国的欧洲化水平越高，其对"多速欧洲"的态度就越为支持。在空间维度上，欧洲化水平不同的国家会对"多速欧洲"有着截然不同的态度。在时间维度上，因为欧洲化水平的波动，同一个国家在不同时期也会对"多速欧洲"采取不同的立场。

假设 1：国家的欧洲化水平与其对"多速欧洲"的态度立场有着密切的关系。欧洲化水平越高，对"多速欧洲"的态度越为支持。然而，简单的线性关系并不足以完全解释欧洲化水平与一国对"多速欧洲"态度立场的复杂关系。

首先，欧洲化本身是一个十分模糊和抽象的概念。在对这一概念进行可操作化的过程中，我们将一国的欧洲化水平细化为规制性要素、规范性要素与认知性要素三个方面。在每个方面，我们又建立了具体的指标体系，并依据相应的标准原则对其进行评估，然后将评估结果层层加总，得出一国欧洲化水平的最终结果。如果一国在规制性、规范性与认知性要素三个方面都表现优秀，该国自然就会被归入到欧洲化水平较高的组别。反之，该国则会被认定处于较低的欧洲化水平。但在现实情况中，一个国家很难在上述三个层面都呈现优秀或不尽如人意的状态。其欧洲化水平在不同层面往往会有一定的差异性。在衡量各国欧洲化水平的过程中，一个在制度与规范方面表现优秀却对欧盟缺乏足够认同的国家，与一个在规范和认同上靠近欧盟却与欧盟有制度性冲突的国家可能被认定具有相似的欧洲化水平。但实际上，它们参与一体化合作的程度与在一体化进程中所处的位置有明显不同，其国内社会对欧洲一体化未来发展的看法也可能会有所区别。反映到"多速欧洲"的问题上，两国的立场与行动策略就会有明显差异。从这一角度来看，欧洲化的总体水平并不足以完全说明一国对"多速欧洲"的态度立场。国家在规制性、规范性与认知性层面的具体水平以及它们的不同组合同样对其在"多速欧洲"问题上的立场有着重要的影响。

而如果将欧洲化水平包含的三种要素拆分开来，它们影响一国对"多速欧洲"立场的方式也有所区别。规制性层面与规范性层面的欧洲化水平会更多地影响一国政府的官方立场；认知性层面的欧洲化水平则更多地反映社会大众对"多速欧洲"的态度。这是因为规制性要素与规范性要素代表的是一个国家在制度与规范方面的整体表现。规制性要素侧重于国家在宏观层面的制度设计与参与一体化实践的情况，规范性要素则主要衡量国家社会生活的基本组织逻辑与欧盟核心价值理念的契合程度。对两者进行评估的主要依据来自正式的法律条约、欧盟的硬性标准及其对成员国进行奖惩的实例。而认知性要素主要探讨的是微观层面的身份认同及其相关的知识信息水平与认同动力等问题，其关注对象是各国的社会大众，所依赖的评估手段也是面向普通民众的民意测验与问卷调查。而在考虑"多速欧洲"及相关问题的过程中，一国政府与普通民众的思维逻辑有着明显的不同。一国政府更多立足于主权与国家利益，从本国的发展状况和在欧洲一体化进程中所处的位置出发，审视"多速欧洲"带给自身乃至整个欧盟的重要变化，并为之制定相应的行动策略。在其评估"多速欧洲"

的利弊时，本国在规制性层面与规范性层面的欧洲化水平是最主要的参考依据。相比于政府和政治领导人，普通民众缺乏足够的政治知识，也没有过多的时间精力获取相关信息。他们对于"多速欧洲"构想和本国欧洲化水平的了解都远不如其政府和政治领导人。从普通民众的视角出发，"多速欧洲"是欧盟力主推动的旨在解决欧洲一体化现有困境的新构想。因此我们假定，他们支持该构想与否的主要因素来自他们是否熟悉了解欧盟的机制与运作模式，认同欧洲一体化进程及其创造的新身份，以及认可欧盟领导欧洲一体化进程与调整一体化未来发展方向的正当性。而这些都与一国在认知性层面的欧洲化水平有着密切的关系。可以说，一国在规制性层面和规范性层面的欧洲化水平越高，其对"多速欧洲"的官方态度就越为支持。而该国在认知性层面的欧洲化水平越高，其社会大众对"多速欧洲"的支持力度就会越强。

假设2：国家在规制性层面和规范性层面的欧洲化水平更能反映一国政府对"多速欧洲"的官方立场。在上述两个层面的欧洲化水平越高，一国政府对"多速欧洲"的态度就越为支持。

假设3：国家在认知性层面的欧洲化水平与本国社会大众对"多速欧洲"的立场有着密切的关系。在认知性层面的欧洲化水平越高，本国民众对"多速欧洲"的态度就越为支持。

其次，欧洲化水平虽然是影响一国对"多速欧洲"立场的决定性因素，但这一影响并非恒定和完全独立的。若干因素，比如欧洲一体化的现实状态与国家自身的政治变化是独立于该国的欧洲化水平之外的，但依然能够介入到一国政府或社会大众对"多速欧洲"的解读与思考。考虑到这一情况，我们的分析模型不应是欧洲化水平（无论是总体水平还是三个层面的具体水平）与一国对"多速欧洲"态度立场的简单线性相关，而应充分考虑其他因素对两者相关性的影响。当然，在"多速欧洲"的问题上，这些因素无法被认定为独立的自变量，而更多类似于调节性变量。它们无法直接决定一国对"多速欧洲"的态度立场，但会对欧洲化水平与一国对"多速欧洲"立场的关系起到强化或中和的作用。通常情况下，这些因素多为制度性因素（institutional factor）和背景性因素（contextual factor），用以说明研究对象在政治发展进程与结果上的特殊性及其对原有研究模型的干扰。

本书的主要研究对象是中东欧国家，这些国家都是欧洲一体化进程中的后来者。在它们准备回归欧洲时，欧盟与欧洲一体化进程已经获得了巨大成功，也建立了完备的组织制度与治理模式。为加入欧盟，中东欧国家接受了更多欧盟设立的条件与要求。但在中东欧国家陆续入盟后，欧盟发展的黄金时期已然逝去。从 2008 年国际金融危机开始，欧洲一体化在政治、经济、社会与安全等领域遭遇了一系列治理危机。这些危机迫使欧盟重新思考欧洲一体化的未来发展方向与路径。欧盟推动自身改革的决心及其对内部发展差异的容忍度也与以往有着明显的不同。因此，在解释各国对"多速欧洲"的立场时，欧洲一体化现状的巨大变化同样是一个不得不考虑的因素。

从时间顺序上看，欧洲化水平对一国在"多速欧洲"问题上立场的影响力并不是恒定的。在过去的十多年里，该因素的作用力可能是不断增强的，而强化其作用力的主要动因来自欧洲一体化进程的巨大变化。在一种理想的状态下，欧洲一体化应该沿着同步发展的轨道前进，各成员国精诚合作，且遵守欧盟的规则与价值理念。现有的一体化成果能够为未来的一体化进程提供强大的动力，推动一体化合作在现有领域内深化并向外部领域扩展，最终实现让·莫内的一体化构想，打造真正的欧洲联盟。但在欧洲一体化发展历程中，这样的状态难以长期维持。一旦欧洲一体化遭遇困境，超国家实体与主权国家之争就会浮出水面，成员国之间的分歧也会逐渐增多，致使一体化进程陷入停滞。在这一局面下，欧盟与各成员国被迫对一体化的模式与路径进行改革，各类欧洲一体化的新构想和新设计也会大量涌现出来。无论是早期的渐进式一体化，还是后来的"多速欧洲"与核心欧洲，都是诞生于欧洲一体化面临困境与重大抉择之时。在欧洲一体化进程一帆风顺时，这些理论与构想也都"偃旗息鼓"，但在欧洲一体化进程受挫时，它们又会重新回归人们的视野，并进入到欧盟改革的相关讨论中。

具体到"多速欧洲"问题上，在首批中东欧国家入盟前，"多速欧洲"曾在欧洲范围内引起大规模的讨论，但中东欧国家并未过多介入其中。此后，关于"多速欧洲"的讨论在全欧范围内陷入沉寂。进入到 21 世纪第二个十年，因欧债危机引发的欧元区改革问题，"多速欧洲"再次受到欧盟成员国的关注。随着乌克兰危机、难民问题与英国脱欧等一系列问题的涌现，"多速欧洲"越来越受到欧盟的重视与青睐，直到 2017 年欧盟提出《欧洲未来白皮书》时达到顶峰。欧洲一体化形势的变化导致"多速欧洲"的热度不断上升。这一现象并非中东欧国家所独有，但不断增多的关注使得中东欧国家对这一问题的立场更加清晰与稳定。从主动层面来说，享受了一体化红利的"欧盟一代"希望在欧洲一体化遭遇困境时给予其帮助，从而主动参与到"多速欧洲"的相关讨论中。从被动层面来说，欧盟推进改革的决心与对"多速欧洲"的青睐迫使各国政府与民众更加重视这一问题，积极思考"多速欧洲"对国家和自身的影响，以及"多速欧洲"一旦施行后可能做出的选择。因此，随着"多速欧洲"热度的上升，中东欧国家对"多速欧洲"的立场日趋成型，也更加清晰与稳定。它们的立场更多地反映了该国欧洲化水平的长期作用力，而非临时起意下的仓促决定与信息不充分条件下的片面理解。囿于篇幅与数据可用性，我们无法从一个较长的时间段内追踪欧洲化水平对一国在"多速欧洲"问题上立场的影响力变化，但可以以 2017 年为时间节点，比较该时间节点前后两者的关系强弱。

假设 4：在 2017 年的"多速欧洲"大讨论后，欧洲化水平与一国对"多速欧洲"态度立场的影响力要比以往更强。

第二节 中东欧国家对"多速欧洲"的立场：描述性分析

在"多速欧洲"的问题上，我们对中东欧国家态度立场的定性是基于政府、政党与社会大众三个层面。在政府层面，我们关注的是各国政府在这一问题上的官方立场与声明。在政党层面，我们关注的是不同政党对"多速欧洲"的具体看法，以及新政党的上台是否导致了政府立场的变化。在社会大众层面，我们关注的是普通民众对"多速欧洲"的支持程度及其背后的真实心态。基于以上三点，我们将中东欧国家对"多速欧洲"的支持程度划分为高、中、低三个组别。其中，爱沙尼亚、拉脱维亚、立陶宛、斯洛文尼亚与斯洛伐克属于较为支持"多速欧洲"的国家，波兰、罗马尼亚与保加利亚则是坚决反对施行"多速欧洲"的国家，克罗地亚、捷克与匈牙利的情况则介于上述两组之间。

需要说明的是，中东欧国家对"多速欧洲"的立场是在其融入欧洲一体化进程中逐渐成形的。在不同时期，各国政府、政党与普通民众对于"多速欧洲"的看法与态度都会有所不同。但因为篇幅的关系，我们不能尽述所有中东欧国家在这一问题上的态度变化。基于本研究的核心主题与基本假设，我们重点分析的是 2017 年"多速欧洲"大讨论之后中东欧国家的态度立场。无论是以上列出的基本立场，还是后面关于政府、政党与社会大众层面的具体评估，其覆盖的时间范围都是 2017 年后的数年。只有对假设 4 进行验证的过程中，我们才会更多提及中东欧国家在 2017 年之前的态度立场。

从官方立场来看，中东欧各国政府对"多速欧洲"的看法有着很大的差异性。波兰与匈牙利政府坚决主张维护国家主权和利益，对任何可能向欧盟让渡更多权力的一体化构想都持谨慎态度。在欧洲一体化的发展路径上，它们更青睐赋予成员国充分自由与主权的灵活型一体化，而非以"多速欧洲"为代表的前进型一体化。对于"多速欧洲"，波匈两国政府的立场都十分强硬。罗马尼亚与保加利亚两国政府的立场与波匈类似。它们担忧在自身加入欧元区和申根区之前欧洲一体化已经发展到全新的阶段，导致它们与其他欧盟成员国的差距进一步拉大。因此它们并不希望欧盟在现阶段就立即将"多速欧洲"上升为整体的发展战略。在天平的另一端，斯洛文尼亚、斯洛伐克与爱沙尼亚三国政府则对"多速欧洲"秉持积极的态度。虽然对"多速欧洲"的概念与可能的模式有所怀疑，但三国政府都希望进入所谓的先行集团，从而在未来的欧洲一体化进程中占得先机。其他中东欧国家的政府或是在支持与反对"多速欧洲"之间犹疑徘徊，比如拉脱维亚，或是仅希望在部分领域里施行"多速欧洲"的战略，比如捷克与立陶宛。它们对"多速欧洲"的立场介于上述两组之间。

为保证评估结果的准确性，我们也将这一结果与相关研究进行比照。斯特凡·泰勒等人曾借助欧洲大学学院罗伯特·舒曼高等研究中心的评估结果，将欧盟各国政府对"多速欧洲"问题的立场划分为非常积极、积极、中性、消极与非常消极五个等级[①]。根据他们的等级划分，保加利亚与罗马尼亚两国政府的立场为非常消极；立陶宛、波兰、斯洛文尼亚三国政府的立场为消极；保持中性的有捷克、爱沙尼亚、匈牙利与斯洛伐克四国政府；拉脱维亚与克罗地亚政府则属于较为积极的状态。表面来看，泰勒等人的评估结果与我们的结论有较大出入。但实际上，首先，泰勒等人是在评估所有欧盟成员国的官方立场后对 27 个欧盟成员国进行的等级划定。我们则是在 11 个中东欧国家之间进行的比较。考虑到泰勒等人的样本规模更大且西欧国家对"多速欧洲"的态度更加积极，中东欧国家在他们的评估中也就更可能落入较低的等级。其次，泰勒等人是将中东欧各国政府的态度立场划分为五个等级。而来自罗伯特·舒曼高等研究中心的数据与我们的评估结果都是将各国政府的态度立场分为积极、中性与消极三个等级。不同的等级划分也造成了最终评估结果的差异。最后，泰勒等人关注的是中东欧国家入盟以来各国政府的长期立场，我们则聚焦于 2017 年"多速欧洲"大讨论后各国政府在相关问题上的态度。在第四章中，我们已经提到了许多国家的政府对"多速欧洲"的立场变化。因此，数据本身覆盖时间范围的不同也决定了最终评估结果的不同。事实上，如果将本研究的评估结果与泰勒等人使用的罗伯特·舒曼高等研究中心的原始数据相比较，我们会发现两者之间的区别不

---

① Stefan Telle, et al. , "Attitudes of National Decision – Makers Towards Differentiated Integration in the European Union," *Comparative European Politics*, Vol. 21, No. 1, 2022, pp. 92 – 93.

大。根据该研究中心对 2017 年后各国政府立场的评估，罗马尼亚、保加利亚、波兰、匈牙利与立陶宛政府属于消极立场。斯洛伐克、斯洛文尼亚与爱沙尼亚政府的态度较为积极。其他三个国家的政府则处于中间位置。这一划分的结果与我们的评估结论基本一致。

从政党政治的角度来看，波兰、罗马尼亚、保加利亚的主流政党对"多速欧洲"的态度比较接近，因此，政府更替与执政党的变化也不会改变三国政府在这一问题上的官方立场。在其他国家，政党与政党之间，特别是执政党与反对党之间的分歧十分明显，但因为各国政党权力结构的不同，整个政党体系发出的声音也截然不同。在匈牙利，执政党青民盟与反对党对"多速欧洲"的立场完全相左。但因为青民盟一党独大，反对党很难挑战青民盟的执政地位，也无法扭转匈牙利在"多速欧洲"问题上的官方立场。在捷克，无论是社会民主党，还是不满意公民运动都不在国内政党结构中占据优势地位，它们无法压制各种反对的声音，并真正推动捷克社会形成对"多速欧洲"的统一立场。在这些国家，政党政治的变化就可能对本国政府与社会在这一问题上的立场产生重要影响。

从社会大众的角度来看，中东欧民众及其政府对"多速欧洲"的立场在长时间段内呈现趋同而非趋异的状态。这是因为在中东欧国家融入欧洲一体化的过程中，所谓的欧盟事务不断下沉，最终成为各国国内政治中的重要议题。为获取更多选民支持和攫取国家权力，各大政党需要在这一议题上与社会大众的主流意见保持一致。但在特定的时间段内，双方对这一问题的看法可能不尽一致。比如，欧尔班与青民盟领导的匈牙利政府一直强烈反对欧盟施行"多速欧洲"战略，但匈牙利民众则对"多速欧洲"没有太大的偏见。超过半数的民众支持"多速欧洲"战略，也对在不同领域内开展强化合作抱有浓厚的兴趣。综合欧洲晴雨表与舆观调查网的民意测验结果，我们将2017 年之后中东欧各国在"多速欧洲"问题上的民意状况归纳如下：波兰、罗马尼亚与保加利亚民众对"多速欧洲"的态度较为消极。波兰民众希望的是欧盟在一体化现有基础上后退一步，给予成员国根据自身意愿灵活选择所有领域一体化合作的自由，而不是在维持欧洲一体化已有成果与机制的基础上更进一步的一体化构想。罗马尼亚与保加利亚两国的民众同样反对"多速欧洲"。但不同于波兰民众支持选择性退出而非强化合作的情况，罗保两国民众更多流露的是对加入欧元区和申根区不断受挫的不满和"多速欧洲"拉大成员国差距的担忧。爱沙尼亚、斯洛文尼亚、斯洛伐克、立陶宛与拉脱维亚的民众对"多速欧洲"的态度较为积极。在斯洛文尼亚、斯洛伐克和爱沙尼亚，拥护"多速欧洲"的力量一直占据优势，其人数要远远多于质疑这一构想的群体。在立陶宛与拉脱维亚，"多速欧洲"构想明显存在政界遇冷但社会层面受欢迎的状况。在斯洛文尼亚、斯洛伐克与爱沙尼亚，国内社会的主流意见则与政府的官方立场保持基本一致。其余三国的民意状况则介于上述两组国家之间。这些国家或是存在国内民众对"多速欧洲"整体态度的反复变化，甚至支持与反对该构想的力量交替占优的情况，比如捷克；或是支持"多速欧洲"的人数稍微占据上风，支持与反对该构想的民众比例之差与欧盟的平均水平（8%）相仿，比如匈牙利与克罗地亚。

第三节　中东欧国家的欧洲化水平：描述性分析

　　总体而言，我们将中东欧国家的欧洲化水平划分为高、中、低三个组别。其中，斯洛伐克、斯洛文尼亚与爱沙尼亚的欧洲化水平相对较高，罗马尼亚与保加利亚的欧洲化水平最低，其余六国的欧洲化水平则属于中间水平。

　　从规制性层面来看，波兰、匈牙利、捷克、斯洛伐克、斯洛文尼亚、爱沙尼亚、拉脱维亚与立陶宛八个国家是首批入盟的中东欧国家。它们递交入盟申请和开启入盟谈判的时间不尽相同，但都在2004年5月正式成为欧盟的成员国。其中，匈牙利与波兰是最早提出回归欧洲的国家。它们分别在1994年3月与4月向欧盟提交了入盟申请。次年，斯洛伐克、爱沙尼亚、拉脱维亚和立陶宛也先后完成了这一程序。捷克与斯洛文尼亚则是在1996年正式递交了入盟申请。

在经过欧盟的全面评估后，波兰、捷克、匈牙利、爱沙尼亚与斯洛文尼亚五国成为第一批开启入盟谈判的国家，拉脱维亚、立陶宛与斯洛伐克则是在两年后才开启入盟谈判。总体来看，上述八个国家的入盟进程较为顺利，最快的捷克与斯洛文尼亚仅用了八年时间就走完了入盟的所有流程。个别国家，比如斯洛伐克曾因国内政治问题导致其入盟谈判的迟滞，但依然很快完成了所有的法定程序，搭上了首批入盟的"末班车"。

罗马尼亚与保加利亚是在 1995 年递交了入盟申请，但因为国内改革不能令欧盟满意，罗保两国被欧盟放入第二批开启入盟谈判的名单中。在开启入盟谈判后，罗马尼亚和保加利亚没有在满足入盟标准上取得明显的进步，也未能与同批的斯洛伐克、立陶宛和拉脱维亚一道入盟。此后又经历数次波折，罗马尼亚与保加利亚才在 2007 年正式加入欧盟。因为内政与外交战略的变动，克罗地亚真正开启入盟进程的时间要明显晚于其他中东欧国家。直到 2003 年 2 月，克罗地亚才正式递交入盟申请。经过一系列漫长而复杂的谈判后，克罗地亚于2013 年 7 月成为欧盟的成员国，此时距离首批中东欧国家入盟已经过去了九年。

在中东欧国家入盟前夕，欧盟都对其转型与改革进程进行了单独的评估。评估的结果都认定，中东欧国家在制度建设方面取得了明显的进展，能够满足欧盟的入盟标准和在规制性层面的具体要求。只有罗马尼亚和保加利亚在行政与司法制度领域存在明显的问题。为此，欧盟单独设立了合作与核查机制，以监督两国在行政与司法领域的后续改革，并评估其是否满足欧盟的规制性要求。

从参与一体化合作的情况来看，八个首批入盟的中东欧国家在2007 年 12 月就正式成为申根国家，并执行相应的边境管理政策。克罗地亚在 2023 年 1 月正式加入了申根区，罗马尼亚与保加利亚在2024 年 3 月部分加入申根区，并在 2025 年 1 月成为完全的申根国家。在欧元区的问题上，爱沙尼亚、拉脱维亚、立陶宛、斯洛伐克、斯洛文尼亚与克罗地亚是欧元国家。波兰、捷克、匈牙利、罗马尼亚与保加利亚则属于非欧元区。综观欧洲一体化进程中的 15 项强化合作项目，中东欧国家平均参与了其中的 11.2 项，这一水平低于欧盟成员国的平均水平（12.1 项），但差距不大。斯洛文尼亚是唯一一个参与了所有强化合作项目的中东欧国家。斯洛伐克（13 项）、立陶宛（13 项）、爱沙尼亚（13 项）、保加利亚（12 项）与拉脱维亚（12 项）等国也要高于中东欧国家的平均水准。其余国家参与强化合作项目的数量则较少。总体来看，中东欧国家在参与一体化合作方面存在一定的差异（标准方差为 2.52），但其差异性要小于所有欧盟成员国之间的差异（标准方差为 5.15）。

综合中东欧国家的入盟进程与后续融入欧洲一体化的进展，我们将中东欧国家划分为如下三组：斯洛文尼亚、斯洛伐克、立陶宛、爱沙尼亚与拉脱维亚在规制性层面的欧洲化水平相对较高，波兰、捷克、匈牙利与克罗地亚紧随其后，罗马尼亚与保加利亚两国则在满足欧盟的规制性要求与参与一体化合作方面都面临更多挑战。

在规范性层面，我们关注的是欧盟的核心价值在中东欧国家的贯彻与落实情况。首先，就民主观念来说，11 个中东欧国家的政治转型进程都较为顺利，民主观念得到了很好的确立与巩固，这也成为它们能够加入欧盟的基础性条件之一。根据贝塔斯曼转型指数（Bertelsmann Transformation Index，BTI）2016 年的统计结果，11 个中东欧国家的政治转型得分都超过 7.5 分，属于民主政治最为巩固的组别（democracy in consolidation）。其中，有 6 个国家（爱沙尼亚、波兰、捷克、立陶宛、斯洛文尼亚与斯洛伐克）在 129 个被统计的转型国家中位列前十。在中东欧国家陆续入盟后，这些国家会不时出现违背民主观念的情况，比如罗马尼亚在 2014 年出现的选举公正性遭质疑等，欧盟也会对针对这些问题发出批评或警告。但就中东欧国家的总体情况来说，大多数国家在入盟后依然遵守与贯彻了民主政治的理念。唯一特殊的情况是波兰与匈牙利。波兰法律与公正党和匈牙利青民盟上台以来，两国大力推进政治改革，并对其司法与社会制度进行了一定幅度的调整。两国政府一直强调改革是基于本国国情与人民的意愿，但欧盟却认定其政治改革违背了民主的价值理念。2016 年 1 月，欧盟正式对波兰启动法治国家调查程序。2017 年 12 月，欧盟委员会正式建议欧盟理事会针对波兰的司法改革启动《欧洲联盟条约》第 7 条，即针对违反组织价值观（有时被称为原则）成员国的惩罚性条款。2018 年 9 月，欧洲议会又建议欧盟理事会对匈牙利启动《欧洲联盟条约》第 7 条。此后，欧盟各机构，包括欧洲议会、欧盟委员会与欧洲法院也与波匈两国围绕相关问题产生过多次争执。本研究的主旨并非波兰与匈牙利的政治改革，我们也无意评判欧盟与波匈两国之间的是非对错，但仅从是否符合欧盟规范性要求的角度看，波匈两国的政治转向的确与欧盟的民主理念发生了冲突。BTI 的最新统计结果也佐证了这一点。2022 年，波兰与匈牙利的政治转型得分在所有中东欧国家中排名最后，也是被认定为存在民主缺陷（defective democracy）的国家，其余九国仍然处于民主政治最为巩固的组别之列。

其次，在平等问题上，中东欧国家在维持社会经济平等方面普遍表现良好。根据世界银行 1992—2020 年的长期追踪，只有保加利亚的收入基尼系数接近 40（国际公认的贫富差距的警戒线），其余十个国家的系数都在 40 以下，捷克、斯洛伐克、斯洛文尼亚与克罗地亚甚至低于 30。这一点与其他欧盟成员国的情况类似。但在性别平等方面，中东欧国家普遍存在突出的问题。根据 EIGE 2022 年的统计结果，欧盟国家在性别平等方面的平均得分为 68.6 分。然而，没有一个中东欧国家达到欧盟的平均水准。得分最高的斯洛文尼亚也只有 67.5 分，说明中东欧国家在改善女权状况方面仍有较大的进步空间。而在民族平等问题上，中东欧国家表现出明显的差异性。波兰与捷克等国的民族构成更加单一，较少出现侵害少数民族权利的情况。罗马尼亚、斯洛伐克与波罗的海三国等国的民族构成更加复杂，也面临更多的跨境民族问题。其民族平等状况不仅受到欧盟的关注，也常常引发其与跨境民族的"母国"之间的矛盾冲突。此外，部分中东欧国家是罗姆人的重要聚居地。其族群在罗马尼亚、保加利亚、匈牙利与斯洛伐克境内都超过十万人。罗姆人的权利自由和政治经济待遇也是这些国家在民族平等方面亟须解决的问题。

最后，在腐败问题上，根据透明国际的统计，2016 年中东欧国

家在清廉指数上的平均得分为 54.6 分。这一得分可以在全球排名第
50 位。只有斯洛伐克、克罗地亚、罗马尼亚、匈牙利与保加利亚的
得分低于平均水平。到 2022 年，中东欧国家的低分基本维持不变
（54.2 分），但各国之间的差距有所上升（标准方差从 8.21 上升至
9.18）。斯洛文尼亚、波兰、罗马尼亚与匈牙利出现了下滑，其他国
家的清廉状况不降反增。而低于平均水平的 5 个国家依然是斯洛伐
克、克罗地亚、罗马尼亚、匈牙利与保加利亚。上述数据充分说明，
中东欧国家在清廉与反腐败问题上的分野相对稳定与清晰。我们对各
国腐败情况与反腐工作的考察也佐证了这一点。

　　综合以上因素，我们将中东欧国家在规范性层面的欧洲化水平划
分为高、中、低三个等级。其中，捷克、爱沙尼亚、斯洛伐克与斯洛
文尼亚较好地满足了欧盟的规范性要求，波兰、匈牙利、罗马尼亚与
保加利亚在遵守与贯彻欧盟的价值观念方面存在较多问题，拉脱维
亚、立陶宛与克罗地亚三国则属于中间等级。

　　在认知性层面，首先，我们总结的是中东欧民众对于欧盟和欧洲
一体化未来发展的基本态度。在 2017 年，有 40.9% 的中东欧民众对
欧盟持积极态度，略高于欧盟的平均水平（40%），认为欧洲一体化
处于正确发展道路上的民众比例为 35.2%，也高于欧盟 28 个成员国
的平均水平（30%）。其中，罗马尼亚、保加利亚、立陶宛与波兰
在两项数据上都高于欧盟的平均水平，爱沙尼亚、捷克与斯洛伐克
则是两项数据都低于欧盟的平均水平。到 2023 年，对欧盟持积极
态度的中东欧民众比例上升为 43.8%，认为欧洲一体化处于正确发
展道路上的民众比例也达到 38.1%。这一趋势与欧盟内部的整体趋
势相一致（两项数据分别上升至 45% 和 33%）。罗马尼亚、保加利
亚、波兰、拉脱维亚与立陶宛 5 国在两项数据上都高于欧盟的平均
水平，只有斯洛伐克与斯洛文尼亚在两项数据上都低于欧盟的平均
水平。

　　其次，从知识信息水平来看，中东欧民众对于欧盟与欧洲一体化
的熟悉与了解程度与欧盟的平均水平相仿。无论是民众自我评估还是
接受关于欧盟的常识性问题测试时，中东欧国家的平均数据都接近所

有成员国的平均数据。其中，斯洛文尼亚在1项自我评估与3项相关知识测试中的数据都高于欧盟的平均水平，波兰、克罗地亚与斯洛伐克有3项数据高于欧盟的平均水平，捷克与保加利亚仅有1项数据达到欧盟的平均水平，爱沙尼亚所有测试的结果都不够理想，其余四国则是有2项数据优于欧盟的平均水平。

最后，在认同动力方面，欧盟成员国的民众普遍将人员的自由流动、统一的货币、和平与安全、文化多元性和国际影响力视为欧盟与欧洲一体化最为重要的意义。这一点2017—2023年并没有太大的改变，只有和平与安全这一选项因俄乌冲突而受到更多的关注。但在中东欧国家，普通民众支持与认同欧盟的原因有别于欧盟成员国的一般情况。大多数中东欧国家，特别是非欧元区的国家并不认同统一的货币或者说欧元的重要意义。2017年，有34%的欧盟民众将统一的货币列为欧盟和欧洲一体化的代表性成果，但在中东欧地区，只有爱沙尼亚、斯洛文尼亚与斯洛伐克民众的认知与欧盟的一般情况相符。到2023年，这一状况也没有发生变化。只有上述三国的数据高于欧盟的平均水平，其他八个国家的民众则在这一问题上有着不同的认知。此外，罗马尼亚与克罗地亚民众更加关注欧洲一体化带来的经济繁荣，保加利亚、罗马尼亚与波兰等国的民众更加重视欧盟带来的民主巩固。而在国际影响力这一选项上，只有作为地区性大国的波兰的数据高于欧盟的平均水平。可以说，相比于对欧盟的基本认知与相关的知识信息水平，中东欧国家在认同动力方面呈现出更明显的多样化特征。

因此在认知性层面，波兰、斯洛伐克与斯洛文尼亚的欧洲化水平较高；爱沙尼亚、捷克、克罗地亚、罗马尼亚、拉脱维亚、立陶宛与匈牙利次之；保加利亚的民众虽然非常认可欧盟与欧洲一体化，但其对欧洲一体化进程的了解与熟悉程度最低，认同与支持欧洲一体化的原因也与欧盟成员国的一般情况不同，所以排名最后。

第四节 中东欧国家的欧洲化水平与其对 "多速欧洲" 立场的关系

在这一部分，我们将使用相关数据对中东欧国家的欧洲化水平与其对"多速欧洲"立场的关系进行分析，并逐一验证之前提出的假设。在衡量两个变量的相关性时，有三种最为重要的相关系数：皮尔逊相关系数、斯皮尔曼相关系数与肯德尔相关系数。皮尔逊相关系数主要评估的是两个连续变量之间的线性相关。斯皮尔曼相关系数是排序相关性的非参数度量，使用单调函数描述两个变量之间关系的程度。肯德尔相关系数主要适用于两个有序分类变量的相关分析，特别是当样本量较小且许多并列等级时，肯德尔相关系数就成为斯皮尔曼相关系数的最佳替代方法。

我们分析的重点是中东欧国家的欧洲化水平与其对"多速欧洲"立场两个变量之间的关系。欧洲化本身是一个相对抽象与模糊的概念，只有在经过可操作化后才真正具有变量的意义。基于对各国欧洲化现状的评估，我们将中东欧国家的欧洲化水平划分为高、中、低三个层面。因此，从数据的性质来看，欧洲化水平本身不是具有数字意义的连续变量，而是建立在复杂衡量与评估方法之上的有序等级变量。同样地，国家对"多速欧洲"的立场也是极难被量化或者数字化的变量。在这一问题上，学界尚未有一套公认的评估标准与体系。对一国政府或政党立场的评估主要基于其官方声明以及政治领导人在参加议会辩论、元首会晤和欧盟峰会等重要场合时的表态。对一国民众立场的评估则更多依赖相关的民调数据。基于政府、政党与社会大众三个层面的评估，我们将一国对"多速欧洲"的态度立场划分为积极、中性与消极三个等级。从数据性质上来说，它也属于有序等级变量。事实上，不仅是上述两个变量，中东欧国家在规制性层面、规范性层面与认知性层面的欧洲化水平与其政府、政党与社会大众对"多速欧洲"的具体立场也都属于有序等级变量。此外，考虑到研究主题与数据可用性等问题，我们仅容纳了11个中东欧国家的相关数据。因此，从变量性质与样本规模的角度出发，肯德尔相关系数更加贴合我们的分析。

表5—1是我们对中东欧国家的欧洲化总体水平与其对"多速欧洲"立场之间的相关性分析。按照肯德尔相关系数的计算方法，该系数取值范围在 –1 到 1 之间。负值代表两者之间存在负相关关系，正值代表两者之间存在正相关关系，0 则代表不存在相关关系。两个变量之间相关的强弱没有规定数值。总的来讲，相关系数越接近 0，相关关系越弱；越接近 –1 或 1，相关关系越强。表5—1 中，中东欧国家的欧洲化水平与其对"多速欧洲"立场的相关系数为 0.747，说明两者之间存在正相关关系，且相关关系较强。在双尾检验下该系数的 P 值为 0.009，即在 0.01 水平上的相关性显著，说明分析结果具有较强的统计学意义。因此可以认定，一国的欧洲化总体水平越高，其对"多速欧洲"的态度就越为支持。

表5—1　中东欧国家的欧洲化总体水平与其对"多速欧洲"立场的相关性

中东欧国家的欧洲化总体水平	相关系数	1.000	0.747 **
	显著性（双尾）	—	0.009
	N	11	11
国家对"多速欧洲"的立场	相关系数	0.747 **	1.000
	显著性（双尾）	0.009	—
	N	11	11

注：**. 在 0.01 级别（双尾），相关性显著。

表5—2、表5—3 与表5—4 展现了我们对于假设 2 的验证过程。我们首先分别验证了国家在规制性和规范性层面的欧洲化水平与该国政府对"多速欧洲"立场的相关性。最终结果显示，规制性与规范性层面的欧洲化水平都与一国政府在这一问题上的立场有着很强的相关性。但相比于上述两个因素的单独影响，它们的组合能够更好地解

释一国政府对"多速欧洲"的态度立场。表5—4的结果证明了这一点。相比于表5—2和表5—3，表5—4中的相关系数更大，P值也更小，说明两个变量之间的相关性更高，且具有更强的显著性水平和统计学意义。上述结果符合我们的推断，即一国政府会更多地立足于主权与国家利益，从本国的发展状况和在欧洲一体化进程中所处的位置出发思考"多速欧洲"与相关问题。在其评估"多速欧洲"的利弊时，本国在规制性与规范性层面的欧洲化水平是最主要的参考依据。规制性与规范性层面的欧洲化水平越高，本国政府对"多速欧洲"的态度就越为支持。

表5—2　　　规制性层面的欧洲化水平与政府对"多速欧洲"立场的相关性

规制性层面的欧洲化水平	相关系数	1.000	0.779 **
	显著性（双尾）	—	0.006
	N	11	11
一国政府对"多速欧洲"的立场	相关系数	0.779 **	1.000
	显著性（双尾）	0.006	—
	N	11	11

注：**. 在0.01级别（双尾），相关性显著。

表5—3　　　规范性层面的欧洲化水平与政府对"多速欧洲"立场的相关性

规范性层面的欧洲化水平	相关系数	1.000	0.861 **
	显著性（双尾）	—	0.002
	N	11	11
一国政府对"多速欧洲"的立场	相关系数	0.861 **	1.000
	显著性（双尾）	0.002	—
	N	11	11

注：**. 在0.01级别（双尾），相关性显著。

表5—4　　两个层面的欧洲化水平与政府对"多速欧洲"立场的相关性

规制性层面 + 规范性层面的欧洲化水平	相关系数	1.000	0.911 **
	显著性（双尾）	—	<0.01
	N	11	11
一国政府对"多速欧洲"的立场	相关系数	0.911 **	1.000
	显著性（双尾）	<0.06	—
	N	11	11

注：**. 在0.01级别（双尾），相关性显著。

　　接下来，我们将对认知性层面的欧洲化水平与社会大众对"多速欧洲"的立场之间的相关性进行分析。比较遗憾的是，肯德尔分析的结果与我们之前的假设不符。表5—5的结果显示，上述两个变量的相关系数较低，仅有0.288，说明一国在认知性层面的欧洲化水平与其民众对"多速欧洲"的立场之间并不存在明显的相关关系。0.321的P值也意味着即便在0.1的水平上，该分析结果也不具备显著意义。在假设3中，我们认定一国政府与普通民众在"多速欧洲"问题上有着不同的思维与行动逻辑。相比于政府和政治领导人，普通民众缺乏足够的政治知识，对于"多速欧洲"构想和本国欧洲化水平的了解都相对较少。他们是否支持"多速欧洲"的动因来自其对欧盟与欧洲一体化的认同。换言之，普通民众可能因为认同欧盟与欧洲一体化而更加支持受到欧盟青睐和代表欧洲一体化潜在发展方向的"多速欧洲"战略。但肯德尔分析的结果表明这一假设与事实并不相符。

表5—5　　认知性层面的欧洲化水平与社会大众对"多速欧洲"立场的相关性

认知性层面的欧洲化水平	相关系数	1.000	0.288
	显著性（双尾）	—	0.321
	N	11	11
社会大众对"多速欧洲"的立场	相关系数	0.288	1.000
	显著性（双尾）	0.321	—
	N	11	11

　　一个可能的原因是，在 2017 年欧盟推出《欧洲未来白皮书》后，"多速欧洲"已经成为全欧关注的焦点问题。中东欧普通民众对于这一问题的信息储备与熟悉程度也大为上升。他们不再将支持"多速欧洲"简单地等同于支持欧盟和欧洲一体化，并开始从自身的立场与境况出发思考"多速欧洲"带来的潜在影响。考虑到普通民众在文化教育水平、社会阶层、经济收入与政治参与等方面的巨大差异，以及这些因素对其立场的可能影响，一国的欧洲化水平或者说在认知性层面的具体水平不足以概括和解释它们在这一问题上的思维逻辑，而必须构建全新的分析框架。这一点或许可以成为我们未来研究的一个重要方向。

　　最后，我们来验证欧洲化水平的影响力在时间维度上的变化。对比 2017 年之后的欧洲化状况，中东欧国家在 2014 年的情况有着很大的不同。彼时，克罗地亚刚刚加入欧盟不久，拉脱维亚也才启用欧元，立陶宛则处在争取加入欧元区的过程中，罗马尼亚与保加利亚仍在为满足合作与核查机制的要求而不断努力。在规范性层面，波兰与匈牙利尚未有严重违背欧盟价值观的情况，双方的分歧与争执并没有公开化与扩大化。而斯洛伐克等国的腐败问题也仍处于低发的阶段。在认知性层面，因为难民危机与英国脱欧等事件还未发生，西欧国家与中东欧国家的分歧相对较少，各国民众对于欧盟与欧洲一体化的态度与看法也与日后有很大不同。此时，"多速欧洲"尚未成为中东欧国家关注的主要问题。在政府文件、议会辩论乃至政治领导人在重要场合的发言中，这一词汇都较少提及。中东欧民众对于"多速欧洲"的了解程度也远不如 2017 年大讨论之后。在相关的民意测验中，放弃回答或态度模糊的受访者比例相对较高。基于这一点，我们认为，中东欧国家对"多速欧洲"的立场在 2017 年之前尚不清晰与稳固，因此中东欧国家的欧洲化水平与其对"多速欧洲"立场的相关关系也不如日后强烈与明显。表 5—6 的结果证实了我们的假设。2014年，一国的欧洲化水平与其对"多速欧洲"的立场同样具有相关性，但其相关系数要小于两者在 2017 年之后的相关系数，且该结果仅在 0.05 的水平上具有显著意义。

表5—6　　　　　中东欧国家的欧洲化总体水平与其对"多速欧洲"
立场的相关性（2014 年）

中东欧国家的欧洲化总体水平	相关系数	1.000	0.623**
	显著性（双尾）	—	0.029
	N	11	11
国家对"多速欧洲"的立场	相关系数	0.623**	1.000
	显著性（双尾）	0.029	—
	N	11	11

注：**. 在 0.05 级别（双尾），相关性显著。

在上述分析结果的基础上，我们尝试回答本研究的核心问题，即中东欧国家的欧洲化水平与其对"多速欧洲"立场之间的关系。在 11 个已经入盟的中东欧国家中，欧洲化水平对其在这一问题上的态度立场的确有着重要影响。一国的欧洲化水平越高，它对"多速欧洲"的态度就越为支持。该国政府的官方立场与社会大众的主流意见就更有可能一致，政党政治的变化特别是新政党的上台也不会从根本上撼动该国对"多速欧洲"的支持态度。因为中东欧各国在欧洲化水平上的差异，它们对"多速欧洲"也会有着截然不同的立场。

具体到三个不同层面的欧洲化水平上，规制性与规范性层面的欧洲化水平对一国政府在"多速欧洲"问题上的立场具有重要影响。上述两个层面的欧洲化水平说明了一国的政治经济发展与欧盟制度和规范的契合程度，也代表了该国在欧洲一体化进程中的现实地位与未来前景。作为一个理性的行为体，一国政府在思考"多速欧洲"的潜在影响以及本国需要采取的行动时，必然会充分考虑本国在规制性与规范性层面的水平。与之相反，认知性层面的欧洲化水平则与社会大众对"多速欧洲"的态度立场没有明显的相关关系。换言之，中东欧各国民众并没有将认同欧盟与欧洲一体化简单地等同于支持欧盟所青睐的"多速欧洲"构想。一个可能的猜想是，在"多速欧洲"被全社会热议的背景下，普通民众对该构想的熟识程度与信息储备都大为增加。在相关信息充足的情况下，中东欧各国民众的思维逻辑也会朝着更加务实与理性的方向演变。无论是从自身境遇还是国家发展的视角出发，他们的态度都会变得更加复杂，也会受到更多个体性与背景性因素的干扰。但这一猜想有待于进一步的研究和验证。

最后一点是关于中东欧国家的欧洲化水平与其对"多速欧洲"立场的相关关系在时间维度上的变化趋势。在时间维度上，两者的相关关系并非恒定不变。欧洲一体化进程的受挫使欧盟决心开启新一轮的改革进程。作为可能帮助欧盟摆脱困境的方法，"多速欧洲"在2017年后再次成为整个欧洲关注的焦点。无论中东欧各国的政府、政党还是社会大众，他们都更多地了解与介入到"多速欧洲"的相关讨论中。他们彼此之间，以及他们与欧盟和西欧国家之间的交流碰撞进一步塑造了本国对"多速欧洲"的整体立场。在国家立场更加清晰稳定而非模糊多变的情况下，中东欧国家的欧洲化水平与其对"多速欧洲"立场的相关性就会更强，也更加显著。纵观欧洲一体化的发展历程，"多速欧洲"曾在欧盟范围内引发过三次广泛的讨论。但在其余时间，欧盟对该构想的关注与支持力度则会出现明显的下滑。以此类推，中东欧国家的欧洲化水平与其对"多速欧洲"立场的关系也会在时间维度上反映类似的变化。

第六章

"多速欧洲"与欧洲一体化的未来前景

从 2017 年欧盟推出《欧洲未来白皮书》开始算起，八年时间已经悄然逝去，"多速欧洲"依然未能成为欧盟的整体发展战略。部分成员国的坚决反对是导致这一局面的一个重要原因。虽然同为欧盟成员国，各国的欧洲化水平存在明显差异。即便是同一个国家，其在规制性层面、规范性层面与认知性层面的欧洲化水平也会有所不同。差异化的欧洲化水平与国家在规制性要素、规范性要素与认知性要素上的不同组合造就了其对"多速欧洲"的不同立场。国内政治的突然变化也会在一定程度上干扰政府和普通民众对这一问题的态度和看法。在欧盟现有决策机制下，即便只有一国反对，也难以将"多速欧洲"上升为欧盟的整体发展战略。在欧盟改革决策机制或成员国对"多速欧洲"的分歧消弭之前，这一目标自然无法实现。

另一个重要原因是接踵而至的新冠疫情与俄乌冲突使欧盟无暇顾及"多速欧洲"及其相关的改革问题。进入 21 世纪第二个十年，欧盟一直处于应对危机的模式中，从欧债危机到克里米亚事件，再到大规模的难民涌入与后来的英国脱欧。一系列问题令欧盟疲于应付，也促使其大力推动"多速欧洲"和加快自身改革进程。但从 2018 年开始，欧盟逐渐从一系列的挫折中恢复过来。① 尽早完成英国脱欧的相关事宜保证了欧盟内部的稳定，也使其能更好地规划欧洲一体化的未

---

① "2019 in Review：Europe's Fragmentation and Fightback," *The Economist*，https：//www.economist.com/europe/2019/12/19/2019 – in – review – europes – fragmentation – and – fightback.

来。民族主义与民粹主义政党未能在欧洲议会大选中迎来大胜，疑欧势力对欧洲议程的威胁保持在可控的状态①，欧盟的改革也在财政、金融和防务等多个领域积极展开。以冯德莱恩为首的"地缘政治委员会"更加务实地处理欧盟与成员国的关系，并通过出台欧盟法治机制等政策工具加强欧盟的内部控制力。然而，新冠疫情与俄乌冲突接踵而至中断了欧盟的恢复势头。在疫情背景下，抗击疫情、保护民众生命安全与健康成为欧盟及其成员国的首要任务。在很多情况下，正常的经济活动甚至社会大众的生活都要让位于疫情防控。在疫情后经济复苏的关键阶段，俄乌冲突又给欧盟和欧洲一体化进程带来重创。军事安全压倒一切，成为欧盟政治中的首要议题。应对俄乌冲突的巨大外溢效应更成为令人棘手的问题。面对两场历史性的危机，欧盟亟须协调成员国立场，保持内部团结一致的姿态。类似"多速欧洲"等力度较大且具有争议性的改革举措也在一定程度上被搁置。

　　"多速欧洲"并未成为欧盟未来发展的整体战略，并不意味着"多速欧洲"构想的终结。事实上，在许多具体领域，带有"多速欧洲"色彩的一体化项目依然在继续前行。在欧洲观念的变迁中，多速发展的欧洲观念也被视为一体化时代欧洲观念的演进方向之一。考虑到俄乌冲突给欧盟政治带来的重大变化与影响，"多速欧洲"仍可能在后俄乌冲突时代的欧洲一体化进程中发挥重要作用。以探讨"多速欧洲"与欧洲一体化的未来前景为主题，我们将本章的内容分为三个部分：在第一部分，以永久结构性防务合作为例，介绍"多速欧洲"在一体化具体领域内的新理念与新实践。在第二部分，从欧洲观念历史变迁的角度阐释一体化时代的欧洲观念，并分析"多速欧洲"与新时代欧洲观念演进的关系。在第三部分，聚焦俄乌冲突，概括欧盟应对俄乌冲突的举措与俄乌冲突对欧洲一体化进程的重大影响，进而窥探"多速欧洲"在未来欧洲一体化进程中的现实前景。

---

① 林德山：《2019 年欧洲议会选举及其影响评析》，《当代世界》2019 年第 7 期。

第一节 "多速欧洲"与永久结构性防务合作

早在20世纪50年代，西欧国家就已经产生了打造一支统一军队的设想。1950年10月，法国总理勒内·普利文正式提出以超国家主义组织欧洲防务的计划，即普利文计划（Pleven Plan）。该计划希望在欧洲单一的军事和政治权力之下建立一支超国家的军队。军队由各成员国的军事部门组成，并接受成员国部长理事会领导。经过讨论与修改，这一计划最终演化为《欧洲防务共同体条约》草案。但因为各国的立场分歧过大，建立欧洲防务共同体的想法一直难以付诸实践。随着法国议会在1954年否决了《欧洲防务共同体条约》，欧洲国家建立共同防务的首次尝试正式宣告失败。

在普利文计划流产后，西欧联盟成为重新组织欧洲防务的替代性方案。以其前身《布鲁塞尔条约》为基础，西欧联盟将英国、法国、德国、意大利等欧洲主要大国都纳入进来，以充分协调各国在欧洲安全问题上的立场以及防务、武装力量和军工生产方面的政策，增强成员国集体防御能力，促进欧洲团结和推动欧洲统一进程。相比于普利文计划，西欧联盟显得更加"中庸"。它不再追求以超国家主义的形式建立统一的军队，也不试图在欧洲层面建立领导各国的专门性机构，而是满足于扮演协调者与联络者的角色。也因为这一点，在北约如日中天和美苏激烈对抗的年代，西欧联盟处于一种"半休眠"的状态，其部长理事会只是不定期举行会议，基本上没有重大活动。直到1984年西欧国家签署《罗马宣言》，再次激活西欧联盟，该联盟才开始在欧洲防务领域发挥更加实质性的作用。

在欧共体转变为欧洲联盟后，雄心勃勃的欧盟也试图加快安全防务领域的一体化进程。在《马斯特里赫特条约》中，共同外交和安全政策被确立为欧盟三大支柱中的第二支柱。根据条约规定，共同外交和安全政策应涵盖"与联盟安全有关的所有问题"，其中包括在将来制定一项"共同防务政策","此项共同防务政策将最终导致共同防务"。这是欧盟（欧共体）有史以来第一次在自己的"基本法"中明确提及发展共同防务问题。此外，针对西欧联盟，条约也做出了进一步的规定：独立于欧盟之外的西欧联盟是欧盟发展的重要组成部分，欧盟可委托西欧联盟制定并实施欧盟涉及防务领域的决定与行动。① 在此后的《阿姆斯特丹条约》中，欧盟又将西欧联盟框架下的彼得斯堡任务转移至自身名下，并决定逐渐取代西欧联盟的"欧洲安全与防务身份"。到 2009 年《里斯本条约》生效时，欧盟已经完全接管了西欧联盟的权力与职能，西欧联盟也因此完成了它的历史使命，并宣布于 2011 年 6 月底结束所有活动。

虽然共同外交和安全政策成功取代了西欧联盟，该政策依然是欧盟所有政策领域中政府间合作色彩最浓、制定共同政策难度最大的领域。欧盟在防务一体化上取得的进展也远远少于其他一体化领域。出现这一局面的原因主要有三。

第一，欧盟的防务一体化没有有效的军事力量作为支撑。从北约成员国中军队服役人数看，美国有 130 多万人，欧洲国家有 120 多万人，双方的差距似乎不大，但从军事能力来看，欧洲国家的军事能力与美国有天壤之别。欧洲国家的远程战略投送能力不足，也缺少完整的地面机动防空系统。各国武器兼容性差，很难整合不同国家的战斗系统。因此在许多军事行动中，欧盟及其成员国更多扮演的是功能性盟友的角色，主要的军事任务则由美国来承担。在欧盟内部，各国的军事实力也是天差地别。在 1993 年欧盟诞生时，德国、法国与意大利的军人数量分别达到 39.8 万、50.6 万和 45.0 万人。同期荷兰与丹麦的军人数量则为 8.6 万和 2.7 万人。而像卢森堡这样的小国更是只有 1000 人。从军费开支来看，德法两国在 1993 年的军费开支都超过了 350 亿美元，意大利为 184.2 亿美元，荷兰与丹麦的军费开支都低于 100 亿美元，卢森堡则不足 1 亿美元。② 在此后的一段时间，因

---

① 王坚：《欧盟完全手册》，中央编译出版社 2010 年版，第 131—132 页。

② "World Bank Data," https：//data. worldbank. org/indicator/MS. MIL. TOTL. P1？ locations = FR‐DE‐IT‐DK‐NL‐LU.

为相对和平的地区环境，欧盟各国特别是德法等大国的军人数量与军费开支均有所下降，但各国在军事实力上的差距仍维持在惊人的水平。考虑到欧洲一体化的独特路径，欧盟的安全防务不可能效仿由一个或几个大国承担大部分军事任务的北约模式，而必须寻求更加公平合理的合作方式。但在各国军事实力和防务资源明显不均的情况下，实现成员国的合作资源贡献量与其合作决策权重之间的平衡自然成为一个难题，也导致欧盟防务的基本框架难有大的突破。

第二，欧盟成员国对于防务一体化有着不同的理解。根据海科·毕尔等人的研究，在欧盟尚未东扩之前，其内部就存在着三种不同的战略文化。[1] 第一种是以保护国家切实利益与投射国家实力为目标的战略文化，代表性的国家是英法等国。这些国家防务资源充足，军事能力也较为强大，因此在安全防务领域有着强烈的政治抱负，也愿意直接利用军事手段实施相应的行动。作为欧盟第一军事强国，法国一直主张欧盟战略自主，通过发展独立的防务力量真正跻身"世界一极"。英国虽然拥有强大的军事力量，但对欧洲一体化抱有犹疑和疏离的态度。对于任何可能让渡国家主权的深度一体化合作，英国都持反对立场。防务一体化本身高度敏感，更触及国家主权的核心部分，自然难以获得英国的支持。第二种是以德国[2]与意大利等国为代表的战略文化。此类国家防务资源较为丰富、能力较强，但在外交与安全政策方面没有直接诉求或强烈的政治抱负。其加入外交与安全合作，参与相应领域具体行动的执行，主要是为了利用合作机制整体的互通性，通过在外交与安全领域塑造"合作可靠支持者"的形象，以获取在其他领域磋商中的优势地位。第三种是以爱尔兰、卢森堡与葡萄牙等国为代表的战略文化。这类国家希望通过参与外交与安全合作表明其有能力在国际社会中承担一定的防务与安全角色。但由于其防务

---

① 赵健哲：《欧盟共同外交与安全政策下的差异性一体化研究》，博士学位论文，外交学院，2020年，第41页。

② 德国秉持这一战略文化更多是因为历史问题。自二战以来，德国一直奉行和平主义与军事克制的路线。直到近年来欧洲安全形势发生重大变化，特别是俄乌冲突爆发后，德国才开始摒弃原有的战略文化，大规模扩充军费，对联邦国防军进行现代化改造，并直接向交战地区输送武器。

资源与能力相对较弱，因此在参与具体行动实现其角色预期的过程中，此类国家对于利用军事手段较为犹豫，更倾向于采用民事手段解决相应问题。在一众中东欧国家加入欧盟后，欧盟内部又产生了一种新的安全战略文化。以波兰为代表的部分中东欧国家强烈希望维系跨大西洋关系，也更加相信北约的防务能力。在欧盟与美国和北约产生分歧时，它们甚至会站在支持美国与北约的一方。它们认为德法等西欧大国提倡战略自主，打造欧洲防务是为了强化自身对欧盟的领导权，但这一做法会削弱北约框架下的军事合作。打造"军事申根区"也可能会触怒美国和北约。在实现共同防务遥遥无期的情况下，美国和北约仍然是欧洲国家特别是中小国家在军事安全领域的有力保障。因此，虽然欧盟表示"共同防务不会削弱北约，而是双赢"，但大部分中东欧国家仍然对欧洲共同防务采取一种"搭便车"的态度。

第三，冷战后相对宽松的安全环境削弱了欧盟国家推进防务一体化的紧迫感。20世纪80年代末90年代初，苏联解体彻底改变了欧洲地区的安全环境。作为苏联的主要"继承者"，俄罗斯大幅调整了安全战略，也逐渐接受了自身在中东欧地区影响力减弱的事实。由此，俄罗斯转而将独联体国家一体化和构建新型欧亚战略作为自身外交战略的重点，并从政治、经济、军事等多个维度向东方转移。这使得中东欧地区出现了所谓的"权力真空"。与此同时，大规模的转型与改革给中东欧国家带来了不同程度的动荡，长期累积的民族矛盾与其他问题也在部分国家爆发出来，并导致波黑战争等重大冲突的出现。面对新的安全形势，欧盟与北约以东扩的方式填补俄罗斯留下的权力空白，一方面进一步压缩俄战略空间，另一方面更好地应对中东欧地区长期累积的民族矛盾与国家间冲突。而在经历转型初期的动荡后，多数中东欧国家也进入到稳定发展的轨道。由于北约和欧盟的积极介入，巴尔干国家的内部危机没有上升为影响整个地区安全的重大事件。因此在很长一段时间内，整个欧洲都维持了基本的和平与稳定。也是在这样的背景下，欧盟国家将更多的资金和精力投入到国家政治经济发展中，其推进防务一体化的意愿与动力严重不足，多数国家的军费开支常年低于GDP的2%。许多中小成员国虽然参与了北约与欧盟主导的一系列军事行动,比如波黑维和行动、科索沃战后维和行动以及阿富汗行动等,但对于北约在本国驻军和向欧盟让渡军事权力持抵制态度。

为改变防务一体化进展不力的局面,欧盟开始酝酿永久结构性合作的构想。这一想法也被写入到21世纪初制定的《欧盟宪法条约》中。《欧盟宪法条约》第一部分第41条第6款明确规定:军事能力满足更高标准,且能够对彼此作出更具约束力承诺的成员国可以在欧盟框架内建立永久结构性合作,以执行更加艰巨的安全与防务任务。在条约第三部分第312条中,欧盟又提出了永久结构性合作的具体实施办法:在军事领域满足既定标准的成员国需要首先向欧盟理事会与欧盟外交事务委员会通报其建立永久结构性合作的意向。在得知成员国意向的三个月内,欧盟理事会需要与欧盟外交事务委员会充分协商,并以投票表决的方式决定是否建立这一合作以及参加合作的成员国名单。此外,任何不再希望参与合作的成员国可依照程序随时退出,不再符合合作标准和不能履行合作义务的成员国也将依照特定程序暂停参与资格。①

永久结构性合作是《欧盟宪法条约》的重要内容之一,其命运也因此与欧盟的制宪进程紧密地联系在一起。在《欧盟宪法条约》先后在法国与荷兰的全民公投遇阻后,永久结构性合作的前景也变得渺茫起来。为继续推动改革进程,欧盟于2007年推出了修改版的《欧盟宪法条约》,即《里斯本条约》。该条约比原版的《欧盟宪法条约》缩减了200多页,内容大为精简,也针对成员国的不同要求作出了让步。经过一番波折,《里斯本条约》于2009年年底正式生效,由部分成员国在安全领域先行一步,建立更深层次防务合作的想法也因此成为可能。但因为欧盟制宪过程的艰难与部分成员国的抵制,永久结构性合作的前景并不被人看好,时任欧盟委员会主席容克甚至称其为"睡美人"②。

---

① "Treaty Establishing a Constitution for Europe," https://eur-lex.europa.eu/legal-content/EN/ALL/? uri = OJ%3AC%3A2004%3A310%3ATOC.

② Enrique Mora Benavente, "Time for the Sleeping Beauty to Wake," European Council on Foreign Relations, https://ecfr.eu/article/commentary_time_for_the_sleeping_beauty_to_wake/.

进入 21 世纪第二个十年,欧洲及其周边地区的地缘政治环境发生了重大变化。利比亚战争、叙利亚内战与乌克兰危机的先后发生使欧盟国家意识到了安全防务的重要性。而从 2010 年开始,美欧关于北约军费问题的争执也逐渐公开化。在贝拉克·奥巴马执政时期,美国政府尚能以温和的态度劝说欧洲盟友。到唐纳德·特朗普上台后,美国政府的立场趋于强硬。特朗普本人也多次公开表示,"那些接受美国保卫的国家必须承担相应的费用,否则他们只能自己保卫自己",他甚至暗示美国有可能不执行《北大西洋公约》第五条的规定,即集体自卫原则。在这一背景下,欧盟与其成员国更加坚定了实现防务独立的决心。2016 年 6 月,欧盟发布全球战略,明确提出战略自主的概念,并公开表示要提升自身在安全和防务领域的可靠性,以应对外部危机和保护欧洲安全。次月,德国在新发布的国防白皮书中明确提出适时重启"欧洲防务共同体"的构想。当年 9 月和 12 月的欧盟峰会上,欧盟启动了一系列改革,其中包括设立共同防务基金并建立欧洲总参谋部。而进入到 2017 年,打造永久结构性合作成为欧盟关注的焦点。欧盟外长理事会就这一问题进行了多次磋商,对合作的目标、标准治理架构与具体项目进行了敲定。最终,2017 年 12 月,欧盟正式激活了永久结构性合作,其成员国开始在首批 17 个防务项目的基础上探索深度的防务一体化合作。

虽然启动的时间较晚,永久结构性合作在很短时间内就发展成为欧盟推进防务合作与应对各类安全挑战的重要工具。除马耳他之外的所有欧盟成员国也都加入到永久结构性合作中。根据欧盟对外行动署发布的报告,永久结构性合作在 2017—2023 年取得了一系列重大成就。首先,该合作机制推动落实了 20 项成员国之间的相互承诺,包括增加防务支出以及装备采购和技术研发的支出比例,接受例行的防务评估与充分对接国防战略,增强各国军队的实操能力、整合能力与协同作战能力等。其次,永久结构性合作建立了 68 个具体的合作项目并交付了多项具体成果。永久结构性合作框架下的合作项目分为具体行动与能力提升和培训两个层面。具体行动层面的合作项目涉及陆地、航空、海洋、太空与网络空间等多个安全领域,旨在推进成员国在全领域范围内的防务合作。能力提升和培训层面的项目则包括医疗指挥、安全互助、情报共享与人员培训等，主要致力于强化各国军队系统的协同能力与实战能力。在开放新的防务合作领域（太空与海洋）、为军队提供后备支持（医疗与培训），以及人才资源整合（网络安全）方面，永久结构性合作取得的成果尤为突出。① 最后，永久结构性合作与欧盟的其他安全倡议与合作机制形成了协同效应。永久结构性合作与欧洲防务基金、欧盟年度协同防务审查进程和欧盟"军事规划与执行能力机制"共同构成了欧盟防务的一揽子计划。强大的协同效应不仅吸引了原本犹豫不决的欧盟成员国加入永久结构性合作，也增进了欧盟与北约之间的军事合作，有效地减少了欧洲自主防务对北约和跨大西洋伙伴关系的损害。

在权力结构上，永久结构性合作分为理事会与项目两个层面。理事会负责永久结构性合作的总体政策方向和各类决策，同时，就参与国际履行承诺和各类项目进展情况进行评估并提出相应的建议。在具体的项目中，将由参与该项目的国家负责决策并进行日常的管理工作，理事会仅有监督的权限。此外，欧盟对外行动署、欧洲防务局与欧盟军事参谋部也共同为永久结构性合作的参与国承担秘书处的职能和部分联络工作。

永久结构性合作被誉为"多速欧洲"构想在欧洲防务领域的首次尝试。该合作不仅充分体现了多速发展的内涵，甚至还在欧洲防务现状的基础上对"多速欧洲"的理念进行了创新。

首先，永久结构性合作积极贯彻了部分成员国先行的发展理念。如前所述，欧盟成员国在军事能力、军队数量、防务资源与国防开支方面存在巨大的差异。各国推进防务一体化的意愿与目的也有所区别。在欧洲内部的防务合作中，线状的双边合作远多于网状的多边合作。大多数防务合作项目的参与国为 5 个或以下，且没有被纳入北约或欧盟框架。在这样的背景下，统一和同步的合作方式并不适用于欧

---

① "Permanent Structured Cooperation（PESCO）– Factsheet," EEAS, https：//www. eeas. europa. eu/eeas/permanent – structured – cooperation – pesco – factsheet – 0_en.

盟的安全合作，部分成员国先行成为防务一体化的最优解。《欧盟宪法条约》和《里斯本条约》明确规定：永久结构性合作是为军事能力达标且能够履行合作承诺的成员国打造的。这些国家可以绕开其他欧盟成员国开展深度的一体化合作，并执行更加艰难的防卫任务。在永久结构性合作建立与发展的过程中，这一规定也得到了充分的贯彻。对于永久结构性合作，欧盟的许多中小成员国并不抱有太大的热情。即使欧盟峰会认定有必要启动永久结构性合作，部分国家也不愿迅速拿出实际的行动。但部分国家可以先行一步的特性使永久结构性合作并未陷入到其他一体化合作迟缓甚至动辄停滞的状态。利用欧盟外长理事会确定的规则与程序，法国与德国很快拟定了启动永久结构性合作的详细提案，并得到了意大利与西班牙的同意。在上述四国的主导下，提案中的细节问题在很短的时间内就被敲定并进入表决程序。最终，丹麦、马耳他、葡萄牙与爱尔兰之外的 23 个国家签署了启动永久结构性合作的联合通知书，并将其交予欧盟理事会。在启动永久结构性合作的准备阶段，爱尔兰与葡萄牙又加入进来。因此在永久结构性合作正式生效时，该合作机制拥有 25 个成员国，但仍未覆盖所有的欧盟国家。纵观永久结构性合作的启动过程，每一步骤和阶段都没有获得欧盟成员国的一致同意。正是部分成员国先行一步的原则使得永久结构性合作能够一步步取得突破，最后进入真正的实践阶段。而在永久结构性合作的具体项目中，尊重差异性与倡导多速发展的理念则表现得更为明显。规模最大的军事机动性项目不仅包括 24 个欧盟成员国，也覆盖美国、挪威与加拿大三个非欧盟国家。而许多小型项目只在两三个参与国之间开展。比如，鱼雷和反鱼雷项目就是德国与荷兰两国之间的合作，通信基础设施与网络项目则有法国、瑞典与爱沙尼亚三国参与。在已有的 68 个项目中，有 44 个参与国家为5 个或 5 个以下，且参与成员各不相同，充分顺应了各国在安全防务领域的差异性和多速发展态势。

　　其次，永久结构性合作给予了参与国充分的自主选择权。永久结构性合作的框架决议规定，欧盟成员国参与永久结构性合作的决定是自愿的，不影响国家主权或某些成员国在安全和防务政策方面的具体特点。在承担永久结构性合作框架规定的约束性责任时，各参与成员国遵守本国现行的宪法法规。① 在加入和退出永久结构性合作的问题上，欧盟也充分尊重各成员国的意愿。按照规定，欧盟成员国可自主选择是否加入永久结构性合作。即便成员国选择不加入合作，永久结构性合作的大门依然为其敞开，且该国在欧盟框架下的其他安全防务合作也不会受到削弱。在永久结构性合作的后续发展过程中，未加入的国家可随时援引《里斯本条约》第 312 条第 3 款，向永久结构性合作的理事会告知其参与意向，并在理事会评估与表决后加入其中。在表决中，理事会将采取特定多数而非一致通过的表决制度，以避免申请国的参与意愿因一国反对而难以满足或迁延日久的情况。如成员国不再希望参与永久结构性合作，该国在将其意图通知理事会后就可退出合作，无须履行其他程序。在具体的项目合作中，欧盟成员国的自主选择权得到了更大的释放。永久结构性合作规定，参与国至少要参加一个项目。除此之外，参与国拥有选择参与各类项目的充分自由。这些国家可视自身情况选择感兴趣的合作项目或是国家组合，也可选择是否接纳希望参加其所在项目的其他成员国。正如爱尔兰总理利奥·瓦拉德卡所言，加入永久结构性合作并不意味着我们必须要买航空母舰和战斗机，我们可以只参与该合作机制中的有益部分，例如反恐、网络安全与维和工作。②

再次，永久结构性合作以多速的方式推动了防务一体化向前发展。永久结构性合作的本质是以参与国共同筹谋、统一规划，然后分解任务的方式开展安全合作，进而解决欧洲防务之前分散化、碎片化与低效化的问题。在理想状态下，它既可以与北约的防务能力相互补充，也可以提高欧盟的整体防务能力。欧盟所有的防务合作未来均可纳入到永久结构性合作的框架内。欧盟现有框架下的永久性对话，如"长期能力会议""能力汇集共同体"也得以修订或升级。从这一角

---

① 陆巍：《防务一体化的"多速欧洲"实践——永久结构性合作框架评析》，《德国研究》2018 年第 4 期。

② "Ireland's National Public Service Media: Dáil Votes to Join European Defence Organization," https://www.rte.ie/news/politics/2017/1207/925760 – pesco/.

度来说，永久结构性合作带有强烈的"前进"色彩，它充分借用欧洲一体化进程的"让·莫内方式"，从一个"项目"入手，积极整合资源，最终形成战略上各有侧重的"汇集池"①。在对成员国的监督与约束上，永久结构性合作虽然给予了成员国充分的自主选择权，但也在军事能力与履行防务承诺方面提出了更高的要求。按照永久结构性合作的要求，参与国必须保证充足的防务支出，坚持防务资源的共享和整合，增强军队的协同行动能力，并通过强化自主防务能力或为合作项目提供支持来共同推进欧盟的战略自主。永久结构性合作的理事会将定期对参与国的表现进行评估。对于未能达标或履行义务的国家，理事会也将通过特定多数的原则决定是否停止其参与资格。相比于《里斯本条约》第 7 条等必须全体一致才能启动的惩罚措施，永久结构性合作的惩罚措施显然更有可能生效，也因此更具约束力，从而保证了成员国在现有合作基础上进一步深化防务领域的一体化合作。

最后，永久结构性合作建立了将非欧盟国家纳入"多速欧洲"模式的创新机制。欧洲一体化进程为欧盟成员国参与一体化合作提供了强化合作、选择性退出、开放性协调与传统的政府间合作等多种路径。其中，前三种路径都属于欧盟框架内的参与方式，而最后一种路径则是绕过欧盟法律体系，利用传统方式签署政府间条约进行合作。这一路径独立于欧盟的框架外，因此许多受限于规则的欧盟成员国乃至非欧盟成员国都能够参与其中。"多速欧洲"属于在欧盟框架内展开合作的一体化构想，更多依赖强化合作与选择性退出两种合作路径，其覆盖范围也仅限于欧盟成员国。因此，无论是拥有潜在入盟前景的西巴尔干国家还是欧洲之外的其他国家，都不可能参与到以"多速欧洲"为指导的各类一体化合作中。然而，永久结构性合作突破了这一限制。2020 年 11 月，欧盟通过决议，同意非欧盟国家参与个别的永久结构性合作项目。根据新的规则，这些国家可以被破格邀

---

① 曹慧：《防务联盟：多速下的"欧洲项目"》，载黄平等主编《欧洲蓝皮书：欧洲发展报告：法、德大选与欧洲一体化的走向（2017—2018）》，社会科学文献出版社 2018 年版，第 234—236 页。

请参与特定的项目，只要它们能够支持欧盟的共同安全和防务政策并对深化防务一体化有益。① 此后，美国、加拿大与挪威迅速加入永久结构性合作的军事机动性项目。英国加入军事机动性项目的申请也已经被欧盟批准。在与项目参与国敲定合作协议后，英国就可以正式成为该项目的成员国。允许非欧盟国家加入永久结构性合作是欧盟针对欧洲防务特殊性的创新之举。长期以来，欧盟国家在安全防务上严重依赖北约与美国。许多欧盟国家与北约和美国的合作水平远高于欧盟成员国之间的合作。虽然欧盟和德法等国的领导人一直强调欧盟自主防务与北约并不是竞争关系，但永久结构性合作的建立依然引发了人们对于跨大西洋关系的猜疑。美国政府也多次对永久结构性合作发出"警告"，并游说其在欧洲的合作伙伴投票反对推进永久结构性合作和加强欧盟内部军事合作的指令。有鉴于此，欧盟主动打破了永久结构性合作的原有边界，一方面可以借助美国与加拿大等外部军事力量推动原本孱弱的防务一体化，另一方面可以打消北约内部的非欧盟国家，特别是美国对欧洲自主防务的疑虑，并与北约保持防务连贯性。正如北约秘书长斯托尔滕贝格所言，永久结构性合作下的军事机动性项目是欧盟与北约合作的典范。② 从"多速欧洲"的角度来说，永久结构性合作为多速发展模式下的欧洲一体化提供了新的合作路径，也为非欧盟成员国参与欧洲一体化创造了可能。

永久结构性合作是在 2017 年"多速欧洲"大讨论后启动的首个"多速欧洲"项目，因此被许多人寄予厚望。而在俄乌冲突的特殊背景下，永久结构性合作获得了更为强大的发展动力，部分欧盟成员国对于永久结构性合作的态度也发生了明显变化。以丹麦为例，过去 30 年来，丹麦一直在欧洲防务方面奉行"例外"政策，也是唯一一个在防务安全领域利用例外选择权的国家。作为中小成

① Claire Mills, "EU Permanent Structured Cooperation (PESCO): a Future Role for UK defence?" https://commonslibrary. parliament. uk/research – briefings/cbp – 9058/.

② "NATO Secretary General Welcomes PESCO, Stresses Need for Complementarity," NATO, https://www. nato. int/cps/ua/natohq/news_148838. htm? selectedLocale = en.

员国的典型代表，丹麦利用例外选择权将自身排除在一切有可能形成共同防务行动的外交与安全政策之外。在永久结构性合作启动时，丹麦同样援引这一权利拒绝加入其中。但在俄乌冲突的巨大安全威胁面前，丹麦不得不改变其原有立场，积极谋求加入欧洲共同防务机制与永久结构性合作。2022 年 4 月，丹麦议会通过议案，支持本国参与共同安全和防务政策，包括欧洲防务局和永久结构性合作。6 月，丹麦以全民公投的方式终止了以往的例外政策。2023 年 3 月，丹麦加入永久结构性合作的计划先后获得本国议会和欧盟理事会的批准。5 月，丹麦正式成为永久结构性合作的成员国。在丹麦加入后，永久结构性合作已经覆盖了除马耳他之外的所有欧盟成员国。在一定程度上，永久结构性合作也复刻了申根区和欧元区的发展路径，即从部分成员国先行，到覆盖欧盟大多数国家，最终成为欧盟框架内最有影响力的项目之一。在俄乌冲突长期化的背景下，永久结构性合作依然是欧盟国家关注的重点合作项目。在欧洲一体化最为孱弱的领域，永久结构性合作能否取得新的突破，并丰富"多速欧洲"的理念内涵与实践路径，值得我们进一步关注。

第二节　"多速欧洲" 与欧洲观念的历史变迁

从严格意义上来讲，欧洲一体化进程是在二战之后才有实质性的突破，但一体化或者欧洲联合的理念并非发端于欧盟或欧共体成立之时。早在民族国家尚未出现的中世纪，欧洲已逐渐成为一个以基督教为纽带，拥有集体认同和情感归属的精神共同体。中世纪以降，欧洲思想家和政治家提出了多种欧洲联合的构想，部分国家也曾在部分领域进行过欧洲联合的探索。直到第二次世界大战之后，真正具有实质意义的欧洲一体化进程才正式开启。在数十年的发展历程中，欧洲一体化进程也创造了一种全新的欧洲观念。如果说古希腊与古罗马时代的欧洲是神话与地理意义的，中世纪的欧洲是宗教意义的，近代的欧洲观念是文明与文化意义的，那么欧洲一体化背景下的欧洲则是具有现代意义的。从历史的维度来看,"多速欧洲"代表了欧洲一体化深化与发展的最新模式,将其置于欧洲观念的历史变迁中可以帮助我们更好地审视"多速欧洲"理念及其在欧洲一体化中的现实前景。

从地理位置上看,欧洲位于东半球的西北部与亚欧大陆的西端,北临北冰洋,西隔大西洋、格陵兰海、丹麦海峡与美洲相望,东临乌拉尔山,东南以里海、高加索山和黑海与亚洲为界,南隔地中海与非洲相望。著名的政治地理学家哈尔福德·麦金德认定,亚欧大陆的中部与北部,包括俄罗斯、中亚与高加索地区、中国北部与伊朗腹地的广大地区是整个世界的中心地带。这个中心地带的东面、南面与西面是呈巨大新月形的边缘地带,欧洲则位于边缘地带的西部,是南面不可逾越的撒哈拉沙漠、西边无边莫测的大西洋与北面冰雪与森林覆盖的荒原之间的有限陆地。[①] 显然,我们今日所谈论的欧洲更多是一个政治或者历史概念,其覆盖范围与地理上的欧洲相去甚远。因为宗教、历史、文化与经济等多种因素,欧洲在不同时期的边界多有出入,由此产生的欧洲观念更是不尽相同。

欧洲,是欧罗巴洲的简称。欧罗巴一词最早来源于古埃及语,后传入腓尼基语,其原意为日落的地方。[②] 后来,古希腊人开始使用拼音文字,并接受了腓尼基语中的诸多词汇,其中也包括欧罗巴一词。在古希腊人的认知中,欧罗巴的概念最早是以神话故事的形式呈现的。传说欧罗巴是地中海东岸腓尼基古国的公主。主神宙斯贪恋欧罗巴的美貌,化身为一头白牛将其带到了希腊的克里特岛。在那里,欧罗巴为宙斯生下了三个儿子,并永远留在了该地,克里特岛所在的那块大陆也因此被命名为欧罗巴。这虽然是神话故事,但在故事中欧罗巴已经具有了指代某一地理区域的内涵。最初,希腊人通常用欧罗巴或欧洲一词指代地中海以北的地理区域。在公元前 9 世纪与前 8 世纪之交的《阿波罗颂歌》中,作者写道,阿波罗要在德尔斐建立一座神庙,让"那些居住在富饶的伯罗奔尼撒、欧洲和所有海上岛屿的

---

① [英]哈尔福德·麦金德:《历史的地理枢纽》,周定瑛译,陕西人民出版社2013年版,第7—9页。

② 舒小昀、闵凡祥:《"欧洲何以为欧洲?"》,《中国图书评论》2009 年第 10 期。

居民"都可以来此寻求神谕。这里的欧洲即指伯罗奔尼撒半岛和爱琴海诸岛以外的、希腊世界北部的大陆部分。① 随着古希腊文明的发展与海陆交通的扩展,欧洲的覆盖范围也随之扩大,希腊人开始将西方的广大区域称为欧洲。而在地理概念的基础上,欧洲初步具有了文化与政治的意义。但在古希腊时代,欧洲的观念与古希腊人的自我意识交织在一起。多数古希腊学者将欧洲视为古希腊政治文化张力所及之地,或将欧洲与希腊的概念完全混用。② 进入古罗马时代,欧洲的观念同样隐而不显。作为一个世界性的古代帝国,古罗马的核心要素是法治与公民精神,其政治文化也带有强烈的普世主义色彩。在罗马之外,无论是欧罗巴还是亚细亚的概念都不具有文化的特殊性,因此无法为帝国之内的民众提供一种普遍的身份认同。

直到进入中世纪,真正具有集体意义的欧洲观念才开始形成。基督教的精神与文化成为欧洲观念的核心内涵。基督教最早发源于古罗马帝国治下的巴勒斯坦地区,此后在欧洲各地迅速传播并最终成为古罗马帝国的国教。平等理念与原罪说是基督教得以迅速发展的原因之一。按照基督教的教义,所有的人都是上帝的儿女,只要是人,不论贫贱富贵,出身、财富、社会地位有何差异,都是兄弟,没有文明人与野蛮人、自由人与奴隶、富人和穷人之分。③ 因此在罗马帝国的中晚期,基督教受到了社会中下层民众的普遍欢迎。而根据原罪说,所有人生来即带有原罪,只有相信承担世人罪孽的耶稣基督,弃恶行善,才能从原有的罪责中被拯救出来。相比于古希腊与古罗马的世俗文化,原罪说提供了一种前所未有的道德力量。它使得人们在物质世界之外更加注重精神的追求,特别是内心道德的修炼。如果说在帝国的繁荣时期,这种道德的力量尚未彰显,那么在黑暗与动荡的帝国晚期乃至中世纪,基督教的教义则为普通民众提供了一种心灵的慰藉,

---

① 张旭鹏:《"欧洲观念"的内涵及其历史演变》,博士学位论文,四川大学,2004 年,第3—4 页。

② 张旭鹏:《"欧洲观念"的内涵及其历史演变》,博士学位论文,四川大学,2004 年,第8页。

③ 姚勤华:《中世纪欧洲观念的基督教渊源》,《社会科学》2016 年第 1 期。

以及忍受苦难与抵御异族入侵的精神支撑。而在精神与文化层面之外，基督教更是维系整个社会的核心力量。在原有的帝国体系崩溃后，具有行政机构、议事制度、财政经费与专职人员的基督教会成为政治与社会事务的管理者。尽管欧洲各国的疆域与政权不断变动，但基督教会建立的管理体系一直存在。它们修建教堂、修道院与学校，兴办各种实业，组织行会，甚至向信徒征税，从而成为精神和世俗兼而有之的权力机构。^① 在这样的双重影响下，基督教迅速扩张，其影响范围逐渐与地理上的欧洲重合。由此，一个以基督教为核心的集体观念，即基督教欧洲开始浮现。对于欧洲大陆各国而言，加入基督教世界意味着融入一种统一的秩序之中。而对于普通民众来说，皈依基督教意味着提供了一种重要的身份认同以及与他人的情感联结。在天主教与东正教分裂以及伊斯兰文化"入侵"的过程中，这一集体观念得以不断强化，并最终具化为一条与外部世界的明确边界：它由北开始，沿着现在芬兰与俄罗斯的边界以及波罗的海各国（爱沙尼亚、拉脱维亚、立陶宛）与俄罗斯的边界，穿过白俄罗斯西部，再穿过乌克兰，把天主教的西部与东正教的东部分离开来，接着穿过罗马尼亚的特兰西瓦尼亚把它的天主教匈牙利人同该国的其他部分分离开来，再沿着斯洛文尼亚和克罗地亚边界同其他共和国分离开来的边界穿过南斯拉夫。当然，在巴尔干地区，这条界线与奥匈帝国和奥斯曼帝国的历史分界重合。^②

中世纪以降，民族国家开始在欧洲大陆上兴起。而在文艺复兴与宗教改革的过程中，基督教会对于世俗生活与精神世界的影响力都大为下降。一个基督教的欧洲逐渐让位于一个主权国家集合体的欧洲，由此欧洲观念的内涵也愈发世俗化，各国共同的历史经验、发展轨迹、文化特征乃至社会生活方式成为近代欧洲观念的核心要素。对于欧洲各国来说，这一时期不仅是自身快速发展与开启现代化的时期，也是发现新大陆、探索并征服新世界的时期。与其他文明的碰撞交流

① 姚勤华：《中世纪欧洲观念的基督教渊源》，《社会科学》2016 年第 1 期。
② ［美］塞缪尔·亨廷顿：《文明的冲突与世界秩序的重建》，新华出版社 2010 年版，第 138 页。

也促使欧洲反思自我，重新探寻自我意识的本源。欧洲文明成为人们关注的焦点。真正具有学理意义的文明概念是由 18 世纪的欧洲思想家提出的。相对于"野蛮状态"，文明代表了一种截然不同的生活方式、价值观念和思维模式。西方对文明的一般定义是：1）文明是艺术和科学发展到高级阶段的人类社会的条件，是相关的社会、政治和文化综合体；2）文明是指那些已经达到这种高级发展阶段的民族和人民；3）由特定群体、民族或宗教发展起来的文化和社会类型；4）文明或达到文明状态的行动或过程。[①] 从这一定义出发，我们可以看出欧洲文明具有几个鲜明的特征：从历史经验上看，欧洲各国共同继承了过去几个时代的文明遗产。它们既崇尚古希腊的哲学与知识传统，也吸收了古罗马帝国的法治精神。在宗教上，这些国家保留了中世纪的基督教与之后新教的核心价值。在语言上，这些国家多数属于拉丁语系或者深受其影响。从发展轨迹上看，这些国家大都经历了由地方自治或分裂到建立统一的民族国家，再到打造现代政治体制的历史进程。而从价值理念上看，由文艺复兴和启蒙运动中发展而来的个人主义与自由主义成为普通大众的处世准则甚至生活方式，而经验主义、理性主义与唯物主义则是他们对待自然与科学世界的基本态度。上述三个特征显然没有穷尽欧洲文明的全部特征，也不会普遍存在于所有的欧洲国家，但是，所有这些特征却是欧洲文明所独有的。[②] 在中世纪的基督教后，是它们的有机结合构成了欧洲文明的坚实基础，也赋予了欧洲文明新的独特性。因为诞生于一个欧洲迅速扩张的时代，欧洲文明的概念里不仅有明显的历史进步观，还潜藏着欧洲文明优于其他文明的"欧洲中心论"与将欧洲视为人类文明发展启示的"普世主义"表达。但从欧洲的视角来看，这样的文明观念被欧洲各国普遍接受，成为一种共同的集体意识与经验表达。

在欧洲国家开始现代化的过程中，与之相关的人文社会科学也在快速发展，对"欧洲观念"的理论性研究随之增多。以对欧洲观念

① 朱晓中：《"回归欧洲"：历史与现实》，《东欧中亚研究》2001 年第 1 期。
② 朱晓中：《"回归欧洲"：历史与现实》，《东欧中亚研究》2001 年第 1 期。

的历史性叙述为基础，许多学者开始对欧洲观念进行理论性的剖析，也更加关注普通民众的身份认同与集体心态。而如果将欧洲观念视为一种集体认同，那么在过去几个时代，一种能被普通民众感知或者认同的欧洲观念则并未出现。即便是在近代欧洲文明的观念中，政治学家强调的依然是欧洲各国在政治、法律、道德、文化和社会结构诸方面的相似性及其作为文化家园的意义，而很少谈及普通民众对于欧洲文明观念的感知、理解乃至认同。因此，从一种身份认同和集体意识的角度出发，埃德蒙·伯克认定，欧洲作为一种观念在 1700 年以前并不明显，只是到 18 世纪以后才被一些知识分子强烈地感觉到并且清楚地表达出来。并且，只有从 18 世纪开始，普通人，至少是城市中的普通人才开始具有欧洲意识。事实上，伯克等人的论断为我们研究欧洲观念提供了一种全新的视角。在讨论欧洲观念的内涵与外延等抽象问题之外，我们也应该关注欧洲观念在现实社会中被认可与接受的程度。普通民众对这一观念是否有着统一的理解，他们的理解是建立在何种知识信息水平之上？他们认同这一观念的动力又是什么？这样的研究路径与现代政治科学的研究范式十分契合。随着政治学理论和研究方法的不断发展，从集体认同视角出发探讨欧洲观念的研究也越来越多，为我们研究欧洲观念的形成与变迁提供了十分宝贵的资料。

总体来看，过去几个时代的欧洲观念与欧洲一体化时代的欧洲观念有着很大的不同。古希腊与古罗马时代是欧洲观念初步形成的阶段。形成这一观念的第一个要素来自神话与传说，第二个要素来自地理探索与帝国的扩张。从这一角度出发，此时的欧洲观念既代表了一种地理概念，也初步具有了文化与政治的意义。但这种欧洲观念仍然是与古希腊人的自我意识以及古罗马的帝国意识杂糅的，并不具备独特的内涵，而所谓的欧洲边界也并不统一和明确。进入到中世纪，基督教对世俗社会与精神世界的双重统治将基督教文化与欧洲观念牢固地绑在一起。以基督教为核心的集体观念逐渐成为欧洲观念的内核，天主教与东正教以及其他宗教的分界线成为区分自我与他者的明确界限。不同宗教或教派之间的厮杀与战争更强化了这种边界意识。中世纪以降，对于欧洲观念的认识愈发多元。基督教权的衰落与民族国家的崛起使得越来越多的人将欧洲视为民族国家的联合体。伴随着各国的殖民与扩张，欧洲日益成为世界舞台的中心，欧洲文明也成为人们关注的焦点。通过对欧洲主要大国发展历程的总结，文明或者说欧洲文明的主要特征被充分提炼。这些特征既为具有文明意义的欧洲观念提供了基础性要素，也成为评判欧洲边界或欧洲观念外延的重要依据。在民族国家的联合体与文明意义的欧洲观念之外，许多学者也开始从政治科学的角度分析欧洲观念，他们较少关注对观念内涵的探讨，而更多关注对这一观念的事实性认同以及认同的水平、要素与动力等问题的研究。而最终的欧洲边界也应该以认同的程度与性质为基准。

欧洲一体化进程不仅创造了一个全新的欧洲观念，也使得接受这种统一的欧洲观念成为一种潮流。在 20 世纪初的西班牙，是否应该欧洲化依然是一个值得争论的话题。一部分西班牙人坚持认为要想实现本国的真正发展，就必须寻回"旧梦"，并发扬西班牙人的传统，他们甚至认为整个欧洲的现代化都是错误的方向，而西班牙的光荣历史与传统精神才是全欧洲的榜样。但到了 20 世纪末，这些观点在欧洲大陆已经不再流行。对于志在加入欧盟、融入欧洲一体化进程的中东欧国家来说，需要讨论的不是是否应该欧洲化，而是如何更快地实现欧洲化。在欧盟推迟其正式入盟的时间后，罗马尼亚与保加利亚就曾表达了强烈的不满。它们认定欧盟的这一做法不是因为它们的政治经济改革未能达到欧盟要求的标准，而是因为欧盟与西欧国家觉得它们是巴尔干国家，而非真正的欧洲国家。同样地，克罗地亚因为欧盟将其列入西巴尔干地区而不满。显然，在欧洲一体化的背景下，一个大欧洲的观念已经成为一种政治正确，以至于巴尔干或巴尔干化成为一种落后与异化的代名词。一方面，这一现象的出现得益于欧洲一体化过去数十年的成功实践；另一方面，它也与欧洲一体化进程中诞生的欧洲观念有着密不可分的联系。可以说，欧洲一体化进程中的欧洲是真正具有现代政治意义的欧洲。相比于过去几个时期的欧洲观念，它具有更加鲜明的特色。

首先，一体化时代的欧洲观念与欧洲一体化的实践紧密相连。小到地域，大到国家，任何一种共同观念的形成都与特定的政治实践相连。以民族国家为例，它的出现是对近代社会发展趋势以及各种历史挑战的积极回应。具体来说，都市化、商品生产与交换、人员流动与信息交流使社会出现了一体化倾向。在社会一体化进程中，民族意识成为整合现代社会的黏合剂。属于"同一"民族的意识使原先的信徒或臣民变成了政治共同体中的公民。一方面，公民组成的民族成了民族国家民主合法化的源泉；另一方面，民族又促进了社会的一体化。随着时间的推移，民众的民族意识和公民意识融为一体，从而形成一种强大的势能并牢固地作用于民族国家与社会。① 换言之，民族国家观念的出现是历史实践的产物，也与特定的政治发展进程相连。但在欧洲一体化进程开启之前，一种将整个欧洲联合起来的政治需求尚未真正出现，而实现联合的现实条件也并不成熟。因此各种欧洲观念都更多地停留在想象的层面，无法通过有效的政治实践直达社会大众的生活乃至内心。在古希腊与古罗马时代，欧洲观念尚处于相对模糊的阶段。中世纪的欧洲是基督教的欧洲，欧洲观念的扩展也与基督教的传播过程相一致。虽然基督教在一定程度上扮演了世俗政权的角色，但其本质上仍然是一种精神共同体，其传教与扩张的过程也并非一种有效的政治互动。因此，除数次间隔较长的十字军东征外，基督教欧洲的观念并没有与之匹配的政治实践。中世纪以降，民族国家成为欧洲主流的政治组织形式。民族国家的联合也成为欧洲联合的唯一方案。但政治家与学者们提出的方案或是流于空想，或是浅尝辄止，无法与社会大众建立真正的政治沟通与互动。直到二战之后，以民族国家为基础或者说超越民族国家界限的一体化诉求才真正出现。从最初的煤钢共同体到欧洲经济共同体，再到政治经济全方位一体化的欧洲联盟，从最初的 6 个成员国到现在的 27 个成员国与若干候选国，欧洲一体化进程取得了巨大的成功，更使得对欧洲观念的探讨真正具有了实践的意义。现在我们所探讨的欧洲既是观念与理论层面的欧

---

① 董小燕：《试论欧洲认同及其与民族意识的张力》，《世界经济与政治》2004 年第 1 期。

洲，也是政治实践与经济发展进程中的欧洲，更是与普通民众切身利益与福祉息息相关的欧洲。欧洲一体化的现状以及政治个体在一体化进程中的境遇会决定其对这一观念的诠释与认同，而对观念的不同诠释与认同也会反过来影响个体参与一体化进程的态度与行动，甚至会影响欧洲一体化进程的未来走向与前景。观念与实践紧密关联并相互影响，这是之前几个时期的欧洲观念所不具备的重要特征。

其次，一体化时代的欧洲观念暗含一种功能主义的发展模式。不同的欧洲观念有着对欧洲联合或者统一方式的不同理解。而在民族国家兴起之后，联邦主义与邦联主义就成为欧洲联合最为主流的两种路线。但在欧洲一体化的进程中，欧盟与欧洲各国则采取了一条渐进的功能主义路线，即通过实现各国某些关键的职能部门如钢铁业、交通运输业与能源产业的联合来刺激其他职能部门的进一步合作，从而将联合扩展到其他部门乃至整个经济部门，实现经济一体化。前文已述，欧洲一体化的进程最初是从煤钢联营开始的。一方面，煤炭与钢铁都是重要的战争资源，将其置于联合经营的框架下，有利于减少战争的风险，维持欧洲地区的和平。另一方面，煤炭与钢铁产业也是当时欧洲经济发展的重要支柱。实现煤钢联营，有助于通过经济合作解决各国边境管理与边界纠纷的问题，进而推动整个欧洲的联合。因此从煤钢联营到经济共同体，欧洲国家迅速实现了经济领域的一体化。在经济一体化的过程中，功能主义的模式也自然地发展为新功能主义的模式，即一体化能够不断地自我强化，并产生强大的溢出效应，而经济社会事务本身是相互依赖和关联的，所以跨国合作和向超国家机构转让权力会从一个领域扩散到其他领域。换言之，经济一体化的成功会外溢到政治与安全等其他领域，进而带动全方位的一体化进程。功能主义与新功能主义模式的成功，与其渐进主义与实用主义的色彩密不可分，但更为重要的原因则是它们在保留民族国家权力与向超国家实体转移权力的过程中保持了良好的平衡。虽然欧盟本身是超国家的政治实体，但它代表和体现了每个成员国的利益，其治理模式也是超国家管理与政府间合作混合的多层次治理模式。米尔沃德等学者甚至认为，欧洲一体化是增加而非削弱了成员国政府的权力，这一过程在一定程度上拯救了民族国家。当然无论其功过与否,功能主义与新功能主义的理念已经深深融入了现有的欧洲观念。在标志欧盟诞生的《马斯特里赫特条约》里,欧盟明确提出了三大支柱的结构概念,每一支柱分别代表了欧盟的不同功能,或者说成员国在不同领域的合作。通过三大支柱建设,欧盟力求深化已有领域的合作,进而推动一体化在其他领域的拓展,并最终打造真正的超国家联盟。显然,这样的合作理念或者说联合方式代表了一种全新的欧洲观念,也与欧洲政治文明的精神相契合。

最后,一体化时代的欧洲观念是具有现代政治意义的欧洲观念。无论是欧盟的制度设计与权力结构,还是欧盟的扩员与发展历程,抑或是欧洲一体化的具体运行规则,都充分表明欧洲一体化进程中的欧洲观念是真正具有现代政治意义的欧洲观念。分权制衡的制度机制是这一观念的重要组成部分。自近代以来,三权分立与相互制衡的制度安排就成为欧洲政治和社会组织的基本原则。正是基于这种共同认识,欧洲一体化的设计者和实施者在建构其组织机制的过程中,本着权力制衡、民主与效率等原则,搭建起欧洲一体化的组织机构。在数次扩员的历程中,欧盟也逐渐确立了基本的入盟标准:第一,拥有捍卫民主的机构,尊重法治、人权和保护少数民族;第二,拥有行之有效的市场经济,以及应对欧盟内部竞争压力和市场力量的能力;第三,履行成员国职责的能力,包括恪守政治、经济和货币联盟的宗旨。其中后两项主要是对新成员国治理能力与履行义务的要求,而第一项则代表了欧盟的价值立场。在日常的治理过程中,欧盟曾多次为捍卫其价值理念采取具体措施,包括对违背市场经济原则和违规使用欧盟资金的国家中断贷款或中止发放援助资金,[1] 以及在司法与腐败问题严重的国家设立专门的合作与核查机制[2]。结合上述的标准与原则,我们可以归纳出欧盟的核心价值:第一,现代、民主与多元的政治体制;第二,包括民族平等、性别平等与社会经济平等在内的全方

---

[1] 高歌:《中东欧国家"欧洲化"道路的动力与风险》,《国外理论动态》2013 年第 10 期。

[2] 鲍宏铮:《罗马尼亚和保加利亚应对欧盟合作与核查机制比较研究》,《俄罗斯学刊》2014 年第 1 期。

位社会平等；第三，法治与消除腐败。显然，以此为基础形成的欧洲观念带有更多现代政治的精神。对比过去几个时期的欧洲观念，欧洲一体化进程中的欧洲观念并不追求宗教上的纯洁、语言的唯一以及文化上的相似，相反它力求在一个基本框架内塑造一个包容多元的社会。不论其宗教、历史与文化，社会中的民众都可以从这一观念中获取一种共同的身份认同。同样地，一个国家要想加入欧盟，最为重要的评判标准是该国是否认同欧盟的价值理念并建立与之配套的政治经济体系。事实上，欧盟的扩员历程也验证了其欧洲观念的包容与开放。许多在文化与历史属性上与西欧截然不同的国家已经顺利加入欧盟，而一些隶属于其他文明的国家也仍然保留着入盟的希望。

一体化时代的欧洲观念与过去几个时代的欧洲观念有着明显不同，但这一观念不是一成不变的。随着欧洲一体化进程的不断发展，一体化时代的欧洲观念也产生了明显变化。历次扩员，特别是中东欧国家大规模入盟，都引发了欧洲国家和社会对欧洲观念的再思考。中东欧国家在入盟后继续融入欧洲一体化的过程也给欧洲一体化的实践与观念带来了新的挑战。

从观念的层面来讲，中东欧国家的入盟并未给欧洲一体化进程中的欧洲观念造成实质性的改变。在入盟的过程中，欧盟是相对强势的一方，由它来设立相应的标准与原则。而中东欧国家则是相对弱势的一方，为了满足欧盟的入盟标准，中东欧国家不仅积极贯彻了欧盟的价值理念，而且对国内的政治经济体系进行了大刀阔斧的改革。因此就欧洲观念来说，中东欧国家扮演的角色是接受者，而非改造者。遗憾的是，中东欧国家的一系列改革并未真正消除其异质性。虽然拥有相似的政治经济体制，但中东欧国家与西欧国家在价值理念、治理模式乃至社会心理层面都有着不小的差异。在欧洲一体化进程遭遇挫折的今天，这样的差异逐渐演变为公开的分歧，从而严重影响了欧盟解决问题的能力与一体化的未来前景。因此在反思欧盟东扩与中东欧国家入盟进程的同时，许多人也开始对欧洲一体化进程中的欧洲观念进行剖析，并从中寻求解决欧盟现有困境的方法。

在经济领域，中东欧国家的经济发展水平与西欧国家尚有一定差距。高阶的经济数据也有力地证明了这一点。无论是在通胀率离散系数、国际竞争力指数还是在外部失衡状况上,中东欧国家的得分都低于西欧国家。[①] 事实上,中东欧国家与西欧国家的差异不仅体现在显性的经济数据上,更存在于双方的资源禀赋、产业结构与发展模式中。在短期内,欧元区长期以来形成的债权关系及"生产消费"体系难以被欧元区一体化举措真正改造,落后国家的发展模式也不可能与先进国家完全趋同。[②] 虽然欧元区内部实现了商品、服务、资本与人员的自由流动,但语言、社会文化与职业技能认证等隐性障碍依然存在,导致四大要素难以向最优的方向流动。经济薄弱地区无法获得充足的资本,过剩的劳动力也未能向需要的地区迁移。多数中东欧国家面临着高通胀率、高失业率和高劳动成本增长率的问题,在将经济主权部分移交给欧盟后,它们进行经济调控的空间很小。一旦出现问题,这些国家的良好发展势头将被遏制,而欧元区的经济一体化进程也会受到波及。面对波兰、捷克与匈牙利等国对加入欧元区的犹疑或拒斥,欧盟也开始重新审视欧元区内的经济一体化实践与理念,并反思欧元区内部的经济结构。在自身的发展历程中,欧元区形成了独特的债权关系与生产消费体系。德国与法国等大国的生产总值区内占比以及调和通胀率权重决定着欧元区的加总水平[③],它们对于欧元区的决策也起着主导作用,而中小国家面临着更多通货膨胀、失业率与劳动力成本的问题,却因为实际的经济影响力较小而被迫接受一个不利的分配格局。在推进经济一体化的过程中,欧元区自然分化出核心国家与边缘国家,这也是部分中东欧国家畏而不前的重要原因。无论是在过去还是未来的发展进程中,欧盟都将欧元区改革视为欧洲一体化的核心议题或先行领域,但部分中东欧国家的疑虑与担忧说明欧元区尚未向其他国家展示足够的吸引力,其内部发展也存在一定的问题。

————————

① 原磊、邹宗森:《价格趋异、竞争力分化与外部失衡——欧元区一体化的机制障碍与现实困境》,《中国社会科学院研究生院学报》2018 年第 2 期。

② 董一凡、王朔:《后危机时代的欧元区改革前景》,《现代国际关系》2017 年第 10 期。

③ 原磊、邹宗森:《价格趋异、竞争力分化与外部失衡——欧元区一体化的机制障碍与现实困境》,《中国社会科学院研究生院学报》2018 年第 2 期。

从这一角度出发，中东欧国家发出的异样声音正好为欧盟提供了重要的参考意见，也促使经济一体化领域内的欧洲观念发生有益的变化。

在政治领域，欧洲一体化进程的欧洲观念是具有现代政治意义的欧洲观念。以现代政治文明的精神为依托，它既分享共性也尊重多样性，并力求通过多样性与统一性的有机结合实现社会文化的多元统一。在一个同质化相对较高的范围内，人们的差异实际上是有限或者可控的，只要存在一种共同的道德规范，多元性与统一性的目标就可以兼顾。欧洲一体化的早期进程也充分说明了这一点。随着边界的不断拓展，整个社会的多样性与复杂性都迅速上升，而公共理性以及其他对话的基础也在不断削弱。在这样的局面下，维持多元依然是一个可以实现的目标，但建立在对话、理解与协商基础上的统一则愈发难以实现。从这个角度出发，"多元统一"的口号实际上暴露了欧洲文化边界的不确定性。在当前的欧洲社会中，一种集体的文化或者认同很难被建立。它既不能建立在民主等现代政治概念的基础上，也不能来自宗教与民族等特定的文化属性。而在一个经济日益全球化的时代，想捍卫一种欧洲经济认同更是难以实现。因此当欧洲一体化进程遭遇挫折的时候，现有的欧洲观念无法提供超越经济范畴的文化凝聚力，也不能激发不同国家、社会阶层与文化群体共同捍卫一体化进程的意愿与动力。面对欧盟的困境，许多人甚至重新回归民族认同与国家认同。民族民粹主义在欧洲的重新兴起也充分印证了这一点。

与此同时，许多人也在尝试改造现有的欧洲观念。2014 年，匈牙利总理欧尔班在罗马尼亚的图什纳菲尔德提出要建立新的国家组织形式。他认定福利国家与自由主义的模式已经耗尽了自身的储备。匈牙利要想获得光明的未来，就必须与自由主义的社会组织原则与方法决裂。以此为基础，匈牙利要建设成为一个非自由民主的国家。欧尔班的非自由民主国家及其后续的一系列做法在欧洲引起了轩然大波，也招致了欧盟历史上前所未有的批评与制裁。但除却民粹主义与实用主义的部分，非自由民主国家的理念暗含着保守主义的价值取向。在匈牙利的新宪法中，基督教的价值观受到了格外的重视，并被视为匈牙利历史和文明的基础。而匈牙利民族也被置于更高的地位。在许多公开场合，欧尔班都表示匈牙利民族不是众多个人的简单聚集，而是一个共同体。在欧盟当前的境遇中，匈牙利民族的特性不应被淡化，而需要继续组织、强化与建设。可以说，将匈牙利视为欧盟未来希望的欧尔班意在借助民族与宗教等欧洲历史长河中的传统与认同，向现有欧洲观念的多元性发起挑战。无独有偶，2017 年 10 月 7 日，欧洲十位具有保守主义倾向的学者，以九种语言同时发布一份联署声明，表达了他们对目前欧洲危机的看法。他们认定后民族与后文化的欧洲世界存在着各种缺陷，而一个虚假的欧洲正在实质性地威胁着现有的欧洲一体化进程。而在这些学者看来，对传统价值的刻意淡化与对文化多元主义图景的过度追捧是导致欧盟现有危机的主要原因。而基督教是滋养欧洲文明的根基，民族国家是欧洲文明的重要标志。为了解决现有的危机，欧盟与欧洲各国必须重拾这些传统价值，以压制个人主义、多元主义与技术主义的泛滥。虽然考虑问题的出发点与立场完全不同，但欧尔班与保守主义学者的提议代表了欧洲政治精英与社会大众的一种共同诉求。在现有的欧洲观念面临多元困境时，他们希望回归历史，回归传统，借助过去的欧洲观念与其他已被历史证明的集体认同方式来重新整合现有的欧洲社会。

当然，在放弃多元、回归传统之外，欧洲观念的变迁还存在另外一种可能的路径，即改变统一，转为多速。在"多速欧洲"的模式下，各国会以不同的步调和速率推进欧洲一体化进程。考虑到参与一体化的能力与意愿，部分成员国会率先参与新一轮的欧盟改革进程。相比于其他成员国，这些国家的政治经济发展水平更好、一体化程度更高，其国民也更加支持欧盟与欧洲一体化进程。因此它们的改革会遇到较小的阻力，也易于取得预期的效果。一旦成功，它们的改革就会产生强大的示范效应，也能重新凝聚各国国内社会对于欧盟的信心以及欧洲一体化红利的稳定预期，而这也正是过去欧盟能够向成员国贯彻权威与意志的重要保障。在双速或多速的模式下，欧盟会自然分化为在不同一体化领域的不同核心团体，进而产生资源与投入的倾斜。这种状况会给非核心成员国造成更多的压力与紧迫感，也给予了欧盟分而治之的机会。面对核心团体的先行，其他成员国的未来一体化进程可能会类似于中东欧国家的入盟进程。它们不得不接受欧盟设立的标准与改革要求，从而使欧盟重新获得对成员国的控制力。正因为如此，欧盟中的中小国家，特别是中东欧国家对"多速欧洲"的设想表达了强烈反对。但展望未来，世界体系仍然处于复杂而深刻的演变之中，民粹主义和保护主义大行其道，大国斗争博弈趋于激烈。在俄乌冲突的背景下，美欧、俄欧关系难有大幅回转，欧盟的外部环境也不会出现实质性的改善。在欧盟内部，英国脱欧带来的动荡尚未消除，欧洲一体化的未来前景也并不明朗。面对一系列政治与社会问题，各国政治系统的纠错能力却在不断弱化。政党与政治家沉溺于权力的争夺与派系之间的斗争，没有对社会大众的政治意见和时代发展的新诉求做出有效回应。因此在可预见的未来，欧盟依然难以摆脱现有的顽疾。乱中求治，芜杂中寻求共同前进的道路将是欧盟未来的主题。在这样的大背景下，"多速欧洲"可能是欧洲一体化进程的最优解，也是唯一解。因为部分成员国的强烈反对，"多速欧洲"的设想无法落实为欧盟的战略文件，但在另一部分国家特别是德法双核的支持下，欧盟已经悄然向多速的方向前行，并开启了在政治、经济与军事等多个领域的改革进程。虽然过去的欧洲一体化进程从未以均速的方式前行，但各成员国的欧洲化水平与速率都保持在相对同步的状态。一旦"多速欧洲"真正成型，那么欧洲一体化将不再以统一的方式进行，这将从另一个角度挑战现有多元统一的欧洲观念。事实上，无论欧洲观念朝着哪一方向演变，它都必须对中东欧国家的异质性及其入盟导致的边界（包括政治边界、经济边界、文化边界与观念边界）扩大做出积极回应。

第三节　俄乌冲突与欧洲一体化的未来走向

2022 年 2 月爆发的俄乌冲突被视作自"9·11"事件以来最为重大的国际事件。对于"近在咫尺"的欧盟来说，这场冲突不仅严重冲击了其心理防线与安全认知，也对各成员国的政治、经济与社会文化产生了巨大影响。德国前总理朔尔茨就公开表示,俄乌冲突必将成为欧洲大陆历史的分水岭。冲突爆发后,欧盟国家保持了高度的团结与一致,一方面对俄实施多轮制裁并积极援助乌克兰,另一方面,着手加强国防建设,强化与美国和北约的军事合作,以巩固自身安全。受俄乌冲突的刺激,欧盟在政治方面出现了许多新特点,包括成员国前所未有的一致性、加速的地缘政治转向以及联盟内部领导力量与反对力量的微妙变化等。这些变化都将对欧洲一体化进程产生重大影响,也会决定包括"多速欧洲"在内的各类一体化构想的未来发展前景。

面对俄乌冲突,欧盟及其成员国基本保持了一致的立场,包括充分尊重乌克兰的主权与领土完整,全面支持乌克兰的军事行动、和平重建与人道主义援助;同时,对俄罗斯进行严厉的谴责,呼吁俄罗斯遵守国际法并将其军事力量撤出乌克兰。以这一立场为基础,欧盟及其成员国采取多种举措,以积极应对俄乌冲突。从针对对象与适用范围来看,其核心举措主要包括以下三个方面:

第一,全面支持与援助乌克兰。俄乌冲突爆发后,军事援助自然成为欧盟及其成员国支持乌克兰的重点内容。在"欧洲和平基金"机制下,欧盟为乌克兰提供了多轮武器融资。在欧盟的支持下,欧盟成员国也通过多种渠道向乌克兰提供武器装备与军事援助。起初,考虑到乌克兰军队的训练情况与武器熟悉程度,欧盟国家向乌克兰提供的多为苏式装备与"标枪""毒刺"等单兵作战武器。保有大量苏式装备的中东欧国家成为援乌武器的重要来源方。为协助中东欧国家开展军事援助,美国和西欧国家、中东欧国家与乌克兰打造了环形交换的模式,即由中东欧国家向乌克兰直接交付苏式武器,而美国与西欧国家用自身的装备补充中东欧国家的武器库。[1] 在这一计划的支持下,捷克、波兰等国得以用美式或德式装备填补其向乌克兰交付武器后的库存空白。此外,斯洛伐克也在德国与荷兰等国的支持下接收了

---

[1] "US Pledges to Make Polish Army 'One of the Most Capable in Europe' amid Talks on New Arms Deals," https: //notesfrompoland. com/2022/04/21/us - pledges - to - make - polish - army - one - of - the - most - capable - in - europe - amid - talks - on - new - arms - deals/.

装备"爱国者"防空系统的北约部队，以更快地向乌克兰提供 S－300 远程防空导弹系统。[①] 随着时间的推移与战场形势的变化，欧盟国家对乌军援工作也发生了改变。在环形交换模式外，西欧国家也开始向乌克兰直接输送更多新式装备，并帮助其武器装备系统向北约标准全面过渡。德国、法国与荷兰等国陆续向乌克兰输送了凯撒自行榴弹炮与 Panzerhaubitze 2000 自行榴弹炮等多种重型武器，并向乌克兰直接提供先进坦克。而随着俄乌冲突的长期化，欧盟及其成员国也在不断提升援乌武器的性能。此后，欧盟各国数次向乌提供大量重型武器装备。这些武器多为现役主战型号，其性能远优于之前援乌的各式武器。在 2023 年 7 月的北约峰会期间，法国公开表示已将其提供的首批远程导弹运抵乌克兰，并持续帮助乌克兰提升深入打击能力。德国也承诺在原有 27 亿欧元的武器援助计划上再追加 7 亿欧元的军事援助，以向乌提供主战坦克、步兵战车等新式重型武器。

难民问题也是欧盟及其成员国关注的重点问题。俄乌冲突爆发使得数百万乌克兰人涌向周边国家和地区。在 2015 年欧盟遭遇难民危机时，与乌克兰相邻的中东欧国家大都对接收难民持否定态度，甚至为此甘受欧盟的批评与惩罚。但在俄乌冲突中，这些国家一改过去的立场，纷纷对乌克兰难民敞开怀抱，并向入境的难民提供经济、住宿、安全等多方面的援助。随着难民的大量涌入，部分国家也尝试通过登记注册、发放身份证、建立援助平台和网络等方式管理和安置难民。波兰与捷克等国还通过立法的形式保障难民享有一般的公民权利与就业学习的平等机会。[②] 在新的难民危机出现后，欧盟与西欧国家也迅速行动起来。2022 年 3 月 4 日，欧盟 27 个成员国一致决定在欧盟范围内启用《临时保护指令》（Temporary Protection Directive）。这是欧盟历史上第一次启用这一指令。《临时保护指令》的生效意味着

---

① 《美媒：斯洛伐克接收首批"爱国者"防空导弹》，新华网，http：//www. news. cn/mil/2022－03/22/c_1211617082. htm。

② "Uprchlíci z Ukrajiny dostanou snáz pobytové oprávnění, odklepli senáto ř i," https：//www. novinky. cz/domaci/clanek/uprchlici－z－ukrajiny－dostanou－snaz－pobytove－opravneni－odklepli－senatori－40390749.

乌克兰难民无须通过复杂的庇护程序就可自动获得一年期的临时保护。如果一年后俄乌冲突依然持续，则该保护期将继续延长。根据这一指令，进入欧盟范围的乌克兰难民将在其所在国享有居留和就业、获得住房与医疗援助、接受教育与开设个人银行账户等多种权利。①随后，欧盟更通过了安置难民的详细计划，以更好地协调成员国的行动，改善难民迁徙路线上的交通状况，并打击可能存在的人口贩运与其他犯罪行为。而在凝聚与区域复苏援助计划的框架下，欧盟向大量接收难民的波兰、罗马尼亚与比利时等国提供了超过十亿欧元的资助，以帮助这些国家保障难民的基本生活。②

推动乌克兰的入盟进程是欧盟及其成员国支持乌克兰的一项重要举措。过去，乌克兰曾多次表达过加入欧盟的强烈愿望。2019 年，乌克兰甚至将加入欧盟和北约作为国家基本方针写入宪法。但遗憾的是，因为地缘政治与国家发展水平等因素，乌克兰的诉求并没有真正得到满足。在俄乌冲突前，乌克兰仅与欧盟签署了《联系国协定》。冲突爆发后，泽连斯基迅速签署了申请入盟的文件，并呼吁欧盟启动"新的特殊程序"吸纳乌克兰。这一问题随即在欧盟内部引发了广泛的讨论。从欧共体时代算起，欧盟一共经历了七次扩员。而在 2013年克罗地亚入盟后，欧盟的扩员进程已经处于事实上的停滞状态。塞尔维亚等西巴尔干国家或是陷入漫长的入盟谈判中，或是迟迟难以开启入盟谈判。更为重要的是，在过去的十年间，欧洲一体化进程屡屡受挫，成员国之间的分歧与差异性有增无减。在这样的局面下，欧盟一直将内部改革与重塑欧洲一体化的发展方向作为工作重点。此时接纳一个异质化程度甚高的国家显然并不明智。但从另一个角度来说，推动乌克兰的入盟进程是一项极具象征意义的举措，其政治影响远远

---

① "Information for People Fleeing the War in Ukraine," European Commission, https：//commission. europa. eu/topics/eu – solidarity – ukraine/eu – assistance – ukraine/information – people – fleeing – war – ukraine_en.

② "EU to Grant Poland 59 Million for Helping Ukrainian Refugees, Media Say," https：//www. euractiv. com/section/politics/short_news/eu – to – grant – poland – e59 – million – for – helping – u-krainian – refugees – media – say/.

大于社会经济等实际考量。此外，乌克兰虽然已经进入了入盟的
"快车道"，但仍需经过一系列的政治程序才有可能成为欧盟的正式
成员。短期内加速乌克兰的入盟进程并不会真正将乌克兰融入欧盟的
现实问题摆到眼前。两相权衡，欧盟与各成员国最终同意破格考虑乌
克兰的入盟申请。2022 年 4 月，乌克兰获得了入盟的调查问卷，并
在一个月的时间内将其返还。6 月 17 日，欧盟委员会建议给予乌克
兰欧盟候选国的地位。欧洲理事会 6 月 23 日决定，同意欧盟委员会
的建议，乌克兰最终正式成为了欧盟的候选国。[①]

　　第二，对俄罗斯进行制裁与威慑。在俄乌冲突爆发前一天，欧盟
已经因俄罗斯承认顿涅茨克和卢甘斯克为独立国家发起了第一轮制
裁，制裁的内容主要包括：将 351 名俄罗斯国家杜马议员与其他 27
个知名人士与实体列入黑名单，冻结其在欧资产，禁止其前往欧盟。
同时，限制顿涅茨克和卢甘斯克两个地区与欧盟的贸易往来以及俄罗
斯在欧洲资本与金融市场的活动。冲突爆发后，欧盟大幅升级了原有
的制裁措施，包括将俄罗斯总统普京与外长拉夫罗夫等人加入个人制
裁的名单；进一步扩大原有的金融限制，切断俄罗斯进入重要资本市
场的渠道；禁止向俄罗斯出售、供应、转让或出口特定的炼油产品和
技术，并对相关服务的提供进行限制等。此后，随着战事的推进，欧
盟又多次颁布了新的制裁措施。截至 2025 年 2 月，欧盟对俄罗斯一
共发起了 16 轮制裁，包括政治、经济、能源、科技等多个领域，白
俄罗斯与伊朗两国也受到波及。[②] 对比 2014 年克里米亚事件后的对
俄制裁，欧盟在过去三年的制裁措施呈现出更加迅速与更加坚决的特
点，其制裁力度也是大幅提升。从第一轮制裁到第十六轮制裁，欧盟
的制裁遵循从科技与实体部门到金融领域，再到能源领域的路径，且

---

① "Ukraine Becomes an Official EU Membership Candidate," https：//www. wsj. com/articles/u-kraine‒becomes‒an‒official‒eu‒membership‒candidate‒11656009059.

② "Infographic‒EU Sanctions Against Russia over Ukraine (Since 2014)," https：//www. consili-um. europa. eu/en/infographics/eu‒sanctions‒against‒russia‒over‒ukraine/.

制裁举措越来越精准与具体。① 在引发诸多争议，且对欧盟经济影响较大的能源领域，欧盟也展现了前所未有的坚定意志。从煤炭到石油天然气，其制裁举措步步提升，且仍有继续加码的趋势。

第三，加强自身国防建设，强化与美国和北约的军事合作。俄乌冲突的爆发引发了欧盟国家对自身安全的担忧。从 2022 年 2 月底开始，德国、丹麦、瑞典与西班牙等国都宣布大幅增加国防开支，并将军费在 GDP 中的占比提升到 2% 以上；原本军费在 GDP 占比已达 2% 的波兰到 2023 年将军费占比上调至 3%。而军费高居世界前六的法国也宣布在 2023 的财政预算中追加 30 亿欧元的军费。② 在增加军费的同时，欧盟国家也在加紧采购新式武器装备。通过直接订购或环形交换等方式，欧盟国家获得了战斗机、主战坦克、装甲车与导弹防御系统等多种武器，大大加快了武器装备升级换代与国防现代化的进程。在欧盟国家中，德国的情况引发了最多的关注。自二战以来，德国一直奉行和平主义与军事克制的路线。但在冲突爆发后，朔尔茨公开宣布设立 1000 亿欧元的特别基金，对联邦国防军进行现代化改造。并且到 2024 年之前，德国每年至少把 GDP 的 2% 用于国防开支。这一做法使得德国几乎在一夜之间成为欧洲最强大的军事力量。③ 对于德国的安全政策而言，朔尔茨的一系列决定是颠覆性的。但在自身心理防线与安全认知遭受巨大冲击的背景下，这样的决定在德国国内得到了更多的支持。德国 RTL 电视台进行的一项民意调查显示，78% 的德国人支持朔尔茨向乌克兰输送武器和斥资强化德国军队的计划。而在其他欧盟国家，支持增加军费与强化军队能力的声音也已经成为主流。

在加强自身国防能力的同时，欧盟国家也进一步向美国与北约靠拢，以换取其可靠的军事保障。在俄乌冲突背景下，要求美国和北约

① 《解析欧盟对俄罗斯的五轮制裁：更迅速坚决、力度前所未有，未来存在俄欧"能源脱钩"风险》，https://www.163.com/dy/article/H4UFB1BV05199NPP.html。

② "SIPRI Military Expenditure Database," https://milex.sipri.org/sipri.

③ 郑春荣、李勤：《俄乌冲突下德国新政府外交与安全政策的转型》，《欧洲研究》2022 年第 3 期。

永久驻军、设立军事基地，甚至部署核武器的呼声在部分国家甚嚣尘上。事实上，美国与北约也的确和欧盟国家开展了更加频繁的军事互动。在 2022 年 3 月的布鲁塞尔特别峰会上，北约正式决定在保加利亚、匈牙利、罗马尼亚和斯洛伐克增设 4 支作战部队，同时扩充原有作战部队的规模。至此，在从波罗的海到黑海的东翼地带，北约已经拥有了 8 支作战部队。① 在 6 月的马德里峰会上，北约出台了指导未来 10 年的新版战略文件。在文件中，北约将俄罗斯直接定义为"最大且最直接的威胁"，并要求通过改革防御计划、增加军费与调驻部队等方式保障成员国的安全。会上，北约宣布将把 4 万人的快速反应部队扩充到 30 万人。这些士兵与配套的军舰、战机等可随时部署至北约东翼特定地区，并能在攻击发生几小时内开始分级反应。② 作为北约中军费最高、军事力量最强的成员国，美国显然在北约的军事部署中扮演了主要角色。在俄乌冲突之前，美国的欧洲驻军仅有 6 万人左右。在冲突爆发后的一个月内，美国在欧洲的驻军人数已经激增至 10 万人，达到 2005 年后在欧驻军的最高值。在马德里峰会上，美国宣布将把在波兰的第五军团总部转变为永久性的军事存在；在罗马尼亚额外设置一个 3000 人的轮换旅；向英国增派两个 F-35 战斗机中队；为德国和意大利提供更强大的防御系统，并加强在波罗的海国家的轮换部署，其中包括装甲、航空、空防和特别行动部队。③ 美国与北约的连番动作也刺激了原本长期保持中立的瑞典与芬兰，使其加入北约的热情不断高涨。事实上，自俄乌冲突爆发以来，两国政府不仅表达了入约的强烈愿望，也在高北地区（high north）与北约频频互动，并参加了北约在这一地区的联合军演。2022 年 5 月，两国正式提交了加入北约的申请书。在一个月后的马德里峰会上，芬兰和瑞典

---

① "Statement by NATO Heads of State and Government," https：//www. nato. int/cps/en/natohq/official_texts_193719. htm? selectedLocale = en.

② "2022 NATO Summit," https：//www. nato. int/cps/en/natohq/news_196144. htm.

③ "Nato Summit：US to Set up Permanent Army HQ in Poland in Face of Russia Threat," https：//www. thenationalnews. com/world/2022/06/29/nato - summit - us - to - establish - permanent - army - hq - in - poland - in - face - of - russia - threat/.

就被正式邀请加入北约并在 7 月 5 日签署了入约议定书。2023 年 4
月，芬兰正式获准加入北约。一年后，瑞典正式成为北约成员国，从
而结束了其长达 200 多年的中立状态。

从对欧洲一体化的影响来看，相近的地理位置与强大的外溢效应
使得俄乌冲突超过了此前的欧债危机、难民危机与英国脱欧事件，成
为欧盟近年来遭遇过的最为严重的危机。受此影响，欧盟自身出现了
许多新的变化。当然，其中一些变化完全始自俄乌冲突，而另一些变
化在过去数年已有萌芽，但因俄乌冲突的"引爆"而趋于明显和公
开化。大体来说，俄乌冲突对欧洲一体化进程的影响体现在以下四个
方面：

第一，欧盟及其成员国展现出前所未有的一致性。近年来，欧盟
在欧债危机、难民问题与英国脱欧等事件中未能展现出强大的集体行
动力，也令欧洲一体化的未来前景遭受质疑。具体到对俄关系上，欧
盟内部的分歧也要多于共识。在 2014 年的克里米亚事件后，欧盟对
俄罗斯发起了一系列制裁，但成员国关于对俄威慑与解决乌克兰问题
的想法并不统一。以波兰为首的部分中东欧国家将俄罗斯视为重大的
安全威胁，主张不断升级制裁措施，并充分借助北约与美国的军事力
量对其进行威慑。但以德、法为首的西欧国家本着邻居不可选择的原
则，仍将俄罗斯视为欧洲安全体系的重要组成部分，并与其保持了
"明低实高""政冷经热"的合作关系。俄乌冲突爆发前夕，波兰与
波罗的海国家已经宣布向乌克兰提供武器与军事援助，但德法却在为
挽救诺曼底模式做最后的努力。冲突的最终爆发宣告了德法以明斯克
协议为基础的诺曼底模式彻底失败。由此针对俄乌冲突，欧盟及其成
员国开始保持一致立场，也随之开展了大量的集体行动。短短一年
内，欧盟就对俄罗斯发起了十轮制裁。这种行动与欧盟在过往危机中
动辄陷入漫长谈判、难以形成决策的情形形成了鲜明对比。冲突之
下，各国的对俄政策也变得更加趋同。德国与法国都彻底改变了原有
的立场，全面倒向乌克兰一方。德国直接向乌克兰提供了大量武器，
打破了其自二战以来不向交战地区运送武器的传统。长期保持中立的
瑞典与芬兰不仅向乌克兰提供军事与人道主义援助，还积极谋求加入

北约。与欧盟有着密切联系的瑞士也放弃了自 1815 年维也纳会议以来的中立立场，宣布加入对俄制裁的一方。① 在这样的背景下，亲俄政治力量的处境变得十分艰难。它们或是改变了过往的政治倾向并加入到反俄阵营，或是只能在武器过境与能源供应等个别问题上发出反对的声音，但必须在基本立场与主要行动上与欧盟保持一致。回顾欧盟与欧洲一体化的发展历程，欧盟成员国在此次危机中展现出的一致性是前所未有的。对于旨在推进内部改革与一体化进程的欧盟而言，这种一致性显然有着积极的意义。但随着时间的推移，欧盟成员国能否继续保持团结一致仍有待进一步观察。另外，因俄乌冲突而产生的一致性如何传导到欧洲一体化的其他领域，比如欧元区改革、"多速欧洲"战略与欧洲自主防务，也会进一步考验欧盟的政治智慧与制度建构的能力。

第二，安全因素重新成为欧洲一体化实践与欧洲观念的要素之一。从煤钢联营到欧共体，再到真正的欧洲联盟，欧洲一体化进程遵循的是从经济到政治，再到全方位一体化的路径。虽然起初建立煤钢联盟有遏制德国军事，防止其东山再起的战略目的，但一体化时代的欧洲观念更多体现的是现代经济学的理念，诸如以发展促和平，以合作促双赢和通过经济依赖推动共同融合等。在具体行动中，欧洲各国普遍忽视军事安全问题，也更愿意将资金与精力投入到社会经济发展与欧洲一体化的进程中。2012 年，仅有两个欧盟成员国的军费开支高于本国 GDP 的 2%，有 19 个国家的军费占比低于 1.5%，拉脱维亚与立陶宛等 6 个国家甚至不足 1%。② 许多欧盟国家虽然参与了北约在欧盟周边与海外地区的军事行动，但对于北约在本国境内部署兵力与武器持谨慎态度。2013 年的乌克兰危机与随后的克里米亚事件刺激了波兰、罗马尼亚与波罗的海三国等与俄乌相邻的部分欧盟国家，使其主动增加军费并强化了与美国和北约的军事合作。但多数欧

---

① "Neutral Swiss Join EU Sanctions Against Russia in Break with Past," https：//www. reuters. com/world/europe/neutral－swiss－adopt－sanctions－against－russia－2022－02－28/.

② "SIPRI Military Expenditure Database," https：//milex. sipri. org/sipri。彼时克罗地亚尚未加入欧盟，而英国依然是欧盟的正式成员。

盟国家,特别是西欧国家依然故我。在历年的北约峰会上,这些国家围绕军费问题与美国爆发了多次争吵,对其军事合作产生了消极影响。美国总统特朗普一度发出了不履行集体自卫原则的威胁言论,也曾公开宣布大幅削减在德国的驻军人数,转而将士兵派遣至波兰等满足北约军费标准的国家。

欧盟国家对军事安全的忽视与投入不足因俄乌冲突而彻底改变。在距离布鲁塞尔仅3小时航程的地域出现大规模冲突意味着重大军事威胁并非遥不可及。这一现实严重冲击了欧盟国家的心理防线与安全认知,也令各国民众陷入到紧张、恐惧、焦虑与愤怒等交织而成的复杂情绪中。实质性的军事威胁与汹涌的民意令所有欧盟国家都感受到了强大的压力,军事安全由此压倒一切,成为欧盟政治中的首要议题。此时,是否增加军费显然已是无须讨论的话题。在各国军费大涨的背景下,将GDP的2%用于国防已经被视为一种最低限度,而非最高标准。事实上,军事安全对欧盟政治的主导作用不仅直接表现为军费的增加与国防建设的强化,更体现在欧盟不惜高额代价也要对俄罗斯造成最大限度杀伤力的心态上。欧盟一直对俄罗斯能源有着严重的依赖。来自俄罗斯的石油与天然气分别占欧盟进口石油与天然气的30%和40%。为顾及经济利益与能源安全,欧盟从未将对俄罗斯的制裁扩展到能源领域。但在此次冲突中,大多数的欧盟国家已经开启了与俄罗斯的能源脱钩进程,欧盟也决心彻底摆脱对俄罗斯的能源依赖。在第五轮制裁中,欧盟决定禁止从俄罗斯进口煤炭与其他固体化石燃料。在第六轮制裁中,欧盟宣布将削减从俄罗斯的石油进口,并在6个月内停止购买俄罗斯海运原油,在8个月内停止购买俄罗斯的石油产品。到2022年年底,欧盟从俄罗斯进口的石油减少了90%。因为能源领域的非对称依赖关系,欧盟对俄能源制裁可谓是"伤敌一千,自损八百"。减少进口俄罗斯能源不仅会影响各国的经济发展与社会大众的正常生活,也会拖慢欧盟的绿色转型进程,削弱其在全球气候变化领域中的领导地位。但面对如此高昂的代价,欧盟依然不断升级能源制裁的措施。同时,为帮助成员国实现目标,欧盟不惜在能源领域"开倒车",甚至允许成员国在能源短缺时可以使用一切可能的燃料进行替代。仅从现实利益的角度来看，这些做法显然不明智。它们更多反映的是在俄乌冲突背景下军事安全主导欧盟政治的特定行为逻辑。未来，无论是欧洲一体化实践还是欧洲观念的流变都将会受到这一现象的影响。安全要素的凸显将为一体化时代的欧洲观念注入新的内涵。

　　第三，欧盟的领导力量由"德法轴心"向"法德轴心"转变。德国与法国是欧洲一体化进程的重要推动者，也是引领欧盟发展的主要力量。但在欧盟事务上，两国的关注点与侧重点有所不同。在应对欧债危机与难民危机的过程中，德国领导欧洲的意愿更加强烈，为挽救欧洲一体化付出了更加实质性的努力。在2014年的克里米亚事件后，德国也代表欧盟在乌克兰问题上扮演了关键角色。因为缺乏与乌克兰的社会经济与历史文化联系，法国主要采取了"背后领导"的方式，即在乌克兰问题上配合和支持德国，增强德国由于历史原因在独自行使欧盟领导权时所缺乏的合法性。但在2017年马克龙上台后，属于"天生欧盟人"一代的法国总统开始更加积极地介入到欧盟事务中，一方面提升法国在欧盟内部的领导力与话语权，另一方面真正推动欧盟的改革进程与欧洲的战略自主。在俄乌冲突爆发前数月的紧张局势中，马克龙就以欧盟领导人的身份主动与各方展开斡旋，试图为不断紧张的俄乌局势降温。

　　在俄乌冲突中，法国的进取倾向变得更加明显。虽然为避免冲突付出的一系列努力宣告失败，但法国迅速调整了外交政策，开始坚决支持对俄制裁并向乌克兰输送大量武器。作为2022年上半年的欧盟轮值主席国，法国积极协调成员国立场，并代表理事会处理与其他欧盟机构的关系，为欧盟迅速通过相关的制裁与援助政策提供了有效助力。相比之下，德国则在本次冲突中遭到了更多的批评。首先，在俄乌冲突前，德国依然与俄罗斯保持着十分紧密的经贸与能源联系。在许多欧盟国家强烈反对的情况下，德国仍执意推进与俄罗斯合作的"北溪—2"天然气管道项目。这些做法被其他欧盟国家，特别是中东欧国家视为对俄罗斯攻击姿态的"资助"，而非遏制。俄乌冲突爆发后，要求对德国对俄政策进行"追责"的声音不断上涨。前立陶宛总统维陶塔斯·兰茨贝吉斯甚至公开表示，德国总统施泰因迈尔和总理朔尔茨对俄罗斯的军事行动负有直接的责任。其次，德国虽然宣布向乌克兰提供军事援助，但执行进度十分缓慢。在宣布向乌克兰直接提供重型武器近两个月后，乌克兰军方才正式接受了其第一批重型武器。因为援助工作不力，朔尔茨甚至接受了联邦议会的质询。朔尔茨辩称，对乌军援迟滞是因为长期以来军事紧缩政策使得德国重型武器库存不足，难以像美国与法国一样现取现用，且培训乌克兰士兵使用德式装备也需要更多的时间。但这些理由并没有化解乌克兰与许多欧盟国家的质疑。为表达不满，乌克兰方面甚至对德国总统施泰因迈尔访问基辅的计划采取了"冷处理"的方式。显然，相比于2014年的克里米亚事件，此次俄乌冲突中德法两国的领导地位乃至外交形象都发生了微妙的变化。

作为欧盟的领导国，德国与法国在欧洲事务上的地位角色变化不仅会左右两国关系，也会对欧洲一体化的未来发展与欧洲观念的变迁产生重大影响。在俄乌冲突中，欧盟内部从"德法轴心"向"法德轴心"转变的趋势变得愈发明显。相比于德国的持重，马克龙领导的法国政府带有更加强烈的欧洲主义信念。他们希冀欧盟在内政与外交领域更加进取，以强硬的姿态打击欧盟内部以中东欧国家为代表的疑欧主义力量，同时，以"多速欧洲"的方式深化欧盟改革，特别是欧元区内部的改革，将欧元区打造成为欧盟的核心集团，进而带动所有欧盟国家的再一体化。在法国的推动下，改革欧盟决策机制、欧元区财政一体化、提升欧盟战略自主能力与防务能力或将成为欧洲一体化短期内的重要发展方向。"多速欧洲"的理念或将在未来的欧洲观念中更加凸显。

第四，欧洲观念中的地缘政治色彩愈发浓厚。如前所述，一体化时代的欧洲观念是真正具有现代政治意义的观念，带有强烈的价值导向。在内政与外交中，欧盟也更倾向于使用其规范性力量而非地缘政治力量处理问题。然而，近年来遭遇的一系列危机不仅令欧盟的规范性力量备受质疑，也使其开始展现强烈的实用主义倾向。同时，国际秩序的深刻变化与大国博弈的日趋激烈使欧盟决心不再做"地缘政治竞争的战场",而要做"地缘政治竞争的玩家"。在两种因素的共同作用下,欧盟开启了地缘政治联盟转向的进程。一个地缘政治的欧洲包含内外双层地缘结构。① 为实现地缘政治转向,欧盟一方面要加强自身的军事力量,打造欧洲自主防务;另一方面要巩固内部堡垒,打击成员国中的异见者,以更加团结一致的姿态迎接外部竞争。但在过去几年里,欧盟的地缘政治转向并不顺利。军事一体化一直是欧洲一体化最为薄弱的领域。无论是建立共同的防务预算、集中采购武器装备,还是建立一支统一的军队,都触及国家主权的核心部分,自然会成为欧盟与成员国争论的焦点。而在已有北约和美国提供军事安全保障的前提下,许多欧盟国家不愿额外承担欧洲自主防务的开支。因此,虽然德法一直试图重启欧洲防务共同体的构想,但其他欧盟国家大多对欧盟秉持"搭便车"的态度。俄乌冲突的爆发为欧洲自主防务提供了前所未有的发展机遇。一是多国军费的大涨意味着资金已不再是打造自主防务的重大限制。二是受制于历史问题,德国的军事实力与其欧盟领导国的身份并不相符,也限制其推动自主防务及与其他欧盟国家的军事合作。但在俄乌冲突中,德国以维护欧洲和平的名义突破历史禁忌,增强军备,努力摆脱其"经济巨人、军事矮人"的窘境②。这一重大改变显然会为自主防务提供重要的领导力与推动力。三是打造自主防务的紧迫性促使欧盟不再执意于一体化的防务模式。先建立快速反应部队,打造自主防务的基本雏形,然后在此基础上解决与成员国的权限分配可能成为欧洲自主防务的未来发展路径。受上述因素影响,欧盟迅速批准了已拖延多时的《安全与防务战略指南针》行动计划,以在2025年前建立一支5000人快速反应部队、强化包括多个作战领域的防御体系,加大军事装备投入和高技术武器研发力度。这是继永久结构性合作框架后,欧盟在自主防务领域取得的重大成果。这一计划不仅为欧盟未来5—10年的安全和防务工作绘

① 解楠楠、张晓通:《"地缘政治欧洲":欧盟力量的地缘政治转向?》,《欧洲研究》2020年第2期。

② 黄颖:《欧盟的"战略自主"困境更加凸显》,《世界知识》2022年第10期。

制了蓝图，也将为欧盟参与地缘政治竞争提供实质性的助力。①

欧盟地缘政治转向的另一项重要内容是加强内部控制，保持欧盟的整体性与一致性。俄乌冲突前，欧盟一直试图对以波兰和匈牙利为代表的"异见者"进行约束和惩罚，以更好地捍卫自身价值理念并维护内部团结。但受制于其决策机制与波匈两国的抱团，欧盟的意图难以被真正执行。俄乌冲突为欧盟提供了一个对波匈"分而治之"的机会。波兰在冲突中不遗余力地制裁俄罗斯、支持乌克兰，甘愿成为西方国家对乌援助的转运中心与乌克兰在欧盟内部的代言人。匈牙利则从自身国家利益出发，在武器输送与能源禁运等方面坚持其独立自主的政策，导致两国关系出现了明显下滑。在这一背景下，欧盟拉拢波兰既有助于进一步推动对俄强硬，也可以打破波匈两国的"异见者"联盟。有鉴于此，欧盟采取了更加灵活的政策工具，以分别处理波兰与匈牙利的不同情形。2022 年 6 月，欧盟正式批准了波兰的疫后复苏计划，意味着未来波兰可以获得已被冻结多时的欧盟恢复基金，对于近年来关系紧张的双方来说，这一举动显然具有重要的意义。虽然冯德莱恩强调计划的批准是鉴于波兰政府对司法独立的明确承诺，但波兰的司法改革进程并未出现重大转向。取消最高法院纪律检查庭等措施更类似于小修小补，不能满足欧盟提出的全部要求。因此，更多人仍将其视为欧盟对波兰坚决反俄与支持乌克兰的"褒奖"。作为对比，同样被冻结恢复基金的匈牙利并没有获批，反而面临欧盟通过欧盟法院提起的多项新诉讼与新调查。用灵活的政策工具规避陈旧且难以达成一致的决策机制，同时，不惜适度降低价值观的要求以维护内部团结，这些做法展现了欧盟在内部政治中愈发明显的实用主义倾向，也是其试图以一个更团结且强大的整体应对地缘政治竞争的最好证明。

总体来看，欧盟与欧洲一体化进程因俄乌冲突发生了一系列重大变化。变化的原因既来源于冲突本身的性质与规模，也与冲突的时间节点与特征密切相关。欧盟需要更好地应对一场社交媒体时代的

---

① 徐若杰：《"战略指南针"勾勒欧盟共同防务新蓝图》，《世界知识》2022 年第 9 期。

"混合型冲突",并在政治领域做出相应的调整和变化。但这些变化在后俄乌冲突时代是否能够持续,又会对"多速欧洲"等一体化构想产生怎样的影响?这些问题仍有待进一步的观察。

结　论

　　"多速欧洲"的构想并非始自今日，也并非由欧盟首创。早在20世纪70年代，类似的一体化构想已经出现。在一体化的具体实践中，申根区与欧元区的创立与发展，以及欧盟在财政、专利与婚姻等多个领域的政策规定都暗含"多速欧洲"的发展理念。各国政界与学术界也曾围绕这一问题进行过数次广泛和深入的讨论。这些讨论多发生于欧盟成员国发生变化或欧洲一体化遭受挫折时段，且遵循政界精英率先发起，学者与社会各界人士随后参与其中，最终形成大范围公共辩论的扩展路径。然而，关于"多速欧洲"的讨论或学术探索也普遍存在一个问题，即缺乏对"多速欧洲"概念与内涵的准确界定。提出或倡导"多速欧洲"的政治家们并不关心其学理性内涵，他们提出的"多速欧洲"不是真正具有科学意义的政治学概念，更像是"多速欧洲"的模式、原则与具体路径的集合体。在学术探索中，欧洲一体化领域的专家学者也更多关注"多速欧洲"的第二语义，很少有人对"多速欧洲"进行清晰而明确的界定，更未能达成对这一概念的基本共识。拥有最高解释权的欧盟似乎也不愿对这一问题进行深入的讨论。《欧洲未来白皮书》充分畅想了"多速欧洲"模式下欧盟与欧洲一体化的未来图景，却没有告诉我们"多速欧洲"究竟是什么。这一现象引发了一个十分严重的问题，即"多速欧洲"与其他近似的欧洲一体化设想常常被混淆，这也使得厘清"多速欧洲"的概念与内涵成为本研究的第一个任务。

　　在充分回顾"多速欧洲"的理念沿革、具体实践与学术探索的基础上，我们对"多速欧洲"作出如下定义：所谓"多速欧洲"，是指在欧盟内部发展差异性的基础上拒斥匀速发展，并在不同领域内实现部分成员国先行和成员国非同步发展的新型一体化方式。从应然意义出发，"多速欧洲"意味着欧洲一体化不能以同步发展的方式前行，而应实现一体化策略的灵活化与合作方式的多样化。从实然意义出发，"多速欧洲"代表了对欧盟内部发展差异性的承认，以及在此基础上允许部分国家先行一步，其他国家随后赶上的一体化策略。以这一概念为基础，我们将"多速欧洲"的内涵分为四个主要方面：第一，真正承认欧盟内部的差异性；第二，充分尊重成员国参与未来一体化的自主性；第三，积极倡导一体化方式的混合性与灵活性；第四，努力保持一体化方向的前进性。在一定程度上，上述四点代表了"多速欧洲"有别于其他一体化构想的重要特点。而厘清"多速欧洲"的概念与内涵，并将其与近似的一体化构想区分开来也填补了国内学界在"多速欧洲"乃至欧洲一体化研究上的学术空白。

与"多速欧洲"不同，欧洲化研究的内容更加丰富，也更富学理性内涵。随着欧洲一体化的实践不断取得成功，欧洲化与欧洲一体化成为欧洲研究中的两个高频词汇。从学术视角来看，欧洲化与欧洲一体化既有联系又有区别。相比于欧洲化，欧洲一体化的概念更加宏大，也包含更加丰富的内容。广义的欧洲一体化泛指欧洲各国为实现和平、消除战争、发展经济或其他目的而提出的欧洲联合思想以及围绕这些思想进行的实践活动。狭义的欧洲一体化则指二战结束以来欧洲国家从经济联合开始，逐步打造全方位的一体化合作以及通过让渡国家主权，建立欧洲经济共同体、欧共体与欧盟等超国家机构的历史过程。欧洲化则特指成员国适应欧盟（欧共体）的制度与治理模式，以及欧盟的规范与文化塑造影响成员国国内发展的同步过程。从这一角度来说，欧洲一体化是欧洲化的基础与前提，欧洲化则是欧洲一体化的结果，也是其进一步发展的动力。

与此同时，欧洲化与欧洲一体化之间也存在很大区别。欧洲一体化主要关注主权国家与超国家实体之间的互动关系，其分析视角与研究对象侧重于欧盟层面；欧洲化则侧重于国家层面，其更加关注成员国国内政治制度与社会生活的变化。欧洲一体化有多种不同的理论流派，联邦主义、功能主义、政府间主义、制度主义与建构主义等理论分别对欧洲一体化进行了不同的阐释；欧洲化理论则更加微观与具象，该理论受到建构主义一体化理论的影响，但在本体论与认识论上依然隶属于制度主义或者说新制度主义。

可以看出，以往的研究已经对欧洲化进行了清晰而明确的定义。但欧洲化研究的主要问题不在于概念的准确性，而在于概念的可操作性。它是否有一个或一系列真实存在的参照标准，又是如何结合特定的研究对象进行有效评估。对于这一问题，学者们言及甚少。由于未能建立一国欧洲化水平的评估标准体系，学者们对各国欧洲化水平的论断往往停留在感性和直观的认识上，而缺少建立在科学方法上的解答。

借助社会学制度主义的分析框架，我们尝试增强这一概念的可操作性。在欧盟模式自上而下的制度化过程中，欧洲化提供了三种不同的基础性要素。首先是规制性要素，特别是正式的法律程序与机构设置。其次是规范性要素，在规范性层面上，制度化的过程即是一种价值观的灌输过程。最后是认知性要素，欧洲化创造了一种新的身份。对于普通民众而言，这一身份代表了全新的归属感与方向感，也必然与他们在地方政治和国内政治中的身份角色相冲突。在长期的制度化过程中，民众对欧盟的认同会相应地提升，自我的身份定位也会朝新的身份聚合。

这样的划分不仅可以清晰界定欧洲化的基本内涵，也使得建立一国欧洲化水平的全面评估体系成为可能。从规制性要素、规范性要素与认知性要素出发，一国欧洲化水平的高低主要体现为：第一，该国的政治经济制度是否与欧盟设立的标准相契合，又是否在此基础上进一步参与欧盟主导的一体化进程？第二，欧盟的价值规范是否在国内发展进程中得到了贯彻和遵守，又是通过何种方法得以贯彻的？第三，社会大众对欧盟的认同程度如何，这种认同的动力又是什么？以此建立的评估体系帮助我们更好地阐释了中东欧国家的欧洲化水平及其对本国在"多速欧洲"问题上态度立场的影响。而在修正与调整后，该评估体系可同样适用于其他欧盟成员国，并为相关主题的学术研究提供助力。

在上述理论与分析框架的基础上，我们对中东欧国家的欧洲化水平以及对"多速欧洲"的立场分别进行了评估。就"多速欧洲"而言，中东欧国家的态度立场在融入欧洲一体化的进程中经历了复杂的演变。20 世纪 90 年代之前，中东欧国家与西欧国家处于截然不同的政治发展轨道。无论是"多速欧洲"还是欧洲一体化，都与中东欧国家关系不大。苏联解体后，中东欧国家开始在经济与外交上向欧盟靠拢。回归欧洲与融入欧洲一体化进程成为这些国家的重要目标。此时，关于欧洲一体化本身及其路径方式的探讨才对中东欧国家具有了实质性意义。但在 20 世纪 90 年代，我们依然很少看到这些国家在"多速欧洲"等相关问题上的表态。直到中东欧国家陆续入盟后，它们才开始在欧盟的内政与外交领域积极发声，也更加关注欧洲一体化的未来发展模式。对于"多速欧洲"的评判由个别国家的政治领导层扩展到中东欧学界与社会各界。进入 21 世纪第二个十年，大多数中东欧国家已经经历了与欧盟的"蜜月期"以及国际金融危机和欧债危机引发的困难时期。此时，中东欧国家对于欧洲一体化的现状与未来走势有了更加理性和深刻的认识，而欧盟也加快了在欧洲一体化进程中推行"多速欧洲"的步伐。也是在这一时期，中东欧国家对"多速欧洲"的态度立场才真正开始成型。

从政府、政党与社会大众三个层面出发，我们对中东欧国家在"多速欧洲"问题上的态度立场进行了深入分析。在政府层面，我们关注的是各国政府在这一问题上的官方立场与声明。在政党层面，我们关注的是不同政党对"多速欧洲"的具体看法，以及新政党上台是否导致了政府立场的变化。在社会大众层面，我们关注的是普通民众对"多速欧洲"的支持程度及其背后的真实心态。基于以上三点，我们将中东欧国家对"多速欧洲"的支持程度划分为高、中、低三个组别。其中，爱沙尼亚、拉脱维亚、立陶宛、斯洛文尼亚与斯洛伐克属于较为支持"多速欧洲"的国家。波兰、罗马尼亚与保加利亚则是坚决反对"多速欧洲"施行的国家。克罗地亚、捷克与匈牙利的情况介于上述两组之间。

而以规制性、规范性与认知性层面的欧洲化水平及其具体的评估指标为基础，我们同样对 11 个已经入盟的中东欧国家进行了等级划定。最终结果显示，斯洛伐克、斯洛文尼亚与爱沙尼亚的欧洲化水平相对较高，罗马尼亚与保加利亚的欧洲化水平最低，波兰、捷克、匈牙利、克罗地亚、立陶宛与拉脱维亚的欧洲化水平则属于中间水平。

围绕本研究的主题，我们对中东欧国家的欧洲化水平与其对"多速欧洲"立场之间的相关性展开了进一步分析。最终结果显示，两者之间存在较强的相关性。一国的欧洲化水平越高，它对"多速欧洲"的态度就越为支持。该国政府的官方立场与社会大众的主流意见就更有可能一致，政党政治的变化特别是新政党的上台也不会从根本上撼动该国对"多速欧洲"的支持态度。因为中东欧各国在欧洲化水平上的差异，它们对"多速欧洲"也会有着截然不同的立场。但在时间维度上，中东欧国家的欧洲化水平与其对"多速欧洲"立场的相关关系并非恒定不变。欧洲一体化进程的受挫使欧盟决心开启新一轮的改革进程。在国家立场更加清晰稳定而非模糊多变的情况下，中东欧国家的欧洲化水平与其对"多速欧洲"立场的相关性就会更强，也更加显著。纵观欧洲一体化的发展历程，"多速欧洲"曾在欧盟范围内引发过三次激烈的讨论。但在其余时间，对该构想的关注与支持力度则会出现明显下滑。以此类推，中东欧国家的欧洲化水平与其对"多速欧洲"立场的关系也会在时间维度上反映类似的变化。

具体到三个不同层面的欧洲化水平上，规制性层面与规范性层面的欧洲化水平对一国政府在"多速欧洲"问题上的立场具有重要影响。上述两个层面的欧洲化水平说明了一国的政治经济发展与欧盟制度和规范的契合程度，也代表了该国在欧洲一体化进程中的现实地位与未来前景。一国政府在思考"多速欧洲"的潜在影响以及本国需要采取的行动时，必然会充分考虑本国在规制性与规范性层面的欧洲化水平。与之相反，认知性层面的欧洲化水平则与社会大众对"多速欧洲"的态度立场没有明显的相关关系。换言之，中东欧各国民众并没有将认同欧盟与欧洲一体化简单地等同于支持欧盟所青睐的"多速欧洲"构想。对此，是否应针对中东欧国家的政府与社会大众的态度立场提出不同的分析框架？两者在思考相关问题时是否遵循相同的逻辑并受到相同因素的影响？这或将是我们未来可以尝试的研究方向。

因为不同的欧洲化水平导致的立场差异，"多速欧洲"难以通过欧盟现有的决策机制上升为欧盟的整体发展战略。新冠疫情与俄乌冲突的不期而至又中断了欧盟的改革势头。在疫情背景下，抗击疫情、保护民众生命安全与健康成为欧盟及其成员国的首要任务。在很多情况下，正常的经济活动甚至社会大众的生活都要让位于疫情防控。在疫情后经济复苏的关键阶段，俄乌冲突又给欧盟和欧洲一体化进程带来重创。军事安全压倒一切，成为欧盟政治中的首要议题，应对俄乌冲突的巨大外溢效应成为令人棘手的问题。面对两场历史性的危机，欧盟亟须协调成员国立场，保持内部团结一致的姿态，类似"多速欧洲"等力度较大且具有争议性的改革举措也在一定程度上被搁置。

然而，未能成为欧盟未来发展的整体战略并不意味着"多速欧洲"构想的终结。事实上，在许多具体的领域，带有"多速欧洲"色彩的一体化合作依然在继续前行。以永久结构性合作为代表的项目不仅充分体现了多速发展的内涵，甚至还针对不同领域的合作性质与特点对"多速欧洲"的理念进行了创新。在欧洲观念的变迁中，多速发展的欧洲观念也被视为一体化时代欧洲观念的演进方向之一。虽然过去的欧洲一体化进程从未以匀速的方式前行，但各成员国的欧洲化水平与速率都保持在相对同步的状态。而"多速欧洲"意味着欧洲一体化将不再以统一的方式进行。对于现有多元统一的欧洲观念来说，这既是一种挑战，也是一种补充。考虑到俄乌冲突给欧盟政治带来的重大变化与影响，"多速欧洲"仍可能在后俄乌冲突时代的欧洲一体化进程中发挥重要作用。

参考文献

中文文献

（一）中文专著

陈乐民：《20世纪的欧洲》，生活·读书·新知三联书店2007年版。

程伟主编：《中东欧独联体国家转型比较研究》，经济科学出版社2012年版。

方雷、蒋锐：《政治断层带的嬗变：东欧政党与政治思潮研究》，山东大学出版社2013年版。

冯绍雷主编：《欧盟：形成中的全球角色》，华东师范大学出版社2009年版。

郭华榕、徐天新主编：《欧洲的分与合》，人民出版社2015年版。

郭业洲主编：《当代世界政党形势（2017）》，党建读物出版社2018年版。

郁庆治：《多重管治视角下的欧洲联盟政治》，山东大学出版社2002年版。

黄平等主编：《欧洲蓝皮书：欧洲发展报告：法、德大选与欧洲一体化的走向（2017—2018）》，社会科学文献出版社2018年版。

孔田平主编：《维谢格拉德集团的嬗变与中国V4合作》，中国社会科学出版社2015年版。

刘军、曹亚雄主编：《大构想：2020年的欧盟》，华东师范大学出版社2010年版。

刘作奎:《国家构建的"欧洲方式"——欧盟对西巴尔干政策研究（1991—2014）》，社会科学文献出版社2015年版。

马细谱、李少捷主编:《中东欧转轨25年观察与思考》，中央编译出版社2014年版。

屈潇影:《软权力与欧盟扩大研究》，社会科学文献出版社2016年版。

伞峰:《在危机中重新认识欧盟》，中国社会科学出版社2015年版。

孙敬亭:《转轨与入盟——中东欧政党政治剖析》，中国文史出版社2006年版。

童世骏、曹卫东主编:《老欧洲新欧洲:"9·11"以来欧洲复兴思潮对美英单边主义的批判》，华东师范大学出版社2004年版。

王坚:《欧盟完全手册》，中央编译出版社2010年版。

王展鹏:《跨国民主及其限度——欧盟制宪进程研究》，人民出版社2010年版。

杨烨、［捷］梅耶斯特克主编:《欧盟一体化:结构变迁与对外政策》，华东师范大学出版社2009年版。

周淑真主编:《世界政党政治发展研究报告（2021—2022）》，当代世界出版社2022年版。

周忠丽:《制度转型中的国际因素研究:以中国、波兰和斯洛伐克为比较个案》，中国社会科学出版社2011年版。

朱晓中:《中东欧与欧洲一体化》，社会科学文献出版社2002年版。

朱晓中主编:《欧洲的分与合:中东欧与欧洲一体化》，中国社会科学出版社2017年版。

朱晓中主编:《曲折的历程:中东欧卷》，东方出版社2015年版。

［德］尤尔根·哈贝马斯等:《旧欧洲·新欧洲·核心欧洲》，邓伯宸译，中央编译出版社2010年版。

［英］哈尔福德·麦金德:《历史的地理枢纽》，周定瑛译，陕西人民出版社2013年版。

［美］塞缪尔·亨廷顿:《文明的冲突与世界秩序的重建》，新华出版社2010年版。

（二）中文期刊

鲍宏铮：《罗马尼亚和保加利亚应对欧盟合作与核查机制比较研究》，《俄罗斯学刊》2014 年第 1 期。

戴炳然：《评欧盟〈阿姆斯特丹条约〉》，《欧洲》1998 年第 1 期。

戴炳然：《深化与扩大的挑战——再评〈阿姆斯特丹条约〉》，《欧洲》1998 年第 5 期。

丁纯等：《"多速欧洲"的政治经济学分析——基于欧盟成员国发展趋同性的实证分析》，《欧洲研究》2017 年第 4 期。

董小燕：《试论欧洲认同及其与民族意识的张力》，《世界经济与政治》2004 年第 1 期。

董一凡、王朔：《后危机时代的欧元区改革前景》，《现代国际关系》2017 年第 10 期。

冯仲平：《欧盟修改〈马约〉的目的及面临的困难》，《现代国际关系》1996 年第 6 期。

高歌：《中东欧国家"欧洲化"道路的动力与风险》，《国外理论动态》2013 年第 10 期。

古莉亚：《斯洛伐克政党的欧洲化》，《当代世界社会主义问题》2009 年第 4 期。

郭洁：《东欧的政治变迁——从剧变到转型》，《国际政治研究》2010 年第 1 期。

韩慧莉：《近代欧洲观念与欧洲一体化》，《浙江学刊》2004 年第 6 期。

韩永利、丁丹：《论经济合作对欧盟边境制度的促进》，《武汉大学学报》（人文科学版）2015 年第 2 期。

贺刚：《身份进化与欧洲化进程——克罗地亚和塞尔维亚两国入盟进程比较研究》，《欧洲研究》2015 年第 1 期。

贺婷：《"欧尔班现象"初探》，《俄罗斯学刊》2017 年第 6 期。

贺之杲、巩潇泫：《经济收益、规范认同与欧洲差异性一体化路径》，《世界经济与政治》2021 年第 2 期。

胡凯：《〈昨日世界〉与茨威格的欧洲观念》，《北京大学学报》（哲学社会科学版）2017 年第 5 期。

胡勇：《"欧洲梦"与"欧洲化"：克罗地亚加入欧盟及其影响》，《国际论坛》2015 年第 6 期。

怀新：《"欧洲船队"能同时驶达彼岸吗？——关于"多速欧洲"的争论》，《国际展望》1994 年第 21 期。

黄颖：《欧盟的"战略自主"困境更加凸显》，《世界知识》2022 年第 10 期。

霍淑红：《罗马尼亚社会民主党的政治转型及其前景分析》，《国际论坛》2010 年第 1 期。

姜琍：《维谢格拉德集团与欧盟的互动关系及其影响》，《当代世界》2020 年第 1 期。

姜琍：《中东欧国家加入欧元区前景分析》，《欧亚经济》2018 年第 4 期。

姜琍：《中东欧政党政治发展变化的特点及根源》，《当代世界》2022 年第 3 期。

解楠楠、张晓通：《"地缘政治欧洲"：欧盟力量的地缘政治转向?》，《欧洲研究》2020 年第 2 期。

金玲：《欧洲一体化困境及其路径重塑》，《国际问题研究》2017 年第 3 期。

鞠豪、方雷：《"欧洲化"进程与中东欧国家的政党政治变迁》，《欧洲研究》2011 年第 4 期。

鞠豪、苗婷婷：《罗马尼亚的欧洲化水平评估——基于规范性和认知性要素的分析》，《俄罗斯东欧中亚研究》2018 年第 4 期。

孔田平：《波兰的欧盟政策与入盟谈判战略》，《欧洲研究》2004 年第 2 期。

孔田平：《对东南欧"巴尔干化"的历史解读》，《欧洲研究》2006 年第 4 期。

李泽生：《欧洲化概念和欧洲一体化理论》，《苏州科技学院学报》（社会科学版）2013 年第 1 期。

林德山：《2019 年欧洲议会选举及其影响评析》，《当代世界》2019

年第 7 期。

刘军梅:《中东欧国家入围 EA:进程与困境》,《俄罗斯研究》2008
　　年第 1 期。

刘一:《难民危机背景下的欧盟外部边境管控问题》,《德国研究》
　　2016 年第 3 期。

龙静:《"多速欧洲"的发展及其对中欧关系的影响》,《和平与发
　　展》2017 年第 4 期。

陆巍:《防务一体化的"多速欧洲"实践——永久结构性合作框架评
　　析》,《德国研究》2018 年第 4 期。

马骏驰:《制度、组织与激励——论匈牙利"非自由的民主"》,《欧
　　洲研究》2020 年第 4 期。

潘娜娜:《文化认同与十五十六世纪欧洲"统一"观念》,《海南大学
　　学报》(人文社会科学版)2007 年第 4 期。

曲岩:《罗马尼亚政治社会困境凸显》,《世界知识》2017 年第 5 期。

曲岩:《盘点中东欧 2019 年十件大事》,《中东欧研究简讯》第
　　58 期。

舒小昀、闵凡祥:《"欧洲何以为欧洲?"》,《中国图书评论》2009 年
　　第 10 期。

宋黎磊:《匈牙利"向东开放"外交政策评析》,《俄罗斯学刊》
　　2022 年第 4 期。

田烨:《试论欧盟民族政策的特点及其影响》,《广西民族研究》2015
　　年第 5 期。

王灏晨、李舒沁:《〈欧洲未来白皮书〉各情景及其可能的影响》,
　　《宏观经济管理》2017 年第 7 期。

王展鹏:《英国脱欧公投与"多速欧洲"的前景》,《欧洲研究》
　　2016 年第 4 期。

王志连、柳彦:《中东欧现行政党制度及左翼政党地位初探》,《当代
　　世界社会主义问题》2001 年第 4 期。

吴志成、王霞:《欧洲化:研究背景、界定及其与欧洲一体化的关
　　系》,《教学与研究》2007 年第 6 期。

夏纪媛：《罗马尼亚转型期的腐败现象及其治理》，《廉政文化研究》
    2014 年第 2 期。

徐若杰：《"战略指南针"勾勒欧盟共同防务新蓝图》，《世界知识》
    2022 年第 9 期。

杨义萍：《浅析北欧国家加入欧共体问题》，《现代国际关系》1993
    年第 7 期。

姚勤华：《中世纪欧洲观念的基督教渊源》，《社会科学》2016 年第
    1 期。

叶林、侯毅：《白里安计划与舒曼计划比较研究》，《科教文汇》（上
    旬刊）2007 年第 1 期。

原磊、邹宗森：《价格趋异、竞争力分化与外部失衡——欧元区一体
    化的机制障碍与现实困境》，《中国社会科学院研究生院学报》
    2018 年第 2 期。

张骥：《欧洲化的双向运动：一个新的研究框架》，《欧洲研究》2011
    年第 6 期。

赵晨：《欧盟政治研究：政治理论史的视角》，《国际政治研究》2016
    年第 6 期。

郑春荣、李勤：《俄乌冲突下德国新政府外交与安全政策的转型》，
    《欧洲研究》2022 年第 3 期。

郑春荣：《右翼民粹主义影响下的欧洲一体化会走向何方?》，《当代
    世界》2017 年第 6 期。

周少青：《少数民族权利保护与国家安全问题——以国际（人权）法
    为观察视野》，《世界民族》2013 年第 1 期。

周烨、唐超：《欧盟边境安全风险防控模式的借鉴》，《广西警察学院
    学报》2018 年第 4 期。

朱健安：《比荷卢三国在欧共体形成中的地位与作用》，《西欧研究》
    1992 年第 2 期。

朱晓中：《"回归欧洲"：历史与现实》，《东欧中亚研究》2001 年第 1
    期。

［美］彼得·豪尔、罗斯玛丽·泰勒、何俊智：《政治科学与三个新

制度主义》，《经济社会体制比较》2003 年第 5 期。

（三）中文报纸与学位论文

钱运春：《欧盟的五次扩大》，《人民日报》2002 年 11 月 14 日。

田德文：《欧洲一体化：回顾理论流变过程　探析理论实践关系》，
《中国社会科学报》2020 年 12 月 1 日。

张旭鹏：《"欧洲观念"的内涵及其历史演变》，博士学位论文，四川
大学，2004 年。

赵健哲：《欧盟共同外交与安全政策下的差异性一体化研究》，博士
学位论文，外交学院，2020 年。

外文文献

（一）英文专著

Adam Prezworski et al. , ed. , *Democracy, Accountability, and Represen-tation*, England: Cambridge University Press, 1999.

Ada W. Finifter ed. , *Political Science: The State of the Discipline II*, Washington D. C. : American Political Science Association, 1993.

Alan Mayhew, *Recreating Europe: The European Union's Policy Towards Central and Eastern Europe*, England: Cambridge University Press, 1998.

Andrew W. Hoffman, *From Heresy to Dogma: An Institutional History of Corporate Environmentalism*, San Francisco: New Lexington Press, 1997.

Antje Wiener, Tanja A. Börzel and Thomas Risse, *European Integration Theory*, Oxford: Oxford University Press, 2019.

Arolda Elbasani ed. , *European Integration and Transformation in the Western Balkans: Europeanization or Business as Usual?* Routledge, 2013.

Brent F. Nelsen and Alexander Stubb eds. , *The European Union: Readings on the Theory and Practice of European Integration*, Colorado: Lynne Rienner Publishers, 1994.

Dirk Leuffen et al. , *Differentiated Integration*: *Explaining Variation in the European Union*, London: Palgrave Macmillan, 2012.

Joseph Frankel, *British Foreign Policy 1935 – 1973*, London: Oxford University Press, 1975.

Peter Gowan and Perry Anderson eds. , *The Question of Europe*, London: Verso, 2000.

（二）英文期刊、报纸与文章

Alexander C – G. Stubb, "A Categorization of Differentiated Integration," *Journal of Common Market Studies*, Vol. 34, No. 2, 1996.

Alina – Carmen Brihan, "România în Uniunea Europeană: Mechanism şi niveluri de influenţare a procesului decizional European," *Tritonic*, 2017.

Ana Maria Dovre, Ramona Coman, "România şi integrrea europeană," *Institutul European*, 2005.

Anderson, L. , et al. , "Post – Socialist Democratization: a Comparative Political Economy Model of the Vote for Hungary and Nicaragua," *Electoral Studies*, Vol. 22, 2003.

Andreas Johansson, "Nationalism versus Anti – Nationalism in Post – Communist Central and Eastern Europe," Centre for European Research, 2005.

Andres Reiljan, "The Politics of Differentiated Integration: What do Governments Want? Country Report – Estonia," EUI Working Paper, 2020.

Anghel, Veronica, "Together or Apart? the European Union's East – West Divide," *Survival*: *Global Politics and Strategy*, June/July 2020.

Ann Swidler, "Culture in Action: Symbols and Strategies," *American Sociological Review*, Vol. 51, No. 2. , 1986.

Avramescu Stefanita, Alin, "The Role and Impact of Migration and Euroscepticism in Promoting 'Multi – Speed' Europe," EIRP Proceedings, No. 12, 2017.

Bechev, Dimitar, "Bulgaria and the European Union," Oxford Research Encyclopedia of Politics, 2018.

Birch, S, "Electoral System and Party System Stability in Post – Communist Europe," Presented at the 97th Annual Meeting of the American Political Science Association, San Francisco, 30 August – 2 September, 2001.

Califano, Andrea, and Simone Gasperin, "Multi – Speed Europe is Already there: Catching up and Falling Behind," *Structural Change and Economic Dynamics*, No. 51, 2019.

Christin, Thomas, "Economic and Political Basis of Attitudes towards the EU in Central and East European Countries in the 1990s," *European Union Politics*, Vol. 6, No. 1, 2005.

Chryssogelos, Angelos, "Creating a 'Multi – speed Europe' Would Divide the EU and Diminish It as a Foreign Policy Actor," LSE European Politics and Policy (EUROPP) Blog, 2017.

Claudio M. Radaelli, "Europeanisation: Solution or Problem?" European Integration Online Papers, Vol. 8, No. 16, 2004.

Claus – Dieter Ehlermann, "How Flexible Is Community Law? An Unusual Approach to the Concept of Two Speeds," *Michigan Law Review*, Vol. 82, No. 5/6, 1984.

Constantinos Yanniris, "Diversified Economic Governance in a Multi – speed Europe: A Buffer Against Political Fragmentation?" *Journal of Contemporary European Research*, Vol. 13, No. 4, 2017.

Constantin Schifirnet, "The Europeanization of the Romanian Society and the Tendential Modernity," *Journal of Comparative Research in Anthropology and Sociology*, Vol. 2, No. 1, 2011.

Dahrendorf, R., "A Third Europe?" Jean Monnet Lecture, European University Institute, November 26, 1979.

Duch, R. M., et al., "Heterogeneity in Perceptions of National Economic Conditions," *American Journal of Political Science*, Vol. 44,

No. 4, 2000.

Ellison, D., "The Eastern Enlargement: a New, or a Multi - speed Europe?" in W. Potratz and B. Widmaier, *East European Integration and New Division of Labour in Europe*, Workshop documentation, Graue Reihe des Instituts Arbeit und Technik, No. 9, 1998.

"European Union: Report by Mr Leo Tindemans, Prime Minister of Belgium, to the European Council," European Council, 1976.

Fackler, T. and Lin, T., "Political Corruption and Presidential Elections, 1929 - 1992," *The Journal of Politics*, Vol. 57, 1995.

Fidrmuc, J., "Economics of Voting in Post - Communist Countries," *Electoral Studies*, Vol. 19, No. 2/3, 2000.

Fiorina, M., "Economic Retrospective Voting in American National Elections: a Micro - analysis," *American Journal of Political Science*, Vol. 22, No. 2, 1978.

Galgóczi, Béla., "A 'Europe of Multiple Speed' in a Downward Spiral," *SEER: Journal for Labour and Social Affairs in Eastern Europe*, Vol. 1, No. 1, 2012.

Grotz F, Weber T., "Party Systems and Government Stability in Central and Eastern Europe," *World Politics*, Vol. 64, No. 4, 2012.

Hall Peter A., and Rosemary CR Taylor., "Political Science and the Three New Institutionalisms," *Political Studies*, Vol. 44, No. 5, 1996.

Harper, Marcus, "Economic Voting in Post - Communist Eastern Europe," *Comparative Political Studies*, Vol. 33, No. 9, 2000.

Helen Wallace and William Wallace, *Flying Together in a Larger and More Diverse European Union*, The Hague: Netherlands Scientific Council for Government Policy, 1995.

Hobolt, S. B., J. Tilley and S. Banducci, "Electoral Accountability in Context: How Political Institutions Condition Performance Voting," Presented at the Political Science and Political Economy Conference at the London School of Economics and Political Science, September 13 -

14，2010.

Ian Hurd，"Legitimacy and Authority in International Politics," *International Organization*，Vol. 53，No. 2，1999.

Jacques Mazier and Sebastian Valdecantos，"A Multi – speed Europe：Is It Viable? A Stock – flow Consistent Approach," *European Journal of Economics and Economic Policies：Intervention*，Vol. 12，No. 1，2015.

Kam，C. D. and Franzese，R. J. ，Jr. ，"Modeling and Interpreting Interactive Hypotheses in Regression Analysis：A Refresher and Some Practical Advice," Unpublished manuscript，University of Michigan，2005.

Katharina Holzinger and Frank Schimmelfennig，"Differentiated Integration in the European Union：Many Concepts，Sparse Theory，Few Data," *Journal of European Public Policy*，Vol. 19，No. 2，2012.

Kinder，Donald. R. and Kiewiet，D. Roderick，"Economic Discontent and Political Behavior：The Role of Personal Grievances and Collective Economic Judgments in Congressional Voting," *American Journal of Political Science*，Vol. 23，No. 3，1979.

Maja Bucar and Bostjan Udovic，"Slovenia：a Case of a Small，Relatively New Member Country," *Australian and New Zealand Journal of European Studies*，Vol. 13，No. 3，2021.

Marta B. Beroš and Ana G. Gnip，"The Politics of Differentiated Integration：What do Governments Want? Country Report – Croatia," EUI Working Paper，2020.

Martin，Philippe，and Gianmarco Ottaviano，"The Geography of Multi – Speed Europe," CEPII，November 10，1995.

Michael Mertes und Norbert J. Prill，"Der verhängnisvolle Irrtum eines Entweder – Oder. Eine Vision für Europa," Frankfurter Allgemeine Zeitung，July 19，1989.

Michael Mertes und Norbert J. Prill，"Es wächst zusammen，was zusammengehören will. 'Maastricht Zwei' muss die Europäische Union flexibel machen," Frankfurter Allgemeine Zeitung，1994.

Quinn, Dennis P. and Woolley John T. , "Democracy and National Economic Performance: The Preference for Stability," *American Journal of Political Science*, Vol. 45, No. 3, 2001.

Reginald Dale, "Thinking Ahead: A 'Hard Core' for Europe Makes Sense," *The New York Times*, September. 9, 1994.

Saarts, Tonis, "Comparative Party System Analysis in Central and Eastern Europe: The Case of the Baltic States," *Studies of Transition States and Societies*, Vol. 3, No. 3, 2011.

Savage, L. , "Party System Polarisation and Government Duration in Central and Eastern Europe," *West European Politics*, Vol. 36, No. 5, 2013.

Schmidt, Vivien A. , "The Future of Differentiated Integration: a 'Soft - Core,' Multi - Clustered Europe of Overlapping Policy Communities," *Comparative European Politics*, Vol. 17, 2019.

Sniderman, Paul, et al. , "Information and Electoral Choice," in *Information and Democratic Processes*, John A. Ferejohn and James J. Kuklinski. ed. , Urbana: University of Illinois Press, 1990.

Stojarova, Vera, et al. , "Political Parties in Central and Eastern Europe: In Search of Consolidation," Stockholm: International IDEA, 2017.

Strøm, Kaare, "Delegation and Accountability in Parliamentary Democracies," Presented at the Conference on "Re - Thinking Democracy in the New Millennium" at the University of Houston, February 16 - 19, 2000.

Tamás Csillag and Iván Szelényi, "Drifting from Liberal Democracy: Traditionalist/Neo - Conservative Ideology of Managed Illiberal Democratic Capitalism in Post - Communist Europe," *East European Journal of Society and Politics*, No. 1, 2015.

Tavits, Margit, "On the Linkage between Electoral Volatility and Party System Instability in Central and Eastern Europe," *European Journal of Political Science*, Vol. 47, No. 5, 2008.

Tavits, Margit, "Party Systems in the Making: the Emergence and Success of New Parties in New Democracies," *British Journal of Political Science*, Vol. 38, No. 1, 2008.

Thomas Gehring, "Die Politik des koordinierten Alleingangs: Schengen und die Abschaffung der Personenkontrollen an den Binnengrenzen der Europaischen Union," *Zeitschrift für internationale Beziehungen*, Vol. 5, No. 1, 1998.

Tobiáš Bulla, "Economic and Legal Consequences of A Two – speed Europe," The Milestones of Law in the Area of Central Europe, 2018.

Tucker, J. A. , "Economic Conditions and the Vote for Incumbent Parties in Russia, Poland, Hungary, Slovakia, and the Czech Republic from 1990 – 1996," *Post – Soviet Affairs*, Vol. 17, No. 4, 2001.

Tucker, J. A. , "Reconsidering Economic Voting: Party Type vs. Incumbency in Transition Countries," Paper Presented at the 1999 Annual Meeting of the American Political Science Association, Atlanta, Georgia, 1999.

Tucker, J. A. , "Regional Economic Voting: Russia, Poland, Hungary, Slovakia, and the Czech Republic, 1990 – 1999," England: Cambridge University Press, February 2006.

Vit Novotny, "The Harmless Spectre of A Multi – speed Europe," *European View*, Vol. 11, No. 1, 2012.

АНГЕЛОВ, Иван. , "Икономиката на България и Европейският съюз : Предприсъединителен период," София: Икономически институт на БАН, Фондация "Фридрих Еберт", 2001.

БАЛТАДЖИЕВА, Росица. , "Взаимодействие между европейското и българското административно право," София: Сиела, 2012.

МИХАЙЛОВА, Екатеринал. , "10 години България в Европейския съюз – въздействие върху развитието на публичните политики и законодателството," София: Нов български университет, 2018.

Taris, Margit, "Party Systems in the Making: the Emergence and Success of New Parties in New Democracies," *Latin Journal of Political Science*, Vol. 38, No. 1, 2008.

Thomas Gabriel, "The Decline of Parties: an overview..." .... in the discussion of Party .... *............. for ...., Vol. ...* No. 1, 1998.

Anna Molka, "Economic and Legal Constraints on Left-Liberal Party .... Democracies in Europe: .... Ma .... and Change, 2008.

Kitschelt, H., "Formation of Party Systems and the New Democracies: .... Polland, Hungary, Slovakia, and the Czech Republic from 1990-1995," *Post-Soviet Affairs*, Vol. 17, No. 4, 2001.

Tucker, J. A., "Re-thinking Economic Voting: Early-Type of Incumbence in Transition Countries," Paper Presented at the 1999 Annual Meeting of the American Political Science Association, Atlanta, Georgia, 1999.

Tucker, J. A., *Regional Economic Voting: Russia, Poland, Hungary, Slovakia, and the Czech Republic, 1990-1999*, England, Cambridge University Press, Febuary 2006.

V. Newton, "The Hundred-Spectre of A Multi-speed Europe," *European Politics*, Vol. 11, No. 1, 2012.

АМПЛ.. Б., Ивел.., "Икономика на България и Европейският .... Присъединителен период," София: Пловдивска .... университет Е. П., София на "Паисий Хилендарски", ...

БАТРАКЛИЕВА, Росица ...., "Благосъстояние между европейского и българского политически ръст," София: Сиела, 2012.

МИШИНКОВА, Валентина, "Ще тръгни България в Европейския съюз: .... върху развитиего на пуропаите политики и законодателството," София: Нов български университет, 2018.